历史的忠告
——史海殷鉴录

韩联社 ◎ 著

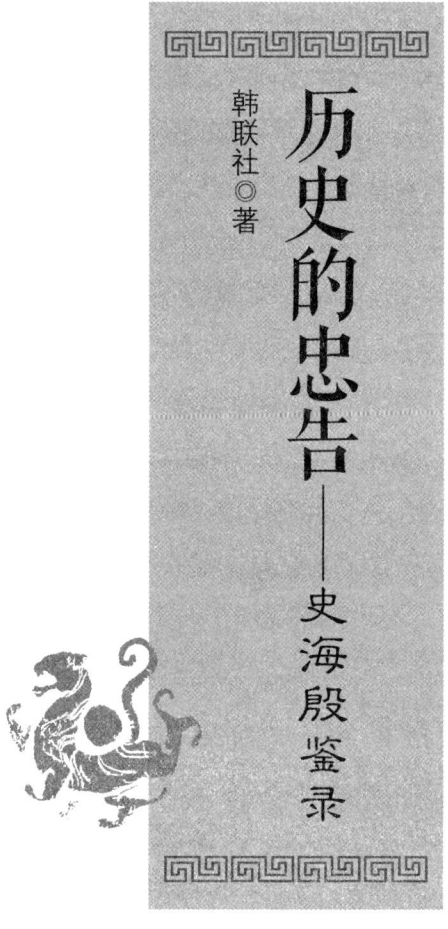

花山文艺出版社

图书在版编目（CIP）数据

历史的忠告：史海殷鉴录 / 韩联社著. —石家庄：花山文艺出版社，2019.6
ISBN 978-7-5511-4657-9

Ⅰ.①历… Ⅱ.①韩… Ⅲ.①中国历史—通俗读物 Ⅳ.① K209

中国版本图书馆CIP数据核字(2019)第102193号

书　　名：	**历史的忠告** ——史海殷鉴录
著　　者：	韩联社
责任编辑：	张采鑫　李　鸥
责任校对：	李　鸥
装帧设计：	王爱芹
美术编辑：	胡彤亮
出版发行：	花山文艺出版社（邮政编码：050061） （河北省石家庄市友谊北大街330号）
销售热线：	0311-88643221/29/31/32/26
传　　真：	0311-88643225
印　　刷：	石家庄市西里印刷厂
经　　销：	新华书店
开　　本：	700×1000　1/16
印　　张：	20
字　　数：	250千字
版　　次：	2019年6月第1版 2019年6月第1次印刷
书　　号：	ISBN 978-7-5511-4657-9
定　　价：	45.00元

（版权所有　翻印必究·印装有误　负责调换）

殷鉴不远,在夏后之世。

——《诗经·大雅·荡》

以铜为镜,可以正衣冠;以史为镜,可以知兴替;以人为镜,可以明得失。

——唐太宗

目 录
CONTENTS

自序：仿佛听闻了史册里传来的殷殷叮咛之声 ············ 001

上卷　君之鉴

商汤子履：人视水见形，视民知治不 ············ 003

周厉王姬胡：吾能弭谤矣，乃不敢言 ············ 014

晋文公重耳：以记吾过，且旌善人 ············ 025

汉文帝刘恒：朕既不明，不能远德 ············ 042

汉武帝刘彻：盖有非常之功，必待非常之人 ············ 051

新太祖王莽：天生德于予，汉兵其如予何 ············ 068

汉光武帝刘秀：永念厥咎，内疚于心 ············ 078

晋武帝司马炎：岂以一身之休息，忘百姓之艰耶 ············ 086

宋武帝刘裕：夕惕永念，心驰遐域 ············ 096

齐高帝萧道成：使我治天下十年，当使黄金与土同价 ··· 112

梁武帝萧衍：释愧心于四海，昭情素于万物 ············ 124

后主陈叔宝：对轩闼而哽心，顾宸筵而懔气 ············ 135

孝文帝拓跋宏：使朝有不讳之音，野无自蔽之响 ············ 145

隋文帝杨坚：以黎元在念，忧兆庶未康 …………… 155

隋炀帝杨广：夙夜战兢，若临川谷 ………………… 169

下卷 臣之鉴

伊尹：惟天无亲，克敬惟亲 ……………………………… 185

箕子：舆马宫室之渐自此始，不可振也 ……………… 193

召公：天地百物皆将取焉，何可专也 ………………… 200

管仲：夫霸王之所始也，以人为本 …………………… 205

子产：我闻为忠善以损怨，不闻作威以防怨 ……… 212

范蠡：持满者与天，定倾者与人 ……………………… 219

商鞅：且夫有高人之行者，固见非于世 …………… 228

蔺相如：先国家之急而后私仇也 ……………………… 234

郭隗：王必欲致士，先从隗始 ………………………… 240

李斯：故诟莫大于卑贱，而悲莫甚于穷困 ………… 247

霍光：天下匈匈不安，光当受难 ……………………… 255

窦融：智者不危众以举事，仁者不违义以要功 … 262

王猛：善作者不必善成，善始者不必善终 ………… 270

魏徵：源不深而岂望流之远，根不固而何求木之长 … 283

冯道：蹈危者虑深而获全，居安者患生于所忽 … 295

后记 …………………………………………………………………… 304

自　序

仿佛听闻了史册里传来的殷殷叮咛之声

一

写作这本书的机缘，来自于河北大学出版社邓一鸣师弟送给我的一本书：清代学者尹会一编纂的"三鉴"：《君鉴录·臣鉴录·士鉴录》。这本书本来是"四鉴"，还有一卷"女鉴录"，编者考虑到内容"封建糟粕较为突出"，删除了。

尹会一（1691～1748），字元孚，号健余，清代学者，河北博野人，雍正进士，历任吏部主事、扬州知府、河南巡抚、江苏学政等职，平生尚实行而薄空言，重身心而轻文字。为官之余，著述不辍，后人汇其所著为《尹健余先生全集》。据编纂者介绍，尹先生这部书，以朱熹《资治通鉴纲目》为基础，但并非简单重复，而是独具鲜明特色：一是对材料作了有针对性的选取组合，并分别标上概括各篇主旨的标题，二是对每个单独成篇的文字作了较为中肯的有启发意义的按语，全书为人们重点提供了中国历代"君""臣""士"在修身、齐家、治国、平天下诸方面的可资借鉴的正面经验与反面教训。

该书《君鉴录》分为四部分：立政类、用人类、纳谏类、儆戒类。"立政类"截取了汉高祖刘邦、汉文帝刘恒、汉昭帝刘弗陵、汉

光武帝刘秀、汉明帝刘庄、汉和帝刘肇、唐高祖李渊、唐太宗李世民、唐高宗李治、唐玄宗李隆基、唐德宗李适、后唐明宗李嗣源等君王的"仁政故事"。该卷由两个"汉唐故事"开篇：一是汉高祖刘邦率十万大军攻入咸阳，招来父老豪杰，约法三章："杀人者死，伤人及盗抵罪，余悉除去。"百姓闻之欢欣。二是唐高祖李渊率军攻克长安，与民约法十二条，"悉除隋苛禁"。尹先生评论说："三代以后，统尊汉唐。观其开国之初，先除苛禁，约法三章与约法十二条，后先相望，民悦解悬，享祚之永有以也。"

捧读该书，内心颇感惴惴。如此"以史为鉴"，形如"贴标签"，未免轻飘飘简单化了些。譬如"立政类"第一篇命题："汉高祖刘邦等以仁爱得天下"，很大程度上就是个"伪命题"：著称于世的秦末楚汉战争，刘邦与项羽龙争虎斗浴血奋战达四载之久，哪里是一句刘邦"仁爱"就可以"得"天下啊！读过太史公《史记》的人大约都晓得，在与项羽争夺天下的过程中，刘邦的那副"政治流氓"嘴脸，还是很鲜明生动的嘛！——我因此有所感矣！无论是"知人论世"，还是"知人论史"，窥其一斑，不及其余，简单化地贴标签，并不是一个好办法。这种只言片语组合而成的"语录体史鉴"，或闪光耀亮，或湮灭黯淡，不过是一"斑"而已。所谓"历史科学为现实服务"，并不宜按照意识形态色彩之浓淡来皴染历史，排列组合历史人物与历史事件。因为，不了解历史事件的来龙去脉，弄清历史人物的兴衰本源，把握朝代兴替的客观规律，怎么可能达到"以史为鉴"之目的呢？

二

关于"历史镜鉴"，有一句名言是："水能载舟，亦能覆舟。"语出《荀子·哀公》。孔子告诫鲁哀公："丘闻之，君者，舟也；庶人者，水也。水则载舟，水则覆舟，君以此思危，则危将焉而不至矣？"初唐宰相魏徵《谏太宗十思疏》引用了这句话："怨不在大，可畏惟人；载舟覆舟，所宜深慎。"两位古代大哲留下的语录，遂使"载舟覆舟"之说成为后世久传不衰的经典之论。

所谓"镜鉴"，一曰"镜"，二曰"鉴"。"镜"，镜子也。"鉴"，其基本含义，一为古代用铜制成的镜子；二为仔细看，观察，审视，引申为品鉴、鉴别、鉴赏、借鉴等等，意指人们通过对客观世界的直观认识，进而达到理性认知与鉴别之目的。以其见闻，融其睿智，感悟世事，洞鉴历史。所谓"鉴"，不是简单地走马观花认识世界，而是一个由浅入深、由感性到理性的认知过程；即从"我见了，我看了"到"我想了，我明白了"的过程。这里的所谓"明白"，至少要有几点感想，受到几点启发，总结出几条经验与教训——惟其鉴之，方可知之，也才能有所借鉴，有所收获。

由此可见，"历史镜鉴"之要，在于窥全豹，探真知，以古鉴今，继往开来。

孔夫子提出"载舟覆舟"之论，可谓高屋建瓴；魏徵撮其要害，并以此警诫唐太宗，堪称耳提面命；而唐太宗不以为忤，视其为"镜"，经常拿来洞照自己，不失为古之明君也。这些古代先贤眼里的历史与现实，无疑是立体的，多面的，姿彩纷呈的。因为，只有全面的观察，深刻的总结，触及灵魂的领悟，才能得出符合历史规律之结论，总结出警示世人之经典。任何盲人摸象、以偏概全，或只见树木、不见森林，或一叶障目、不见泰山，都是难以窥知历史本相，得出令人信服的真知与结论的。北宋著名史学家司马光耗尽毕生心血，"叙国家之盛衰，著生民之休戚"，总结过往历代王朝治国之经验教训，编纂《资治通鉴》，全书浩浩294卷，300多万字，宋神宗赵顼认为此书"鉴于往事，有资于治道"，由此而命名，堪称古今镜鉴集大成之巨著。镜鉴之事，可谓大矣！

三

按照我的理解，要知"一般"，必窥"全豹"；换言之，没有"全豹"，何来一般？我这里说的"一般"，并非"窥一斑而知全豹"之"一斑"。此"一般"非彼"一斑"也。古人"管中窥豹"，见到"一斑"，便跳跃欢呼：偶见到豹子啦！然而，那究竟是"一斑"，而非"全豹"也。我们不妨由"一斑"上升到"一般"，实现一次"由表及里"的飞跃。所谓"全豹"，即是事物的本来面目，或者是一个人之本相；所谓"一般"，则是指对事物进行综合分析之后，得出的一般性结论。在得窥"全豹"的基础上，才能谈到"一般"，达到"以史为鉴"之目的。

所谓"史鉴"，"史"与"鉴"并列，"史实"与"镜鉴"相得益彰，犹如鸟之双翼，缺一不可。史实乃镜鉴之基础，镜鉴乃史实之总结。因此，本书的写作，我给自己定了三个标准，即"三性"：史料性、思想性、可读性。三者融会贯通，方能触类旁通，启迪人生。一本史鉴类图书，倘若没有丰富的史实作基础，就会成为无源之水，无本之木；没有深刻的思想做先导，就会成为无滋无味的白开水；而没有引人遐思的可读性做羽翼，也会像孔夫子当年指出的那样："言之无文，行而不远。"

如果说，这个寻觅"一般"之路，并不一般的话，那么，整个"窥豹"过程，则更加辛苦。因为缺乏系统的历史知识学习与积淀，要做到汇百川之细流，以知古而鉴今，可谓难矣哉。我给自己定下两个基调，一曰"穿越历史"，二曰"穿越人性"。所谓"穿越历史"，就是通过一个历史人物"管窥"他的时代，弄清围绕着他而展开的那一段历史的波谲云诡，风雷激荡。所谓"穿越人性"，即是对古今人性之"历览"。人无分今古，不论南北，其言其行，均具备基本的"人性",闪烁着人性之美与丑。

要实现"两个穿越",《二十五史》与《资治通鉴》是必读的,其他野史与传说,也要尽量搜求寓目,尤其那些栩栩如生的历史细节,正是人性肆意飞扬之处,不经意间忽略过去,就等于放弃了一段精彩,殊为可惜。唐代史学家刘知几在《史通》中说:"大抵偏记小录之书,皆记即日当时之事,求诸国史,最为实录。"刘知几所说的"小录之书",就是那些"稗官野史",虽然不免荒诞之处,却最为鲜活生动,最易"由小见大"。总之,在寻寻觅觅的"窥豹"过程中,品味人性之美,鉴别人性之恶,这种心灵体验,真是令人一咏而三叹息也!

譬如,商王朝的缔造者商汤子履先生,就颇具仁爱之心,他看见郊野四面都张着罗网,以捕捉禽兽,就很生气,说这是要把禽兽断子绝孙吗?当场下令"去其三面",为禽兽们打开了"逃生之门",并祝祷说:你们呀,想往左的往左,想往右的往右,寻找你们的生路去吧!人们颂扬说:"汤德至矣,及禽兽。"此言此行,既是德音,更是人性。古来成大事者,无德不立,没有人性,绝难成功。因为,天下人心之所向,是连上帝也改变不了的神力呀!

再如,五代宰相冯道先生,身处那样一个癫狂动乱时代,鲜血汹涌淫九州,城头变幻大王旗,他居然玩得溜溜转,一生高官厚禄,逢迎拍马,历事四朝十帝,这样一个政坛"老油条",却以厚道处事,危难时刻,总是力所能及保护老百姓。契丹人占领中原,他大拍契丹太宗耶律德光马屁,却借此保全了中原百姓,避免了惨绝人寰的大屠杀,受到时人称颂,却遭到欧阳修司马光等大佬严厉抨击,欧阳修说他是"无廉耻者",司马光骂他是"奸臣之尤",呵呵!冯道就像一面历史多棱镜,是耶非耶,难以论定;毋宁说,在他身上飘荡着复杂的人性,美与丑,善与恶,黑与白,交织融合,丝丝缕缕,难以厘清。

四

尽管写作过程历尽艰辛，而追踪先贤足迹，领略古人风采，其实是一件很幸福的事。每当岑寂时刻，静思凝神，浮想联翩，仿佛听闻了史册里传来的殷殷叮咛之声……

商汤发动"鸣条之战"，消灭暴君夏桀，视民如伤，励精图治，告诫百官："人视水见形，视民知治不。"他说，你到水边照一照，就能看清楚自己的嘴脸；你到老百姓中间听一听，就能知道自己为政究竟如何了。不要整天夸夸其谈吹牛皮，要深入民间看得失。不得不说，商汤的这些英明论断，至今仍有着强烈的现实意义。

箕子先生看见商纣王用象牙筷子吃饭，忧心忡忡，叹息不已："彼为象箸，必为玉杯；为玉杯，则必思远方珍怪之物而御之矣。舆马宫室之渐自此始，不可振也。"他说，纣王现在制作象牙筷子，将来必定制作玉杯，还一定想把远方的稀世珍宝占为己有，车马宫室的奢侈豪华，也必将从这里开始，国家振兴无望了！箕子见微知著，预见了纣王的可悲下场，其强悍逻辑，至今滴沥有声。

周厉王姬胡面对批评，强力"弭谤"，弄得天下万马齐喑，道路以目，召公告诫他："防民之口，甚于防川。川壅而溃，伤人必多，民亦如之。是故为水者决之使导，为民者宣之使言。"召公说，人有口便要说话，而"口之宣言也，善败于是乎兴"，当政者哪里好哪里坏，都能从万众之口中省察出来的。召公之言，堪称振聋发聩。

郑国丞相子产先生，面对"毁乡校"之喧嚣，坚决主张"留乡校"，听民声，他说："夫人朝夕退而游焉，以议执政之善否。其所善者，吾则行之；其所恶者，吾则改之。是吾师也，若之何毁之？"他主张把"乡校议论"当作"良师"与"良药"，认真听取，以检验执政之得失，纠正失误与错误，凡是老百姓喜欢的，就继续贯彻执行；凡是老百姓憎恶的，就坚决加以改正。他警告说：听听百姓议论，从中找出执政者的毛病，及时加以改正，有吗不好呢？干吗非要弄到天怒人怨、无药可救的地步呢？应当说，子产先生的"群众路线"观点，实在是郑国之福啊！

汉武帝刘彻号称雄才大略，一生大有作为，晚年却昏聩不堪，弊政迭出，导致惨烈的"巫蛊之祸"，后来悔悟，颁布了一道《轮台罪己诏》，把自己痛骂一顿："朕即位以来，所为狂悖，使天下愁苦，不可追悔。自今事有伤百姓，靡费天下者，悉罢之！"他说，我从前愚昧，被那些巫婆神汉欺骗，干了不少蠢事，"天下岂有仙人，尽妖妄耳！"汉武帝这种反躬自省，痛责自己的做法，可谓稀世之音，尽管两千年过去，依然言犹在耳。

大家或许知道，第一个提出"以人为本"这一观点的人，却是古代政治家管仲，他在《管子·霸言》中指出："夫霸王之所始也，以人为本。本理则国固，本乱则国危。"管仲倡导"民本思想"，辅佐齐桓公小白开创霸业，他说："仓廪实而知礼节，衣食足而知荣辱，上服度则六亲固。"家底殷实了才能讲究礼节，肚子吃饱了才能追求荣辱，国君的作为合乎"法度"了，江山才会稳固。他告诫小白："下令如流水之源，令顺民心。"国君下达的政令，就像流水之源，只有顺应天下百姓的意愿，才能源远流长，其为政的出发点与落脚点，就是——老百姓喜欢与否！

初唐名相魏徵，直言极谏，其忠悃之心，苍天可鉴，先上《谏太宗十思疏》，以"载舟覆舟"之论，告诫太宗居安思危；再上《十渐不克终疏》，列举太宗"十大罪状"，警诫他说："有善始者实繁，能克终者盖寡。"作为执政者，须时刻心怀怵惕，"傲不可长，欲不可纵，乐不可极，志不可满"。因为，"祸福无门，唯人所召。人无衅焉，妖不妄作"。正所谓："天作孽，尤可恕；人作孽，不可活。"太宗皇帝被如此叱责，一不急，二不恼，还甘之如饴，"手诏

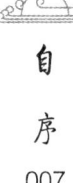

嘉美,优纳之"。君臣同心,其利断金,上下联动,共襄盛举,"贞观之治"之盛业,永载史册矣。难怪魏徵死后,太宗非常悲伤,感叹说:"以铜为鉴,可以正衣冠;以人为鉴,可以知得失;以史为鉴,可以知兴替。朕常保此三镜,以防己过。今魏徵殂逝,遂亡一镜矣!"他把魏徵比做一面镜子,说自己经常拿这面镜子照一照,来镜鉴为政之得失,如今魏徵死了,这面宝贵的镜子消失了,惜哉痛哉!……

　　书尽千百言,难拟古人心;举首向明月,尘世传福音。冀望亲爱的读者读罢本书,能有所获益;对疏漏错谬之处,不吝批评指正。

韩联社
2017年9月20日于隐庐

上卷

君之鉴

商汤子履：人视水见形，视民知治不

——你到水边照一照，就能看清楚自己的嘴脸；你到老百姓中间听一听，就能知道天下治理得究竟如何。

商汤（前1670～前1587），即成汤，子姓，名履，河南商丘人，是商朝始祖子契的第十四代孙，商朝的开国君主。

商朝是中国历史上继夏朝之后的第二个朝代，是第一个有直接的同时期文字记载的王朝，因其始祖契被封于商，定都商丘（今河南商丘睢阳），史称"商朝"；至盘庚迁殷（今河南安阳），又称"殷商"。自公元前1600年商汤发动"鸣条之战"，战胜夏桀建立商朝，至公元前1046年，商纣王在"牧野之战"中被周武王击败，身死国灭，共历17代31王。

需要说明的是，关于中国夏商周三代的王位传承与年代界定，一直众说纷纭，莫衷一是。为厘清这一重大问题，国家于1996年启动"夏商周断代工程"，组织来自历史学、考古学、文献学、天文学、古文字学、历史地理学、测年技术学等领域的170名专家联合攻关，研究排定了夏商周时期的确切年代。尽管目前学界对此尚有争论，毕竟是集体智慧的结晶，应该值得信赖，本文叙述采用此说。

据太史公司马迁《史记·殷本纪》载，商族兴起于黄河故道下游商丘一带，其远祖可以追溯到母系氏族公社时期。传说始祖契的母亲简狄，是有娀氏（古国名。在今山西永济县）之女，乃黄帝曾孙、高辛氏帝喾的次妃，貌美如花，风情万种。有一天，简狄与三个闺蜜相约去河里洗澡，碧波粼粼，杨柳依依，简狄偶尔抬头，忽然看见空中飞来一只"玄鸟"，翩然振翼，盘旋三匝，似乎在冲着她啾啾啼唤。所谓"玄鸟"，其初始形象类似燕子，燕子羽毛是黑色的，故称玄鸟。其实，这只古代神话中的"玄鸟"，出自《山海经·海内经》："北海之内有山，名曰幽都之山。黑水出焉，其上有玄鸟、玄蛇、玄豹、玄虎、玄狐蓬尾。"至于简狄见到玄鸟之后的情形，请看太史公的描述："见玄鸟堕其卵，简狄取吞之，因孕生契。"对这个"吞卵生子"的神奇传说，太史公言之凿凿，绘声绘色。这大约就是商族以鸟为图腾的来历。《诗经·商颂·玄鸟》歌曰："天命玄鸟，降而生商，宅殷土芒芒……"

《史记·殷本纪》还记载了一件与鸟有关的趣事。说有一天，武丁祭祀先祖成汤，"有飞雉登鼎耳而呴，武丁惧。祖己曰：'王勿忧，先修政事。'""飞雉"，羽毛鲜艳的野鸡；"呴"，鸣叫；"祖己"，武丁长子。祭先祖，野鸡鸣，武丁惧。祖己告诫老爹说，大王您不必忧虑，办好政事要紧。他说，您继承王位，只要遵循古训，敬天爱民，施惠百姓，有啥好担忧的啊？武丁听了儿子的劝谏，努力修行德政，造福百姓，全国上下一片和谐，商朝的国势日益兴盛起来。——这当然是后话了。

如此怪异而玄妙的出生，似乎命中注定，契先生要在上古时代的无尽时空里扮演重要角色。契，子姓，名契，又名卨，别称"阏伯"，先是被老爹帝喾封于商丘，官拜"火正"。火正，古代官名，掌管民事，称为"黎"。《左传·襄公九年》："陶唐氏之火正契居商丘，祀大火，而火纪时焉。相土因之，故商主大火。"契官居"火正"，因为勤政爱民，百姓尊之为"火神"。

此处的"陶唐氏"，是帝尧的号。尧为帝喾之子，契的兄长，13岁封于陶（今山西临汾襄汾县陶氏村），15岁改封于唐（今山西太原），号曰"陶唐氏"。帝喾驾崩，帝尧继位，任命自己的小弟契为司徒，称为"契玄王"。契作为帝王之苗裔，后来因为帮助大禹治水有功，受封于商邑，遂定都商丘。商族部落的千年基业，由此滥觞。随着时光轮转，新陈代谢，商国由小到大，由弱变强，传至十四代孙成汤的时候，已经在诸侯国中鹤立鸡群，成为夏朝的强劲对手，开始觊觎夏王朝的渺渺天下，梦想着一统江湖了。

史载，商汤不但接续了其先祖的殷殷血脉，还注入了王朝缔造者的炫目灵光。他为人宽厚，为政贤明，其仁德之心，如漫漫天雨，播撒天下。有一天，他外出巡视，看见郊野四面都张着遮天蔽日的罗网，以捕捉禽兽，脸色顿时阴暗下来，一个随从却傻乎乎地欢呼："天下四方，皆入吾网！"汤凛然说道："如此张网，岂不是要灭绝天下禽兽么？"他大手一挥，下令"去其三面"，为禽兽们打开了"逃生之门"，并祝祷说："你们呀，想往左的往左，想往右的往右，大胆不要命的，尽入吾网！"此举颇得人心，人们纷纷颂扬说："汤德至矣，及禽兽。"

商朝之兴起与衰落，经历了三个历史发展阶段：第一阶段是"先商"，从始祖契到商汤，演绎了一出蟒蛇吞大象之历史活剧，吞灭夏朝，建立商朝；第二阶段是"早商"，从商汤建国至盘庚迁殷，古国擎天，日趋繁华，在历史云空里留下了浓墨重彩的一笔；第三阶段是"晚商"，从盘庚迁殷至商朝灭亡，商纣王重复了夏桀的历史悲剧，商朝也被周朝所取代。

"先商"时期，商还只是夏朝的一个诸侯国，且历经动荡，风波不断，迁徙不止。从始祖契开业奠基，到商汤登上王位，经过十四代传承，先后八次迁都；从商汤至盘庚，经过二十代传承，先后五次迁都。商代之迁都，见于史册记载的就有十三次之多。先是契的儿子、第二代国君昭明将都城由商丘迁至砥石（今山东平陆），此后，契的孙子、第三代国君相土又将都城迁回商丘。《竹书纪年》记载了商代一系列迁都事件："仲丁迁于隞（今河南荥阳），河亶甲乙迁于庇（今山东菏泽），南庚迁于奄（今山东曲阜），盘庚自奄迁于北蒙，号之曰殷。……自盘庚迁殷，至纣之灭，二百七十三年，更不徙都。"

迁都历来是国家大事。古往今来，国都迁，国本摇，天下乱。无论哪个国家，每一次迁都，都会弄得举国喧腾，万民骚动。商朝屡次迁都，屡次折腾，却愈来愈强盛，堪称古代奇观也。王位传至契第十四代孙商汤时，已成为东方的一个强大诸侯国。《国语·周语》云："谚曰：'从善如登，从恶如崩。'昔孔甲乱夏，四世而陨；玄王勤商，十有四世而兴。"谚语曰：向好发展如登山，向坏发展如山崩。"孔甲"，即姒孔甲，夏朝第十四代君主，在位九年，好为鬼神，嬉戏淫乱，昏庸残暴，导致众叛亲离，使国势急剧衰落。"玄王"，三国史学家韦昭注："玄王，契也。殷祖由玄鸟而生，汤亦水德，故曰玄王。"当年孔甲乱夏，传至第四代而命绝；殷商从玄王开始，经过十四代艰苦努力，走向兴盛。

那时候夏朝的统治者，是末世之君夏桀姒癸。夏桀（？～前1600），姒姓，名癸，谥桀，在位52年，国都斟鄩（今洛阳巩县西南）。其老爹名姒发，史称"夏帝发"，是夏朝第十六代国王，在位18年，因为昏庸无能，被各方诸侯鄙视，大家谁也不肯前来朝贺。夏帝发死后，他的儿子继位登基，这就是历史上著名的暴君夏桀。

关于夏桀的残暴，史书屡有记载。《史记·夏本纪》："桀不务德而武伤百姓，百姓弗堪"，夏桀不修德政，残害百姓，国家危机四伏；《墨子·法仪》："暴王桀、纣、幽、厉，兼恶天下之百姓，率以诟天侮鬼，其贼人多，故天祸之，使遂失其国家，身死为僇于天下。"桀（夏桀）、纣（商纣）、幽（周幽王）、厉（周厉王）四个

"暴王",割剥百姓,戏侮鬼神,招来天谴,国破家亡,死有余辜。《竹书纪年》载:桀"筑倾宫、饰瑶台、作琼室、立玉门"。西汉大学者刘向在《列女传·孽嬖传》中,记载了夏桀与其宠妃的香艳故事:"末喜者,夏桀之妃也。美于色,薄于德,乱孽无道,女子行丈夫心,佩剑带冠。桀既弃礼义,淫于妇人,求美女,积之于后宫,收倡优侏儒狎徒能为奇伟戏者,聚之于旁,造烂漫之乐,日夜与末喜及宫女饮酒,无有休时。"

这段记载,声情并茂,颇为香艳。"末喜"虽为女子,却有一颗"丈夫心","美于色,薄于德",整天"佩剑带冠","造烂漫之乐",无止无休。"末喜",亦作妹喜、妹嬉、末嬉,夏桀宠妃,与商纣王宠妃妲己、周幽王宠妃褒姒一起,被称为中国古代"红颜祸水"的代表性人物。有诗赞叹她的艳丽:"有施妹喜,眉目清兮。妆霓彩衣,袅娜飞兮。晶莹雨露,人之怜兮。"据说妹喜有三大癖好:一是酷爱在酒池里划船畅饮,二是喜听撕裂绢帛的哗啵之声,三是爱戴男人晃悠悠的官帽。为讨好妹喜,夏桀下令在斟鄩王宫修建了一座酒池,大如湖泊,波涛荡漾,他抱妹喜于膝上,百般揉捏,荡舟饮酒,众美女环绕四周,纷纷举杯豪饮,淫声浪语,好不快哉!忽听噗通一声,一醉酒美女失足落水,哇哇连声,醉溺而亡,桀与妹喜嬉笑如故。百姓痛恨夏桀,作歌曰:"江水沛沛兮,舟楫败兮。我王废兮,趣归薄兮,薄亦大兮。""薄",通"亳",商国都城。"江水浩荡兮,舟楫颓败;我王朽烂兮,趋归亳都!"这是一首指向明显的民谣。民心思商,天下大势定矣!

商汤与夏桀的较量,可谓一波三折。夏桀作为当时的"天下共主",当然要诛灭叛逆,消灭割据势力。商汤作为勃兴之商族领袖,时刻梦想"夏商易帜",实现一统江湖。商汤身边有两大谋士,一个是伊尹,一个是仲虺。伊尹不但是古代名相,还是中华厨祖,他将天下比喻为一只沸腾的汤锅,治国犹如"以鼎调羹","调和五味",

火候足，稀稠匀，五味和，则天下大定矣。其"调羹治国"之论，与老子所谓"治大国若烹小鲜"，可谓异曲而同工也。仲虺乃薛国（今山东滕州）国君，治国有方，治军有道，据说他出生时雷声虺虺，闪电如蛇，暴雨倾盆，天下旱荒遂解。虺，声如雷，舞如蛇，状其声貌若霹雳雷鸣也。

夏桀十五年（前1652），商汤将国都由商丘迁至亳，在这里营建新都，积蓄粮草，招兵买马，为灭夏战争做准备。他与伊尹、仲虺精心谋划，制定灭夏"三步棋"：其一，政治上，制造舆论，争取民心；其二，军事上，施行外科手术，剪除夏桀羽翼；其三，开辟正面战场，务求一举歼灭。

随后，伊尹亲自出马，带着随从与大批珍玩，来到夏国都城斟𬩽，名为进贡，实为侦察。夏桀宠妃妹嬉一见宝物，自是欢天喜地，夏桀虽有疑心，但见美人一笑，也便释怀。时光倥偬如驶，尘烟翻卷如波。三年后的一天，妹嬉忽然愁眉不展来见伊尹，说大王昨晚做了一个怪梦，梦见天上两日并出，相互撞击，一日红光闪耀，冉冉升空，一日惨淡无光，坠落深渊，不知是什么意思呀？伊尹闻言，知道夏桀起了疑心，迅速返回，与商汤、仲虺商议。三人环顾寰宇，审时度势，感觉时机尚不成熟，还需要耐心等待。

那时候，商国地域不过七十里，周围虎狼遍布，许多是夏的仆从国，对商国虎视眈眈，其西邻葛国（今河南宁陵县），更是夏桀的耳目，不时龇牙咆哮。要灭夏，必须剪除这些小喽啰。此前，商国曾被夏朝授予"得专征伐"之权，可以先斩后奏，便宜行事。于是商汤急速发兵，一举吞灭葛国，接着一鼓作气，强力扫荡那些夏朝附庸小国，取得一连串胜利，正如《孟子·滕文公下》所云："汤始征，自葛始，十一征而无敌于天下。"从吞灭葛国开始，商国取得十一连胜，引起天下震动，周围虎狼一个个瑟瑟发抖，夏桀耳畔轰隆一声，感觉到巨大危险在渐渐逼近。

那一年,天下大旱,万物凋敝,饿殍遍野。夏桀痛感危险来临,不顾百姓死活,打算发动两场平叛战争:第一,先讨伐公开叛乱的有缗国(今山东金乡县),第二,再踏灭磨刀霍霍的商国。讨伐有缗之战,夏桀本以为不过是老鹰抓小鸡,巨石压累卵,岂料出师不利,受到有缗人顽强抵抗,其结果是"毙敌一千,自损八百"——有缗国覆灭,夏桀精锐之师丧尽。望着兵卒的累累残骸,与剑戈嚣嚣的商人,夏桀兀自气喘吁吁,痛感有心无力,唉唉,按下葫芦浮起瓢,咋整?

尽管如此,夏桀依然有几个"死忠粉":一是韦国(今河南滑县东),二是顾国(今山东鄄城东北),三是昆吾国(今河南濮阳)。这几个诸侯小国死忠夏桀,死磕商人,必须武力剪除。夏桀二十二年(前1659),商汤决定首先消灭韦国,一鼓而下,连胜可期。然而,尚未出师,夏桀就得到密报,立即派人宣召商汤入朝,为了麻痹敌人,商汤慨然前往,随后被囚禁于夏台。

夏台亦称钧台,遗址在河南禹州市,是夏朝设立的监狱。《白虎通》卷九云:"三王始有狱,夏曰夏台,殷曰羑里,周曰囹圄。""羑里",亦称"羑里",是商朝的监狱,商纣王曾在这里拘禁周文王,《汉书·中山靖王刘胜传》:"是以文王拘于羑里。"文王被囚,"拘于羑里",在囚室里苦思冥想,呕心沥血,演绎了对后世影响深远的《周易》;"囹圄"是周朝的监狱,唐代僧人释慧苑《华严经音义》云:"囹圄谓周之狱名也。"成语"身陷囹圄",即被捕入狱,失去自由。

伊尹、仲虺得知商汤被囚,立即搜集了大批珍宝、玩器、美女,连夜献给夏桀,请求释放汤。夏桀看着满车宝物与美女,呵呵大笑,大手一挥,下令放人。商汤归来,立即发动清剿战争,陆续灭掉了韦、顾、昆吾等诸侯小国,剪除了环绕夏朝的羽翼,实力开始无敌于天下。

公元前1600年,商汤调集70辆战车与5000名步卒,组成讨夏大军，在景亳（今河南商丘梁园区）誓师，他颁布了一道《汤誓》，慷慨激昂地声讨夏桀的种种暴行，喊出了时代最强音："时日曷丧？予及汝偕亡！"——你哪天灭亡？我宁愿与你一起死亡！尔后，商汤率军大举西进，讨伐夏桀。夏桀闻讯，调集麾下残存的军队，开出王都迎战。两军在鸣条（今河南封丘东）遭遇，展开了历史性决战，史称"鸣条之战"。战争的结局是：夏朝崩，商朝立，定都于亳，国号曰"商"。"汤乃践天子位，代夏朝天下。"（《史记·夏本纪》）。夏桀率残部逃奔到南巢（今安徽寿县南），被俘，遂放逐于此，不久病死。垂危之际，他恨恨地说："吾悔不遂杀汤于夏台，使至此。"

应当说，"鸣条之战"是一场推动历史车轮隆隆向前的经典大战，影响深远，《周易·革卦·象辞》："天地革而四时成，汤武革命，顺乎天而应乎人，革之事大矣哉。"随着这场战争的袅袅硝烟抟转升腾，绵延五百余年的夏王朝犹如一棵枯朽老树，喀吧一声爆响，折断，倾覆，商王朝呼啸而起，耸立于中国古代的茫茫原野之上。

商汤登位伊始，轻徭薄赋，鼓励生产，关注民生，政声远播，远居黄河上游的氐人、羌人等部族，也纷纷来归。为整顿吏治，他发出了一道《汤诰》，命令各地诸侯务必要"有功于民，勤力乃事"，否则，"予乃大罚殛女，毋予怨。"《说文解字》：殛，诛也；女，通汝。商汤语重心长地告诫这些执掌权柄的大僚："古禹、皋陶久劳于外，其有功乎民，民乃有安。东为江，北为济，西为河，南为淮，四渎已修，万民乃有居。后稷降播，农殖百谷。三公咸有功于民，故后有立。""四渎"，语出《尔雅·释水》："江、河、淮、济为四渎。四渎者，发源注海者也。"古代四条独流入海的大河，即"江（长江）、河（黄河）、淮（淮河）、济（济水）"，即为"四渎"，其中淮河、济水古时也独流入海，得以与长江黄河并列。

商汤在《汤诰》中推重的"三公"，皆为古代大贤。大禹、皋陶，与尧、舜并列，史称"上古四圣"，一如明月高悬，清凌生辉。

大禹治水，三过家门而不入，堪称鞠躬尽瘁；皋陶厉行法制，修"五刑"，用独角兽獬豸治狱，秉公执法，法度昌明，订"五教"，倡导父义、母慈、兄友、弟恭、子孝，使天下大治，社会和谐，百姓安居乐业。后稷是黄帝玄孙，帝喾嫡长子，上古"农师"，教会百姓播种五谷，为民众解决了吃饭问题。这三位古代大贤，都对百姓有功，广受赞扬，他们的后代也因此受到荫庇，福祚绵长。

在商汤耳提面命的督促之下，夏末商初的混乱状况得到了初步治理，天下百姓开始过上了安定的日子。商汤二十五年（前1591），商汤命伊尹作《大濩乐舞》，舞者持矛以舞，宏声而歌，象征着商汤南征北战，救护万民，音韵宽厚温和，洋溢着友爱与仁厚。据《左传·季札观乐》载，公元前544年，吴王寿梦的小儿子季札先生为逃避父王传位，巡游各国，遍赏音乐，他听罢商代乐舞《大濩乐舞》，感叹说："圣人之弘也，而犹有惭德，圣人之难也。"《诗经·商颂》中有一篇《那》，描绘商人祭祀祖先时的盛大乐舞，我们借此可以略窥商代乐舞之雍容华美：

猗与那与！（好伟大啊！又宏丽啊！）
置我鞉鼓。（敲起我们的大鼓小鼓。）
奏鼓简简，（鼓声浩荡弥漫，）
衎我烈祖。（娱乐我们的先祖。）
汤孙奏假，（子孙奏乐祭神，）
绥我思成。（祈祷马到成功。）
鞉鼓渊渊，（鼓声渊渊如海，）
嘒嘒管声。（管声呜呜摇曳。）
既和且平，（曲调和谐清丽，）
依我磬声。（随着磬声传扬。）
……

商汤二十九年（前1587），商汤百岁而崩，魂归天国，天下人泪飞如雨，悼念这位德薄云天名垂后世的贤明君主。

观察商汤的为政之道，在乎"视民"，就是倾听百姓呼声，关心百姓疾苦，为百姓排忧解难，才能赢得百姓拥护，进而赢得天下。早在剿灭葛国之前，商汤与贤相伊尹进行了一番高瞻远瞩的战略对话，论及君王兴亡之道时，他说了一句千古名言——"人视水见形，视民知治不。"他说，你到水边照一照，就能看清楚自己的嘴脸；你到老百姓中间听一听，就能知道天下治理得究竟如何。推而言之，作为一个君临天下的统治者，只是昂首望天，那是绝对看不见自己的狰狞面目的；只是高高在上，威福自专，那是根本不可能知道民间疾苦的，更不可能知道自己为政之得与失。这种具有强烈政治家风范的"忧患意识"，在那个古老的时代里产生出来，实在难能可贵，难怪伊尹听罢此言，便连声赞叹："明哉！言能听，道乃进。君国子民，为善者皆在王官。勉哉！勉哉！"

【史鉴君曰】

观察商汤之理政，惟德而已。其一，以德立世，惠及禽兽。他下令撤掉遍布四野的天罗地网，为百兽奔窜打开一条生路，既保护了八方生灵，又赢得了朴朴民心，可谓至德矣。对禽兽尚且心怀慈悲，何况对万物之灵长的人类呢？其二，以德行政，惠及万民。他推重三公，号令百官勤政为民，造福百姓，荫及子孙。其三，听水流觞，千载回响。他提出"视水见形，视民知治不"的执政理念，以民为本，闻百姓疾苦而日夜惴惴，听百姓呼声而夙兴夜寐，以老百姓的所思、所想、所痛、所恨，为执政之导向。至此，商朝初年之勃兴，以至于福祚绵延五百五十余年，由此可以隐约寻见其历史根源了。

往事已矣，史册在焉。对于成汤的业绩，我们无缘得见；他是否一直牢记并践行自己的德政理念，宵衣旰食，视民如伤，"深入基层"，体察百姓疾苦，倾听百姓呼声，并以此矫正为政之得失——这些，都难以寻其踪迹了；但他的那种精神，那种"视民知治不"的为政之道，却是有着永恒的价值和意义的。放眼今日之寰宇，不少为官者秉承良知，心系百姓，所谓"四面春色来眼底，万家忧乐到心头"。但是，总有一些官吏根本就不知道"视民知治不"这一原则，狡黠如狐，狠歹如狼，悠游官场，或溜须拍马，蝇营狗苟；或贪污受贿，腐败堕落；或作威作福，残贤害善；或耀武扬威，自吹自擂，"形势一片大好"，"老子天下第一"……不幸的是，这种种丑恶现象，在我们的社会里，已经发生或正在不断地发生着。在这些人的思想上（或曰灵魂深处），只知有上司（这不错），只知有乌纱帽（这也不算错），只知有自己（这也不算不对呀），但是，他们就是不知道，在苍苍天空之下，茫茫大地之上，还有亿万的老百姓！

行文至此，我仿佛听得，在寥寥天空中，成汤那雷一样的声音隐隐地传来——"予乃大罚殛女，毋予怨！"

（2016年12月6日）

周厉王姬胡：吾能弭谤矣，乃不敢言

——我能够消弭诽谤，就可以确保天下太平了。

周厉王姬胡（前904~前829），姓姬，名胡，周夷王姬燮之子，西周第十位君主，前878年~前841年在位，计36年。

西周（前1029~前771），始于周文王，终于周幽王，定都宗周镐京（今陕西西安），史称"西周"。周成王姬诵五年（前1038），开始营建新都成周洛邑（今河南洛阳）。前771年，申国（今河南南阳）国君申侯联合东方的缯国（今河南方城县北）和西部的犬戎国（今陕西、甘肃一带），攻杀周幽王，西周覆亡。前770年，申侯等人拥立他的外甥、废太子姬宜臼为国王，是为周平王，迁都至成周洛邑，史称"东周"。

周人是一个上古姬姓部族，发祥于关陇地区，父、母系分别是黄帝后裔有熊氏与炎帝后裔有邰氏。关陇地区，指陕西关中和甘肃东部一带，因为陇山（六盘山）和关中而得名。有熊氏乃上古华夏部落中的一个氏族，居住在有熊（遗址在河南新郑北关），建立有熊国；有邰氏是炎帝神农氏姜姓的一支，起源于陕西眉县之邰亭，后东迁至汾水下游，称为台骀，那些继续东迁至山东费县之台亭的遗族，称墨台氏，春秋初年被鲁国所吞并。

周人的始祖后稷，名弃，其母姜嫄乃有邰氏之女，原为帝喾之嫡妻。关于后稷出生，《史记·周本纪》载："姜嫄出野，见巨人迹，心忻然悦，欲践之。践之而身动如孕者。居期而生子，以为不祥，弃之隘巷，马牛过者皆不践；徙置之林中，适会山林多人，迁之；而弃渠中冰上，飞鸟以其翼覆荐之。姜原以为神，遂收养长之。初欲弃之，因名曰弃。"这段记载，至少说明两个问题，其一，古代美女姜原颇为顽皮，郊游时蹦蹦跳跳，看见巨人脚印心生好奇，一脚踏上去，岂料因此而怀孕生子，可谓玄灵也；其二，弃出生之后，并不招母亲待见，先后被扔到隘巷、林野、冰河，历经磨难，九死一生，却屡屡起死回生，可谓灵异也。揣想太史公行文至此，心头一定荡漾着无限敬仰，后人不必因此批判他宣扬迷信，却可以据此窥见史家之历史局限，即使伟大如太史公者，也难以免俗矣。

如此炫幻而神奇的出生，自然命运非凡，堪当大任。弃幼年嬉戏，种庄稼，播春雨，稻菽翻波，桑麻摇风，长大后成为种田高手，"遂好耕农，相地之宜，宜谷者稼穑焉，民皆法之。"尧帝任命他为"农师"，舜帝令他管理农务，封之于邰地，"号曰后稷，别姓姬氏"。姬氏之兴，由此滥觞，在远古云空里逐渐兴盛，渐渐演变成一个诸侯国，其名曰周。历经几世几劫，直到周文王、周武王父子相继登台，诛灭商纣，建立周朝。

史载，从始祖后稷到周文王父子，历时千余年，其间风波浩荡，迷离变幻，国王犹如走马灯一般，载沉载浮，因为资料缺失，具体的朝代更迭频率与纪年，俱已模糊，《史记》说十五代，《汉书》说十八代，孰是孰非，难以论定。常识告诉我们，自后稷至文王千余年间，漫长悠远，仅仅经过十几代轮回更替，显然不足以弥补幽远的历史空间。从这个意义上说，二者之说均有缺陷。不过，两部史学巨著如昆仑横空，后人仰之弥高，对此也只能存疑了。然而，无论风云如何变幻，后稷却始终受到周人膜拜，尊为始祖，拜为"农神"，西周主管农业的官长，即以"后稷"命名。

透过历史的朦胧烟雨，人们意外地发现，周朝是中国远古社会的鼎盛时期。从西周开始，各个民族与部落之间，不断上演兼并融合大戏，时而刀枪剑戟铮鸣，时而春风杨柳飞扬，在这个诡异瑰丽的过程中，华夏族逐渐显出雏形，成为现代汉民族之前身，四周星散着夷、蛮、越、戎狄、肃慎、东胡等少数民族部众。《周礼·地官司徒第二》："惟王建国，辨方正位，体国经野，设官分职，以为民极。"意谓：国王建立国家，勘察国境，建构体制，设置官职与等级，为百姓营造良好居住环境，创造美好生活。周灭商之后，周武王姬发君临天下，影动四方，开始大封诸侯，对地方实行强有力的军事统治，史称"国野之制"。所谓"国野之制"，其实就是"分而治之"，要点有二：其一，以都城为圆心，由近及远划分不同地域，定出高下级别；其二，根据不同地域居民身份之高低，采取不同的统治之术。王都与周围地区为"国"，分为六"乡"；"国"外为"遂"；"遂"外为"都"与"鄙"（临近中心为"都"，偏远之地为"鄙"）；"遂""都""鄙"，统称为"野"。"国中六乡"居民，多为贵族阶层，负担兵役、力役；"遂"中居民，多为平民阶层，负担农业劳役与其他徭役。这套行之有效的统治之术，堪称远古奴隶社会之政治制度的一大创举，绵延千载，直到春秋战国时期开始瓦解，到了秦王朝统一天下，则为秦始皇创建的"郡县制"所取代。

尽管从始祖后稷到文王父子的一千多年间，周作为诸侯国的传承纪年已模糊不清，但从周武王吞灭商朝建立西周之后的传承纪年，却是很清晰的，西周258年间传承十三代十四王，而周厉王姬胡，正是西周处于没落时期的第十位国王。

周厉王姬胡乃周夷王姬燮之子。这位被太史公一笔带过的周夷王姬燮，虽然史称"衰弱"，其实也蛮强悍，曾经因为轻信谗言，而烹杀齐哀公。此事见于《史记·齐太公世家》："哀公时，纪侯谮之周，周烹哀公而立其弟静，是为胡公。"这是一起惨烈的血案。公元前868年，纪国（今山东寿光市）国君纪侯姜季，向周夷王进谗言，说齐国国君齐哀公吕不臣心怀叵测，图谋不轨，云云，周夷王大怒，下令烹杀，立其弟吕静为胡公，称齐侯。

如此强悍的周夷王之所以被史家视为"衰弱"，则缘于他早年身为太子时的一场宫廷政变。

事情还要从周夷王姬燮的老爹、周朝第七代国王周懿王姬囏说起。公元前892年春，懿王姬囏辞世，太子姬燮未能继位，他的叔祖姬辟方抢班夺权，继位登基，是为周孝王。孝王姬辟方是姬燮的爷爷、共王姬繄扈的小弟，两人都是西周第五位国王穆天子姬满之子，按辈分推算，孝王姬辟方是懿王姬囏的叔父，叔侄俩都生于周穆王四十年（前937年）。姬辟方出生时，其父周穆王已经63岁，老来得子，穆王对他十分宠爱，但穆王做梦也没想到，他这个最小的儿子，后来竟能取代自己的重孙姬燮，夺位登基，演绎了一出李代桃僵之蝶变剧。

直到公元前886年，周孝王姬辟方崩逝，前太子姬燮才在众诸侯的拥立之下继位，是为周夷王。对于西周王朝这场波谲云诡的宫廷政变，《史记·周本纪》只有简短的一句话："懿王崩，共王弟辟方立，是为孝王。孝王崩，诸侯复立懿王太子燮，是为夷王。"

西周王朝的世代传承，起初实行的是嫡长子继承制，且法统森严，确保了早期政局稳定。周孝王篡位登基，鸠占鹊巢，犹如挥舞着一把巨剑，喀喇一声，砍断了王朝传承之法统链条，造成政局动荡，王室血腥争夺，自相残杀，西周由此开始走向衰落。等到周夷王姬燮登上王位的时候，已是风雨飘摇，每况愈下，一些异姓诸侯王蜂拥而起，纷纷拥兵自立，有的还反戈一击，起兵进攻周王室。傲慢自大的楚国国君熊渠先生更是不把周天子放在眼里，以老大自居，兀自册封自己的三个儿子为王——长子熊毋康为句亶（今湖北江陵）王，次子熊挚红为鄂（今湖北鄂城）王，少子熊执疵为越章（今安徽间地）王，镇守长江中游的三个战略要地，与周王室分庭抗礼。

公元前878年，夷王姬燮辞世，其子姬胡登基，是为周厉王。

可以说，周厉王姬胡生于风雨飘摇的西周末期，危崖峻烈，险壑汹涌，耳畔风声呼啸，眼前危机重重。严峻的局势，将他逼入了一条嶙峋蹭蹬的改革之幽径。而他的所谓"改革"，其落脚点却是"与民争利"，遭到群起反对，天下舆论汹汹，他暴力镇压的"弭谤"举措，则惹来了滔天大祸，不但身死异乡，还使他成为了千古罪人。

关于周厉王之出生，《竹书纪年·周纪》载："周孝王七年，厉王生，冬大雹，牛马死，江汉俱动。及孝王崩，厉王立，王室大乱。"姬胡出生之时，冰雹铺天盖地，牛马纷纷倒毙，江河惊涛裂岸——如此惊天动地降临人世，他注定会是一个在历史上掀起滔天巨浪的角色。

周厉王甫登王位，面对严峻局势，只能厉行改革，有人因此称他为"中国最早的改革家"，也还符合史实。客观地说，在那个古老而遥远的年代，尽管他的改革举措造成了灾难性后果，其改革勇气与大胆举措，还算难能可贵。当然，他的铁腕"弭谤"之举，也开了后世暴力钳制舆论之先河，祸患深重。

厉王改革之——"政治篇"，就是打破周、召两大家族"世为卿士"之惯例，起用荣夷公与虢公长父为卿士。这就从根本上改变了西周祖制。卿士，古代官名，又称卿史、卿事，商代甲骨文中就出现了这个官名，西周时期，卿士是三公、六卿之通称，为总揽朝政的执政官。周公，即周公旦，文王姬昌之子，武王姬发之弟，辅佐武王伐纣建国，诛叛逆，作《周礼》，号称"元圣"，广受赞誉。曹孟德诗曰："周公吐哺，天下归心。"召公，即姬奭，因采邑于召地（今陕西岐山西南），故称召公，他与周公旦共同辅佐武王建国，贤名卓著。周朝建立，周公、召公作为开国功臣，一言九鼎，权倾天下，两大家族耸立朝堂,"世为卿士",成为王朝惯例。周公旦之后裔,分别被封为周国、鲁国、凡国、蒋国、邢国、茅国、胙国、祭国等国君;召公受封于蓟(今北京),建立燕国,他派长子姬克北上出掌燕国,自己留在都城镐京辅政。"周公"与"召公",由此成为世袭显宦,盘踞朝堂。周厉王一上台,就改变祖制,断然刨倒了这两棵参天巨树,弃用周公与召公,犹如吃了一颗豹子胆也。

然而,他重用的荣夷公与虢公长父,又是什么人呢?荣夷公,是西周诸侯国荣国的第六位国君,其先祖荣伯是与周武王同辈的姬姓贵族,封地在今陕西户县西部,从《史记·周本纪》中,可以恍见荣伯身影:"成王即伐东夷,息慎来贺,王赐荣伯作《贿息慎之命》。"息慎,亦称肃慎,我国古代东北少数民族之一,周成王讨伐东夷凯旋,息慎人前来朝贺,成王令荣伯作歌咏其事,足见其地位之尊崇。作为世家大族的后裔,荣夷公当然也是一位举足轻重的人物。虢公长父,是西周诸侯国虢国国君,猜忌不仁,颇有军事才能。

荣夷公与虢公长父,位居"卿士",堪称厉王的左膀右臂,荣夷公主持政务,推动改革;虢公长父主持军事,四处征伐。然而,荣夷公为厉王设计的改革之路,却是大搞"专利",不择手段聚敛财富,造成天下动荡;虢公长父率军讨伐淮夷(淮河流域少数民族部落),不但没有奏凯,反而引起国人暴动,造成一场大灾难,世称"虢公长父之难"。对这场失败的战争,《后汉书·东夷传》的记载是:"厉王无道,淮夷入寇,王命虢仲征之,不克。"对厉王重用荣夷公与虢公长父,《墨子·所染篇》批评说:"夏桀染于干辛、推哆,殷纣染于崇侯、恶来,厉王染于厉公长父、荣夷终,幽王染于傅公夷、蔡公谷。此四王者所染不当,故国残身死,为天下僇。举天下不义辱人,必称此四王者。"

在墨子老先生看来,干辛、推哆、崇侯、恶来、傅公夷、蔡公谷、荣夷公、虢公长父等,均为古代奸邪之徒,正是他们的"染指"，祸害了夏桀、殷纣、厉王、幽王四位"伟大领袖"，致使江山崩摧，灰飞烟灭。不得不说，墨子的这番"奸邪误国论"，与传统的"红颜祸水论"，可谓异曲而同工，不过是为昏君们"国残身死"寻找的"替罪羊"罢了。须知，奸邪足以"误国"，红颜足称"祸水"，皆因其背后有个昏庸腐朽残虐的大佬——君王。

厉王改革之——"经济篇"，就是采纳荣夷公的意见，违背国人共享山林川泽之典章，推行颇具掠夺性的"新政"，对国家自然资源，譬如山林川泽等实行垄断，"与民争利"，力图振兴颓败不堪的王室经济。对此，《史记·周本纪》的记载只有一句话："厉王即位三十年，好利，近荣夷公。"对荣夷公的主张，大夫芮良夫强烈反对，且看太史公的记述——

> 大夫芮良夫谏厉王曰："王室其将卑乎？夫荣公好专利而不知大难。夫利，百物之所生也，天地之所载也，而有专之，其害多矣。天地百物皆将取焉，何可专也？所怒甚多，不备大难。以是教王，王其能久乎？夫王人者，将导利而布之上下者也。使神人百物无不得极，犹日怵惕惧怨之来也。故颂曰'思文后稷，克配彼天，立我烝民，莫匪尔极'。今王学专利，其可乎？匹夫专利，犹谓之盗，王而行之，其归鲜矣。荣公若用，周必败也。"

芮良夫说，周王室快要完蛋了吗？荣夷公只晓得聚敛财富，不晓得这么干危害究竟多大，这是将国家引向灾难呀！天下之财利，百物之所生也，天地之所载也，怎么可以统统抢过来，装入国王腰包呢？作为国王，你宵衣旰食千方百计让天下人得其利，还日夜惶恐，害怕人们怨声载道起来造反呢，如今你不顾一切不择手段掠夺财富，岂不是自取灭亡？草民劫掠财富，那是强盗，大王你这么干，可就人心丧尽啦!

芮良夫,西周卿士,芮国(今陕西大荔东南)国君,姬姓,字良夫,据传《诗经·大雅·桑柔》为其所作,"大风有隧,有空大谷。维此良人,作为式榖",通过一场呼呼吼吼的大风,一个空空腔腔的大山洞,歌颂了行为美好的"良人",抨击了行为卑污的"败类",显示了作者的一颗嫉恶如仇之心。对芮良夫苦口婆心的劝谏,厉王置若罔闻,"卒以荣公为卿士,用事"。

荣夷公登上高位,踌躇满志,与厉王联手,强力推进改革"新政",一时间,财物堆积如山,天下沸腾如潮,大臣召公眼见天怒人怨,便进谏说:"民不堪命矣。"他说,老百姓忍受不了如此暴政啦!周厉王闻听此言,怒从心头起,恶向胆边生,找来一个卫国巫师,命令他组建一支"特别护法队",对国人实行天罗地网式的监督,有敢非议新政、诽谤国王者,格杀勿论!

据考证,这位召公,是西周初年与周公旦共同辅政的召公奭的后人,世称召虎,召伯虎,贤良方正,德高望重。对召公的警告,厉王心惊肉跳,严令镇压,卫国巫师的"护法队",手执寒光闪闪的刀剑,如狼似虎一般在大街小巷逡巡,捕杀那些敢于非议朝政者。人们被鲜血糊住了嘴巴,众口诺诺,万马齐喑,"其谤鲜矣"。到后来,诛戮政策更为苛酷,人们动辄得咎,噤若寒蝉,"三十四年,王益严,国人莫敢言,道路以目"(《史记·周本纪》)。人们在大街上走碰面,彼此不敢开口说话,只是悄悄交换一下眼色——活生生一片白色恐怖。

尽管苛政酷虐搞得周天寒彻,地火却在悄悄奔腾咆哮,厉王哪晓得自己坐在随时可能爆炸的火炉上,兀自洋洋得意,告诉召公说:"吾能弭谤矣,乃不敢言。"这里的"弭",就是平息、停止、消除之意。厉王深为他首创的"弭谤之术"而自负。在他看来,万众无语,既是情绪稳定,天下太平,老子可以为所欲为啦!可是,召公却说:"防民之口,甚于防川。川壅而溃,伤人必多,民亦如之。是故为川者决之使导,为民者宣之使言。"召公接着描绘了贤君的听政过程——

> 使公卿至于列士献诗,瞽献曲,史献书,师箴,瞍赋,矇诵,百工谏,庶人传语,近臣尽规,亲戚补察,瞽史教诲,耆艾修之,而后王斟酌焉,是以事行而不悖。

召公说,贤明的国君,在听取了公卿、史官、乐师、瞽者、瞍者、矇者、百工、庶人、近臣、老者、亲戚等各阶层的意见后,所做出的决策,才能顺天应人,"事行而不悖"。滚滚江河,悠悠天下,怎么可以封住嚣嚣众口、堵塞涌涌言路呢?召公告诫厉王,水蓄积多了,一旦决口,危害极大,不让民众说话,就等于正在蓄积"决堤之水",其危害更加惨烈。人们有口,此乃天生,犹如土地拥有山川与沃野;人有口便要说话,当政者哪里好哪里坏,都能从万众之口中省察出来的。听一听他们说话,有什么不好嘛!

召公的这番至理名言,周厉王却置若罔闻。他只是高举着权杖和屠刀,以期堵住"万民之口",消除天下人的"诽谤之言",以确保自己的统治地位坚如磐石。但是很遗憾,周朝万马齐喑的局面,并没有维持多久。仅仅三年之后,即公元前843年,天下"乃相与叛",大家共同造反,袭击周厉王,吓得他仓皇出逃,跑到了彘地(今山西霍县东北)。他的儿子没有来得及逃走,躲进召公家里,"国人闻之,乃围之",天下人汹汹然,要杀厉王之子。危急关头,召公对大家说,从前我多次劝谏,君王不听,现在杀了太子,君王肯定以为我对他怀恨在心呢,"夫事君者,险而不雠怼,怨而不怒,况事王乎?"这位对昏君"怨而不怒"的召公,竟把自己的儿子推给众人弄死,以此换得了太子脱险,这就是后来的周宣王姬静。

至此，周厉王的改革新政，宣告彻底破产，他仓皇出逃，召公拿自己儿子的鲜血，染红了头顶上的那个"忠"字。此后，召公联合周公，即鲁国第八任国君、鲁真公姬濞，组成贵族会议，两人共同执政，号称"共和"，史称"共和行政"，亦称"周召共和"。共和元年，即公元前841年，中国历史才有了明确纪年，从此掀开了历史纪年之新篇章。直到十四年之后，即公元前827年，周宣王姬静继位，"共和行政"才告结束。这时候，周王朝的命运，已经进入急速衰落时期了。

共和十四年（公元前829），孑然一身的姬胡先生，满怀凄凉地死于彘地，谥号厉王。他大概至死也不明白，自己为何会落得如此悲惨下场。他的所谓"弭谤之术"，是否随着他的阴魂永远消逝了呢？——天晓得。

【史鉴君曰】

周厉王之改革，无论如何，不宜一笔抹杀。其改革意识，既是时势之逼迫，亦是历史之必然。打破祖制，弃用权贵，振兴经济，任何时候都有其积极意义。然而，其改革的出发点与落脚点，却是"专利""与民争利"，如此改革，就成了南辕北辙之逆流，带来了巨大动荡与祸患。而他维持改革秩序的铁腕，则是暴力"弭谤"，用刀剑与鲜血，来削平天下，弄得万马齐喑，这就使自己彻底沦为了历史潮流的反动者。他由此"开辟"出来的两道深刻峭拔如峡谷的"历史覆辙"，其一曰：朕即天下，欲壑难填，无视民生，罔顾民意，依仗强权夺民利，激起民怨弥天，民愤如山，实属自取灭亡。其二曰：强力"弭谤"，武力维稳，气势嚣嚣如山，其实危如累卵，见蚊蝇飞舞便刀剑劈来，闻风吹草动便雷霆殛之，可谓人心丧尽，最后激起民变，不但导致自己身亡，还为西周王朝掘下了坟墓，到了他的孙子周幽王姬宫湦时代，终于土崩瓦解灰飞烟灭了。

观察西周之后的历史，人们惊讶地发现，周厉王与他的"弭谤之术"，犹如一团阴魂，不时地浮现于历史时空里，虽然有时表现形式不一，花样不时翻新，手段不时变换，但其宗旨却是一样的，那就是——压制天下人的意愿，唯我独尊；堵塞天下人的嘴巴，使他们如大群鹦鹉，只唱颂歌。秦始皇的焚书坑儒，汉武帝的"罢黜百家、独尊儒术"，以及历朝历代的文字狱等等，多少人因口舌之误或笔墨之误（姑且算是误吧），而导致家破人亡，身首异处？

如此看来，周厉王的"弭谤之术"，似乎是一种统治之术，是反动统治者钳制天下人之口、诛戮天下人之心、令天下人驯服如羊群的一种政治手段。只可惜，周厉王的"弭谤"，诱发了"地下的烈火"，加速了他的灭亡；而操此"弭谤之术"的别个统治者，也为自己的倒台埋下了"伏笔"。"弭谤"者，招"谤"也。

"夫民虑之于心而宣之于口，成而行之。若壅其口，其与能几何？"——召公如是说。

（2017年1月3日）

晋文公重耳：以记吾过，且旌善人

——让世人记住我的过错，引以为戒；让贤哲良臣名传后世，以为旌表。

晋文公重耳（前697～前628），晋献公诡诸之子，姬姓，晋国第二十二位君主，在位8年，乃"春秋五霸"之一，与齐桓公小白齐名，史称"齐桓晋文"。

晋国（前1033～前349），周朝诸侯国，姬姓晋氏，开国君主唐叔虞，是周武王姬发之子、周成王姬诵之弟，国号唐，定都翼（今山西翼城西南）。其子姬燮继位后，将都城迁至晋水之畔，国号改称"晋"。晋水是古代一条有名的河流，发源于晋阳（今山西太原）西南之悬瓮山，《山海经》云："县（悬）瓮之山，晋水出焉。"在剑戈铮鸣、硝烟弥漫的东周时期，晋国与齐国、秦国、楚国比肩并立，被《左传》《国语》《史记》三大古籍誉为"春秋四强国"。

回望古代之缥缈烟云，令人讶异的是，当初晋国之建立，却是源于一场颇为香艳的"鸳鸯蝴蝶梦"。且看《史记·晋世家》之记载："初，武王与叔虞母会时，梦天谓武王曰：'余命汝生子，名虞，余与之唐。'及生子，文在其手曰'虞'，故遂因命之曰虞。"

太史公这段记述，颇为诡异。唐叔虞的生母，即周武王姬发的王后邑姜，是大名鼎鼎的姜子牙的女儿。姜子牙先祖当年因辅佐大禹治水有功，被封于吕（今河南南阳西），故以吕为氏，亦称吕尚。相传姜子牙72岁时在渭水之滨垂钓，邂逅了求贤若渴的周文王姬昌，被封为"太师"，称"太公望"，周武王姬发尊之为"师尚父"，亦师亦父之意也。姜子牙是辅佐武王建国的首席智囊，他的女儿嫁给武王为后，自然顺理成章。邑姜生卒年不详，性情却颇肖其父，心机刻深，浑然天成。一天晚上，她与武王颠鸾倒凤之际，说自己做了一个梦，梦见天帝让她传话给武王："我命你生个儿子，名虞，我把唐国赐给他。"姬发先生温香软玉抱满怀，忽闻天帝传话，更加努力奋进，一炮而中，邑姜怀孕了。

揣摩这个"交媾生子"故事，令人不禁莞尔。其一，邑姜姿色绝伦，武王情有独钟，对她言听计从，深信不疑。其二，太史公这一支"信史铁笔"，一旦涉及大人物出生，时见荒腔走板，从叔虞手掌心之"虞"字，到简狄"吞卵生契"，再到汉高祖刘邦之母刘太夫人与神龙交媾而孕之，无不如此。世间无神人，由此可见也。即使如太史公这样的史学昆仑，其记述也近乎粗俗，其他人如何，可推而想之。任何朝代的任何伟大人物，皆非神人，也有着各种不足与失误。

如果说，邑姜当初是奉天帝之命而孕，那么，当武王于公元前1043年薨逝，年仅12岁的成王姬诵继位之后，因一个玩笑铸成的"桐叶封弟"故事，就更加有趣了。《史记·晋世家》载：

> 武王崩，成王立，唐有乱，周公诛灭唐。成王与叔虞戏，削桐叶为圭，以与叔虞曰："以此封若。"史佚因请择日立叔虞。成王曰："吾与之戏耳。"史佚曰："天子无戏言。言则史书之，礼成之，乐歌之。"于是遂封叔虞于唐，唐在河、汾之东方百里。故曰唐叔虞。

这段简短记述，内涵极为丰富。幼主登基，局势不稳，唐国发生动乱，周公率军剿灭之，天下始安。一天，成王与弟弟叔虞一起玩耍，他把一片桐叶削成珪状，递给弟弟说："我用这个分封你。"珪，古玉器名，乃古代贵族朝聘、祭祀时的礼器。史官当即请求选择黄道吉日封叔虞为王。成王说我俩做游戏呢，史官正色道：天子无戏言。金口一开，就必须记录在案，一一落实。成王闻言，莞尔一笑，于是顺水推舟，"遂封叔虞于唐"，史称"桐叶封弟"。——这就是晋国的来历了。

作为周朝的诸侯国，晋国的鼎盛时期，疆域横跨晋、豫、冀、陕等地，可谓泱泱大国。从公元前1033年唐叔虞始封建国，到公元前403年，晋国被韩、赵、魏三家宰割，史称"三家分晋"，共历38世，730余年。清代史学家全祖望在《鲒崎亭集外编》一书中论及春秋五霸时，尤其推重晋国诸君，甚至把晋文公、晋襄公、晋景公、晋悼公统统封为五霸之一，只留了一个席位给其他国君，其偏爱之情，溢于言表。

回溯晋国之历史，恍见苍山残阳，乱流如奔。当枭雄遍地列国争雄之时，晋献公诡诸强势崛起，睥睨群雄，其子晋文公重耳削平诸强，称雄一方，成为春秋五霸之一。

晋献公的先祖，起初不过是晋室旁支。献公的老爹、晋武公姬称，早年称曲沃武公，他的祖父姬成师，是晋穆侯姬费王的幼子，晋文侯姬仇的小弟。按照王室传承法统，姬成师一系根本没资格染指王位。然而，偶尔的历史变故，却会结出意外之妖果。公元前745年，颟顸自负的晋文侯之子、晋昭侯姬伯，将58岁的老叔姬成师封于曲沃（今山西曲沃县），称曲沃桓叔。昭侯这个举动，看似将甚孚众望的老叔驱离了都城，遣往远方，却为自己埋下了祸根。

那时候，曲沃的疆域比国都翼城还广阔，大夫师服劝谏说，藩都

大于国都，本末倒置，不是好事，一旦尾大不掉扯旗造反，不可收拾啊！然而，昭侯对此置若罔闻。到了公元前739年，忽忽六年过去，曲沃实力早已超越都城，大有蟒蛇吞象之势，昭侯犹不警醒，昏庸如故。晋国大臣潘父眼见局势岌岌可危，铤而走险，弑杀昭侯，迎立桓叔，引起举国哗然，大家世族纷纷武力抵抗，潘父被杀，桓叔只得半途而返。晋人扶立昭侯之子姬平继位，是为晋孝侯。然而，这时的晋室王脉，已是气若游丝，在空中悠悠荡荡。此后，曲沃桓叔壮志未酬，含恨离世，其子曲沃庄伯姬鳝继承遗志，不懈奋斗，直到曲沃武公姬称继位，才最终于公元前678年兼并晋国土地，正式成为晋国国君，改称晋武公。

然而，晋武公虽然拧断了晋国王位之传承链条，却无力阻止儿子给自己戴上一顶晃悠悠的绿帽子。这时的晋武公，已是日薄西山，气息奄奄，自然难行房事，他的宠妃齐姜乃齐国宗室之女，自幼放荡不羁，偷偷劈腿太子诡诸，两人干柴烈火，生下儿子申生。武公薨逝，诡诸继位，是为晋献公。齐姜荣升夫人，申生位登太子，还算各得其所。

献公在位26年，即位后采取了三项重大政治举措：一是采用谋士祁士蔿之计，大肆屠戮桀骜不驯的晋国王室诸公子，以残酷血腥手段巩固君位。祁士蔿，字子舆，晋国六卿之一范氏的祖先，晋献公主要谋士之一，因为献策有功吧，后来官升大司空。二是依山川形胜，营建绛都，"献公八年，始城绛都"（《史记·年表》）。绛都，即今山西襄汾县赵康古晋城遗址。三是崇尚铁血武力，剑指各路枭雄，大军所到之处，诸强望风披靡。

史载，晋献公在位期间，开疆拓土，兼并邻国，先后消灭了北方的霍国（今山西霍州市西南）、杨国（今山西洪洞县南），南方的芮国（今山西芮城县西部）、魏国（今芮城县中东部）、郇国（今山西临猗县南）、耿国（今山西河津市东南）、冀国（今河津市东北）、骊戎（今陕西临潼）、赤狄（今山西长治一带）等，史称"并国十七，服国三十八"（《韩非子·难二》），黄河中游，尽为晋土，与齐、楚、秦并列，号称"四强"。晋献公引以为傲的经典之战，就是三十六计之"假道伐虢"，以"借道"为幌子，一举吞并了两个近邻：虞国和虢国。

然而，英雄豪杰如晋献公，似乎也难逃晚年昏聩之窠臼，最后弄得身死国乱，若不是他的儿子、晋文公重耳收拾残局，国家几乎土崩瓦解。这位雄才大略、九死一生的重耳先生，堪称一代枭雄，纵横中原，九合诸侯，成就百年霸业。

关于重耳的生年，《史记》说生于公元前697年，《左传》说生于公元前671年，两部古籍的记载，相差26年之多，导致后世众说纷纭，至今存疑。本文叙述采太史公之说。重耳之母是"翟之狐氏女"，即赤翟国贵族狐氏之苗裔。赤翟亦称赤狄，是上古时期黄帝后裔所建立的一个蕞尔小国，地处山西长治一带，后为晋国所灭。太史公说重耳"谦而好学，善交贤能智士"，虚心向学，颖慧灵动，其心勃勃如旭日，其气涌涌如狂流，尤善结交豪侠之士，17岁那年，身边已有五位贤士：赵衰、咎犯、贾佗、先轸、魏犨，一如众星拱月，环绕在他的周围。赵衰，即赵成子，赵国君主之先祖；咎犯，字子犯，重耳的老舅；贾佗是重耳的发小；先轸颇具帅才，是中国历史上第一位同时拥有元帅头衔和元帅战绩的统帅；魏犨，即魏武子，有名的大力士。

那时候，晋献公有八个儿子，出类拔萃者三：申生、重耳、夷吾。申生位居太子，难免树大招风；重耳与夷吾的生母是亲姊妹，均是赤翟贵族之女。三兄弟难说亲密，早期还算融洽。后来因为骊姬得宠，生子奚齐，觊觎太子之位，导致晋国宫廷出现了一场大动乱，申生自杀，重耳、夷吾逃亡。这一幕幕鲜血淋漓的宫廷蝶变剧的总策划，就是三兄弟的后母，那位"德艺双馨"的古代"表演艺术家"——骊姬；这场动乱，史称"骊姬之乱"。

其实，这个骊姬，是晋献公在征战过程中抢来的。公元前672年，献公发兵攻打位于今陕西临潼骊山一带的骊戎国，骊戎国君走投无路，只得卑躬屈膝求和，并将一对艳冠天下的姊妹花献给献公享用，这就是骊姬与妹妹少姬。献公得此双姝，如获至宝，颠鸾倒凤，播云布雨，自不在话下，骊姬被立为夫人，生下儿子奚齐，少姬生下儿子卓子。

此后，骊姬为了儿子奚齐上位，玩弄了一连串阴谋诡计，其一，收买吹鼓手，大吹枕边风。她整日麻缠在献公身边，百般献媚，弄妖取宠，同时重金贿赂后宫其他得宠嫔妃姬妾，让她们日夜在献公耳边聒噪，说骊姬美若天仙早已冠盖后宫，说奚齐智慧超群应该君临天下，几股枕边风呼啸横吹，献公意醉神迷不辨南北。其二，淫浪戏宠优，颠倒定毒计。《国语·晋语》载，献公宠爱戏子优施，骊姬劈腿优施，两人颠鸾倒凤之余，请教如何操练。优施说，先从申生下手，申生胆小怕事，忍辱负重，又不忍心害人，最易中招。骊姬闻言，犹如醍醐灌顶，翻身上位，啪啪大做。其三，调虎离山，各个击破。骊姬鼓动莲花舌忽悠献公，将三子驱离京城，申生去往古都曲沃（今山西曲沃县），重耳去往蒲城（今山西隰县），夷吾去往屈城（今山西吉县），只有骊姬与其子奚齐留守绛都。

公元前662年，献公组建了上下两支军队，献公亲自统率上军，太子申生统率下军，相继攻灭了霍、魏、耿等地，凯旋回到绛都，献公下令为太子在曲沃筑城。祁士蒍叹息说："太子不得立矣。分之都城，而位以卿，先为之极，又安得立！"他说，太子危险啦！给太子在外阜筑城，那不过是卿相待遇，哪还能继承王位呢？他劝申生"不如逃之，无使罪至"，被申生拒绝了。

第二年，即公元前661年，献公令太子申生率军讨伐东山皋落氏国（今山西昔阳西北皋落镇），大夫里克劝谏说，太子只能坐朝监国，不可以外出征战。岂料献公说："寡人有子，未知其太子谁立。"他说，寡人有好几个儿子，还不晓得哪个是太子呢！至此，献公明确否定申生的太子身份，宣示了废黜之意旨。里克先生是能征善战的军事统帅，太子申生的坚定支持者，听罢献公如此宣示，神情黯然走出来，申生满怀凄惶地问："我要被废掉了吗？"里克沉默片刻，只得好言劝勉他修身养性，"修己而不责人"，等待时来运转吧。

至此，骊姬阴谋初步得逞，但废立之事依然没有落下实锤，显见献公还在徘徊犹疑。她继续施展"肉弹神功"，淫风横吹，蝶浪翻腾，弄得献公欲死欲仙，大汗淋漓之际，欲以万里江山回报绝世红颜，声称要换太子，让奚齐做储君。骊姬闻言，眼珠儿一转，先是眉开眼笑，继之声泪俱下，连声称颂太子之德，假惺惺反对换马，并决绝地说："君必行之，妾自杀也！"献公深受感动，拥之更紧，爱之愈切。

转眼到了公元前657年，这一天，骊姬神秘兮兮对太子说，大王昨夜梦见了齐姜夫人，请太子赶快去曲沃祭奠老妈，回来后将胙肉献给大王，以慰其相思之情。申生闻言，岂敢怠慢，连忙奔赴古都曲沃，祭奠生母，而后将祭过神的福食——胙肉，献给父王享用。这个孝义之举，其实正是骊姬精心设计的陷阱，请看太史公的记述："献公时出猎，置胙于宫中，骊姬使人置毒药胙中。"献公出去打猎，骊姬使人往肉中下毒。献公归来，一见胙肉，馋涎欲滴，"欲飨之"，却被骊姬阻止，她说，胙肉来自远方，试试安全否？于是，"祭地，地坟；与犬，犬死；与小臣，小臣死。"厨师把一块胙肉扔地上，地上蓦凸起小坟包；扔给爱犬，爱犬倒地气绝；令身边小臣试吃，小臣仆倒毙命。献公目瞪口呆，骊姬花容失色，发出撕心裂肺一声哀嚎："太子何忍也！其父欲弑代之，况他人乎？且君老矣，旦暮之人，曾不能待而欲弑之！"她说：太子为什么这么残忍呢！父王老啦，还能活几天，这就要迫不及待弑君夺位吗？她转身对献公泣诉："太子这么干，全都因为我和奚齐。我们母子俩是他的眼中钉肉中刺，我们宁愿到外国漂泊，或者自杀，也不想成为太子刀下的屈死鬼！"她哭得像一枝带雨梨花，悲切而凄惨，"当初您想废掉太子，我还反对，事到如今，才晓得我是瞎了狗眼啦！"

到了此时此刻，申生早已吓得魂不附体，百口莫辩，一下子傻掉了。有人劝他去找父王奏明真相，羸弱的申生却说：没有骊姬，父王就会"寝不安，食不甘"，若向父王说出真相，他必迁怒于她，不可以啊！有人劝他出国避难，他说："我背负着弑父恶名，谁还肯接纳啊？我只有自杀一条路了。"言罢，悬梁自尽。

重耳目睹骊姬弄妖，父王昏庸，兄长惨死，兀自恐惧，转眼之间，骊姬已经高举起寒光凛凛的斧钺，砍向了他与弟弟夷吾头顶，兄弟俩只得仓皇出逃，重耳逃到自己的封地蒲城，夷吾逃到自己的封地屈城。献公闻讯，勃然大怒，说两个兔崽子不辞而别，必定心怀鬼胎，"果有谋矣"，严令追剿。宦者履鞮奉命前往蒲城讨伐，重耳翻墙逃走，履鞮紧追不舍，抡剑砍断他的袖口，只听咕咚一声，他翻身落在墙外，狼狈逃窜，从此开始了长达十九年的流浪生涯。

这位宦者履鞮先生，亦称勃鞮，堪称晋国君王手里的一把长剑，先后两次追杀重耳，第一次是奉晋献公之命，前往蒲城追杀之，砍断了重耳衣袖；第二次是奉晋惠公（夷吾）之命，前往赤翟国追杀之，将他驱往天涯。等到后来天地巨变，重耳登基，履鞮先生前来求见，请求原谅，被重耳拒绝，并派人斥责，岂料履鞮淡定地说，我当初不过是奉命行事，大王何必记恨？昔日齐桓公小白不记恨管仲"射钩之罪"，君臣携手，才赢得王霸之大业嘛！如此一番言语，直令重耳暗暗点头，令他前来相见，成就一段君臣传奇。这当然是后话。

公元前655年，年届不惑的重耳与弟弟夷吾，开始了逃亡生涯。重耳穿着那件被履鞮砍断半截袖子的衣衫，急慌慌逃出蒲城，在老舅咎犯的指点下，奔往母亲的故国赤翟。那时候，赤翟与廧咎如（古国名。遗址在山西太原）刚打了一仗，大获全胜，还俘获了对方两个美女。赤翟人一见故人咎犯与外甥重耳前来投奔，热烈欢迎，将两个美女送给重耳，重耳娶了季隗姑娘为妻，另一个赐给了发小赵衰。自此，重耳在这里逍遥度日，一待就是十二年，并与季隗姑娘生下了长子伯鲦，次子叔刘。

而弟弟夷吾的逃亡之路，则别有一番风景。夷吾当初困守屈城，晋将贾华奉献公之命前往讨伐，他在大夫郤芮先生指点下，逃往梁国（今陕西韩城南）。梁国国君梁伯待他不薄，将自己的女儿许配给他，生下一男一女，男孩儿名圉，女孩儿名妾。

公元前651年九月，晋献公辞世，相国荀息拥立奚齐继位，骊姬荣升太后。新旧交替之际，看起来顺风顺水，其实酝酿着惊天大乱。因为，著名统帅里克先生本是太子申生拥趸，申生被害，怅恨不已，奚齐继位，荀息秉政，两人谋夺里克手中的兵权，里克终于爆发，先诛杀新君奚齐，再诛杀继任者卓子，相国荀息自杀身亡，骊姬被兵卒粗暴拖至堂下，饱受鞭笞凌辱，哀哀惨死。此时的晋国朝堂，已是鲜血汹涌，人头滚落，里克派人到赤翟迎接重耳继位，岂料重耳忧心忡忡，滞留不归。里克又派人到梁国迎接夷吾，并保证鼎力支持，秦穆公答应派兵护送，夷吾的承诺是：一，封里克为相国，赐土地一百万亩。二，将河西五城割让秦国。春秋战国时期的河西地区，一般指黄河运城段以西、泾水以东地区。泾水亦称泾河，乃渭河一大支流。这一带，历来是晋国与秦国争夺之地。夷吾割让的河西五城，就坐落在这一区域。

公元前650年，秦穆公派出一支部队，护送夷吾回国继位，是为晋惠公。岂料惠公刚一登基，脸色骤变，对里克冷鼻子冷脸，对恩主秦穆公阳奉阴违，不但忘恩负义，还落井下石，两国间酿成了一场战争，史称"泛舟之役"。

史载，晋惠公即位后，迎来的却是"开门黑"，接连几年遭遇灾荒，五谷绝收，国库空虚，百姓饥馁，惠公四年（前647），晋国再次发生饥荒，百卉凋敝，饿殍横野。惠公走投无路，只好向秦国求助，秦穆公慨然应允，并派出浩大船队，运载着大批粮食，由秦都雍城出发，涉渭水，过汾河，自西向东，逶迤前行，运粮船队的白帆，在空中猎猎飘扬，从秦都雍城飘向晋都绛城，浩浩荡荡八百里，首尾相顾，连天接地。

第二年，晋国迎来大丰收，秦国却遭遇灾荒，秦穆公一边感叹风水轮流转，一边派人到晋国求援，可是，他做梦也没想到，竟然遭到了拒绝！晋惠公的老舅虢射说，当初晋国闹粮荒，给了秦国灭亡晋国的机会，秦穆公不乘机灭晋，还卖粮给晋国救难，那是犯傻。如今老天爷又给了晋国机会，咱可不能像秦国人那样傻了！惠公一听，言之有理，于是严词拒绝秦国求援使者，并蠢蠢欲动，酝酿出兵灭秦。

秦穆公闻报，雷霆大怒，下令大军出发，誓要消灭忘恩负义的晋惠公。公元前645年闰九月，秦军与晋军在韩原（今陕西韩城市西南）展开鏖战，晋军溃败，惠公被捕，秦穆公下令杀掉祭神。穆公宠妃穆姬是惠公的老姐，闻听凶讯，身穿丧服来见穆公，嚎啕大哭，请求饶弟弟一命。事情的结局是：穆公同意晋惠公归国，不过，要将晋太子圉送往秦国作人质，惠公女儿妾留在秦国作侍女。

晋惠公以怨报德、落井下石之举，不但遭遇惨败，还被史家钉上了耻辱柱，成为千古笑话，并形成了一句歇后语："晋惠公借粮——有借无还。"

拽着老姐裙带捡了一条小命的晋惠公，归来后乖乖把河西五城割让给秦国，当此时也，他忽然想到了在赤翟国逍遥度日的哥哥重耳，担心他回来夺位，眉头一皱，计上心来，模仿老爹献公当年的伎俩，"乃使宦者履鞮与壮士欲杀重耳"，派出履鞮率一干杀手，连夜奔赴赤翟国，追杀其兄重耳。

那时候，重耳正与妻子季隗姑娘共浴爱河，悠游岁月，听说晋国杀手追踪而来，他被迫远遁，与妻子诀别："待我二十五年不来，乃嫁。"季隗姑娘笑道：二十五年后，我坟上的柏树都长大了呀，尽管

如此，我一定会等你！

重耳后来到了卫国、齐国、曹国、宋国、郑国、楚国、秦国等地，一路颠沛流离，漂泊天下，尝尽了世间艰辛，阅遍了世态炎凉。在卫国，他看到了卫文公姬辟疆的势利嘴脸，连忙跑路，跑到五鹿（今河南濮阳东南）时，饥肠辘辘，饿得前心贴后心，几乎晕菜，只得向沿途村民乞食，一个满面鄙夷之色的村民扔给他一块土坷垃，重耳大怒，赵衰却说："土者，有土也，君其拜受之。"重耳转怒为喜，拱手致谢，携之而去，奔往齐国。

重耳到了齐国，齐桓公小白待之甚厚，把一位宗室之女齐姜嫁给他，并陪送二十辆驷马车。这位齐姜夫人性情刚烈，有胆有识，《烈女传》称赞她"公正果断，言行不怠"。重耳行有车马，食有鱼肉，归有娇妻，真是悠哉游哉，其乐无穷，什么国家之动乱，个人之荣辱，统统隐入天边云霞里了。"重耳爱齐女，毋去心"，在此地一住就是五年，根本就不想再走，欲终老是乡了，倒是齐姜夫人深明大义，劝他以大业为重，赶紧离开，他回答说："人生安乐，孰知其他！必死于此，不能去。"

公元前639年，齐桓公辞世，齐国发生动乱，易牙、竖刁、开方等奸佞之徒裹挟诸公子争夺王位，虽然太子吕昭在宋襄公武力帮助下艰难继位，国力却急剧衰落，霸业难以为继。对齐国时局之变乱，重耳却置身事外，陶醉于老婆孩子热炕头的庸常生活。见此情形，咎犯、赵衰等人心急如焚，设宴把他灌得酩酊大醉，扶到马车上，"载以行"，拉着他就跑。车子走远了，重耳酒醒，大怒不已，"引戈欲杀咎犯"，在众人劝说下方才罢手。重耳恨恨地说：大事不成，我吃你的肉！咎犯笑道：老舅的肉又腥又臊，你爱吃就吃吧，哈哈！

就这样，重耳郁郁不乐地离开了齐国。在这里，太史公笔下的一个历史细节，直教人脊背发凉。说是咎犯、赵衰在桑树下密谋灌醉重耳之计，被齐姜的侍女听见，赶紧报告主子，岂料齐姜勃然变色，

"乃杀侍者，劝重耳趣行"，此女性情之刚烈残忍，令人凛然生寒！然而，非常之人，必有非常之举，此之谓乎？设使没有齐姜之刚烈，咎犯之谋略，重耳只不过是齐国的一介食客而已，生死如鸿毛，哪里会有后来的晋国之兴盛，且称霸天下的宏图大业？

此后，重耳一路颠簸，杂沓奔逐，直到公元前637年秋，终于抵达了最后一站——秦国。

这时候，晋惠公已经病入膏肓，晋太子圉正在秦国做人质，闻听父王病危，不辞而别，返归晋国，惹得秦穆公大动肝火。当初秦穆公为掌控太子圉，把女儿怀嬴嫁给了他，岂料这家伙不辞而别，抛下自己的女儿跑了。这对一个父亲来说，当然难以容忍。这也就为后来秦国武力介入、晋国局势惊天逆转埋下了伏笔。

听说重耳到来，穆公喜出望外，下令把同宗五个美女嫁给他，其中包括穆公的女儿、太子圉的妻子怀嬴。对于娶侄媳为妻，重耳颇感惴惴，他的老师司空季子挖苦说，拘泥小礼，忘了大业，岂不羞哉！重耳听罢，欣然纳侄媳为妻。他摇身一变，就成了秦穆公的女婿。世事之翻覆，令人哑然无语也。

这年九月，晋惠公去世，太子圉继位，是为晋怀公。这一天，秦穆公亲自设宴，款待自己的乘龙快婿重耳先生。翁婿共饮，嘉宾环列，怀嬴一一斟酒，自是满堂欢乐，杯觥交错之际，赵衰慨然而起，高歌一曲，表达思念故乡的强烈愿望。穆公听罢，淡然一笑：知道你们想回家啦！第二年，重耳在老泰山秦穆公的鼎力支持下，以摧枯拉朽之势攻陷晋都绛城，归国继位，是为晋文公。对晋国这出翻云覆雨的血腥蝶变剧，《史记·晋世家》的记载是——"于是秦穆公乃发兵与重耳归晋。"

重耳登基后做的头一件事，就是派出三支人马，一支前往赤翟国，接回亲爱的季隗姑娘与两个儿子；一支前往齐国，接回亲爱的齐姜夫人；一支前往梁国，追杀逃到那里的侄子、晋怀公圉。在季隗姑娘与齐姜夫人的欢笑声中,惶惶如丧家之犬的晋怀公,被杀手一剑毙命。秦穆公派出一支三千人的卫队,将女儿怀嬴与四个秦室美女送到重耳身边。一时间,后宫之内,莺啼燕啭,百卉争妍。

重耳出亡19年,归国继位之时,已是62岁高龄了,晋国历经连番战乱,百废待兴。文公修明政务,施惠百姓,奖惩分明,实行了一系列重大改革,使晋国蒸蒸日上,国家富强,人民富裕,他也一跃成为威震当时的霸主之一。

文公秉政,施惠天下,并"赏从亡者及功臣"。他为此公布了自己论功行赏的三条标准:"夫导我以仁义,防我以德惠,此受上赏;辅我以行,卒以成土,此受次赏;矢石之难,汗马之劳,此复受次赏。"他把那些用仁义教导自己,用道德、恩惠规劝自己的贤人,推到了赏赐的首位。这当然显示了他的英明。然而,由于日理万机、政务缠身,他忽略甚至忘记了当朝大贤介子推,使这位应受上赏者受到了冷落。

介子推(?~前636),山西介休人,文公重耳的股肱之臣,据《韩诗外传》记载,重耳流浪天涯之初,曾在齐国被小偷光顾,资财尽失,陷入绝境,饥饿冻馁,恹恹欲绝,介子推心急火燎跑到山沟里,把臀肉割下一块,与野果一起煮成肉汤,端给重耳喝下。重耳知道真相后,感动得涕泗横流,对天发誓:他日吾为君王,定当厚报介公!介子推笑曰:一碗肉汤,何须回报?——这个"割股疗饥"故事的真实性如何,有待考证,但介子推对重耳忠心耿耿,虽肝脑涂地而无怨无悔,是没有任何疑问的。

还是在驶向晋国古都绛城的船上时,介子推就显示出了他的非同寻常。望着滚滚而逝的黄河水,重耳的老舅咎犯嘚瑟道:"臣从君周旋天下,过亦多矣。臣犹知之,况于君乎?请从此去矣。"他说,老臣这些年跟着君王周游天下,肯定犯过很多错误,我自己都晓得了,何况君王您呢?请让我从此离开吧!然而,他嘴上说"离开",其实

是在邀功请赏。重耳赌咒发誓说:"若反国,所不与子犯共者,河伯视之。"他说,我回国继位,如果不与老舅同舟共济,就让我掉进河里喂了王八!重耳说罢,将手中的玉璧投入河中,以为誓言。

此时此刻,介子推站在旁边,淡淡一笑,说道:"天实开公子,而子犯以为己功而要市于君,固足羞也。吾不忍与同位。"他说,老天爷一直在保佑公子,而子犯却贪天之功,向您索取报酬,不是太贪婪了吗?他为咎犯的邀功请赏之举感到羞愧,不肯与之"同位",转身离去,"自引渡河"。介子推此时的一个潇洒"转身",就此离开了喧嚣之尘世,进入了高邈之云空。

文公君临天下,开始论功行赏,"大者封邑,小者尊爵",众人自是弹冠相庆,唯有介子推漂泊江湖。与其说是晋文公遗忘了他,不如说是他飘然世外,远离了红尘烟雨,也远离了满朝志得意满的高官大僚。他认为,"窃人之财,犹谓之盗,况贪天之功以为己力乎?"他说,窃人财物,那是盗贼;贪天之功,意欲何为?——功成身退,隐身江湖,是来自他灵魂深处的呼唤,他说:"言,身之文也;身欲隐,安用文之?文之,是求显也。"所谓言语,不过是身上的文字而已,此身且欲隐去,要那些歌功颂德的文字干吗?

介子推的"贪功如盗"之论,高标红尘之上,令人仰望,却也难免带有几分大才子的清气逼人。一个君王的成功,当然离不开众臣的辅佐,他把重耳的成功归之于天命,把众臣的辅佐之功一笔抹去,无疑有些偏颇;但在这个利欲熏心的尘世里,他的偏颇之论却闪烁着耀眼的光彩,赢得老母亲的高度赞赏,介母曰:"能如此乎?与汝皆隐。"

自此,母子二人,携手出庐,隐入"绵上山中"。绵山,亦称绵上,是山西境内太岳山的一条支脉,跨越介休市、灵石县、沁源县三地,最高海拔2560米,山势陡峻,腾跃起伏,悬崖绝壁横空,苍松翠柏耸云,白云庵、光岩寺、龙王庙、棋盘石,星罗棋布,郦道元《水经注》所说的那道"绵山石桐水",飞流激荡,千回百转,依次形成五龙瀑、水帘洞等自然景观。介子推与老母隐身山中,赏美景,吟清泉,安度岁月,可谓魂灵皈依之处也。

对于介子推超然世外之渺渺情怀,晋文公或许能够有所体味,然而,有负功臣的自责,依然回旋在他的心头,他遥望介山,"环绵上山中而封之,以为介推田,号曰介山"。之所以如此,他说,是为了"以记吾过,且旌善人"。

这个令人感叹的"介山故事",还拖着一条极其惨烈的"尾巴",这就是"清明节"的传说。说是介子推母子二人隐匿介山,始终不肯露面,文公无可奈何,一个高级幕僚眼见文公为此揪心,便想出了一个馊主意,下令放火焚山,意欲逼介子推母子现身,但见山林哔啵,烈焰腾空,大火烧了三天三夜,却始终不见介子推母子的踪迹,幕僚料知大事不妙,慌忙下令灭火,可是晚了,等人们踏着腾腾余烬入山搜寻,在一处危崖之下,看到了可怕的一幕:介子推抱着老母亲,被烧死在一棵大柳树下。那棵形如巨伞的大柳树,被烧得枝条如群蛇乱舞,老皮龟裂,枯焦毙命。噩耗传来,举国嚎啕,文公哭倒于地,下令全国举哀,在介子推母子死难日,不许生火做饭,一律吃冷食,这就是"寒食节"的由来。

至于那个肇祸的高级幕僚,此后不知所终。第二年春天,文公率领百官登临介山,隆重祭奠介子推母子,当他步履蹒跚来到危崖之下时,霍然发现那棵枯死的老柳树长出了新芽,大喜过望,当即赐名为"清明柳",并晓谕天下,把寒食节的后一天定为"清明节"。

日升月落,光阴荏苒,转眼到了晋文公九年(前628)冬天,文公重耳黯然辞世,其子姬欢即位,史称晋襄公。关于晋文公之死,《史记·晋世家》只有简单一句记载:"九年冬,晋文公卒,子襄公欢立。"《左传·蹇叔哭师》则记载了一则匪夷所思的"灵异事件":"冬,晋文公卒。庚辰,将殡于曲沃。出绛,柩有声如牛。"文公死后被装入棺木,第二天运往古都曲沃安葬,岂料行至半路,棺中发出怪异之声，犹如老牛哀鸣，吓得抬棺者嗷嗷大叫……

【史鉴君曰】

晋文公重耳历经九死一生，登上历史舞台，其血海翻滚，剑刃舞蹈，不但铸就了钢铁意志，也造就了经典传奇。他承上启下，为晋国复兴注入了强劲血脉，自己也成为了那个时代里的枭雄之一，其治绩与武功，端的可歌可泣也。

重耳麾下贤者介子推，身膺开国之大功，不自傲，不居功，不受封，视功名利禄如浮云，避之犹如蛇蝎，其崇高情怀，清寒如月，熠熠生华，吾辈虽不能至，心向往之也。他的确因此而传扬天下了，一如细波荡漾，千古流芳。对这件事情过分饶舌，似乎没多大意思；然而，思慕之，向往之，歌颂之，践行之，一心向月，发慈悲心，做仁义事，却应该成为我们与这个纷纭世界的心灵之约。

然而人生世间，红尘滚滚，那些出类拔萃，高蹈芸芸众生之上者，譬如晋文公，历经艰难，坚韧不拔，最后跃登大位，挥手指航向，宏略定乾坤，能够做到知错必改，有错必纠，且改得那样迅速、纠得那样彻底，亦难能可贵矣！——流亡期间，他贪图安乐，得过且过，忘记了自己肩负的历史责任，其妻与随从定计，驱之上路，他勃然震怒，举戈欲杀人，可谓昏聩，此其错一也。其二，登基之后，论功行赏，他忽略了介子推，间接导致介子推从此遁世，至死不出。作为个人，介子推鄙弃功名利禄，悠游林泉，洁身自好，当然值得赞赏；然而，一代英才，从此凋谢，淡出青史，却是万分可惜。君王成功之日，介子推演绎了一曲婉转凄丽的天鹅绝唱，确实令人泪雨横飞。

当然，历史事实已经证明，文公自是非凡之君，当初纵然没有做到闻过则喜，至少做到了不忘初心，有错必改，实属不易。自此之后，贤臣良将，紧随其步履，一个个尽展才华，一步步走向了成功，可喜可贺。假如我们想到"高鸟尽，良弓藏，狡兔死，走狗烹"之古训，重耳对故臣一往情深，念念于心，在那个遥远的年代里，实属难能可贵也。

"君子之过也，如日月之蚀。"重耳先生并不因为他的过错而削弱其贤明，相反，倒是印证了他的贤明。因为：只有贤明之人，才有勇气直面惨淡人生，常思己过，牢记教训，且闻过则喜，闻过则改，并且决不"二过"。这一点，倒是值得如今官场上的衮衮诸公好好学习借鉴的。

（2016年12月9日）

汉文帝刘恒：朕既不明，不能远德

——我实在不够贤明，不能施恩德于四方百姓，心里有愧呀。

汉文帝刘恒（前203~前157），汉高祖刘邦第四子，母薄姬，汉惠帝刘盈同父异母弟，西汉第五位皇帝，为人宽容平和，处事低调公允，在位23年，以仁德留名青史，与其子、汉景帝刘启联袂开创了中国历史上有名的繁荣昌盛时代——文景之治。他一方面倡农耕，免税租，废酷刑，从一定程度上减轻了百姓身上之重扼；另一方面，他仁厚，俭朴，自律，"专务以德化民"，德政之风，霏霏播撒，深深感染着天下万民，难怪司马迁要在《史记·孝文本纪》中发出一声由衷浩叹："世功莫大于高皇帝（刘邦），德莫盛于孝文皇帝（刘恒）。"

其实，汉文帝入主未央宫的过程，漫长嶙峋，险象环生。未央宫是西汉皇宫的中央正殿，建于高祖七年（前200），由丞相萧何专责督造，位于长安城西南角秦代章华台遗址之上，是西汉二百余年间的行政中心。文帝即位之前，这里已经三易其主，皇权却一直攥在吕后的凤爪铁拳里。汉惠帝刘盈乃吕后之子，性情羸弱，当初若不是其母拼死保驾，"商山四皓"刻意护航，几乎被废，16岁继位，成为高祖接班人，可惜23岁就死了，其子刘恭被吕后凤爪拎上皇位，成为西汉第三位皇帝。刘恭的命运，诡异而悲惨。当初惠帝继位后，吕后为"亲上加亲"，将年仅11岁的外孙女张嫣立为皇后。张嫣是鲁元公主之女，惠帝的嫡亲外甥女。对这桩荒谬婚配，惠帝无法接受，不肯临幸皇后，据说惠帝死后，张皇后依然是冰清玉洁处女身。吕后见此情形，勃然震怒，令张皇后佯装怀孕，拿来刘盈与周美人所生之子，宣称乃皇后所生，立为太子，命人鸩杀太子之母。刘恭4岁继位，是为前少帝，吕后临朝称制，刘恭渐渐长大，得知生母被害，口出怨言，说长大要为生母报仇雪恨，吕后惊惧，下令将他囚禁，谎称患病，不久被杀，年仅8岁。此后，吕后立惠帝另一子刘弘为帝，成为西汉第四位皇帝，是为后少帝。

在未央宫里上演一幕幕惊悚喋血剧的时候，刘恒还在遥远的代郡王府里踯躅。代郡始建于前475年，战国属赵，赵武灵王置代郡，秦为三十六郡之一，西汉初年的代郡，辖境相当于今河北省怀安县、蔚县、尚义县，山西省阳高县、浑源县，以及内蒙古兴和县等地。前196年，刘邦镇压了自立为代王的悍将陈豨叛乱，封7岁的刘恒为代王，以中都（今北京市房山区窦店以西）为国都。

刘恒与其母薄姬得到皇命，急慌慌北上赴任，以躲避吕后剪除刘氏子孙的凛凛斧钺。刘邦共有八个儿子，吕后生的只有刘盈（汉惠帝），其余七个都受到吕后百般戕害。赵王如意被毒死，幽王刘友被饿死，共王刘恢被逼自杀，燕灵王刘建早亡，其独子也被杀害，到刘邦驾崩的时候，只剩下淮南王刘长和代王刘恒在世了。

代王与其母薄姬的身世，说来堪怜。薄姬原为项羽部将魏豹之妻，初入魏宫时，其母魏媪带她去卜卦，卜者许负见之大惊，"云当生天子"，魏豹"心窃喜"，自封魏王，后被汉将曹参擒获，"以其国为郡，而薄姬输织室"，把魏国作为一郡，把薄姬送进了后宫织室。刘邦怜惜魏豹之才，不忍诛杀，令他与御史大夫周苛率军守荥阳，项羽率军围攻荥阳，战况危急，周苛杀魏豹，城破被俘，不屈怒骂，被项羽下令烹杀。

将士喋血日，君王笙歌时。这一天，刘邦来到织室闲逛，瞥见织女薄姬颇有姿色，便令纳入后宫，此后却长达一年不理不睬。薄姬早年，与管夫人、赵子儿交好，形同"闺蜜"，三人约定"先贵勿相忘"，后来管、赵两女受到刘邦宠幸，雨露滋润，颇为嘚瑟。一天，刘邦闲坐在河南宫成皋台上，与管赵两女调笑，两人提起当初与薄姬之约，直笑得花枝乱颤，骨酥肉软，刘邦问明缘由，"心惨然，怜薄姬"，当晚即召来临幸。薄姬说："昨暮夜妾梦苍龙据吾腹。"刘邦笑曰："此贵征也，吾为汝遂成之。"薄姬说昨晚梦见苍龙盘踞在自己肚子上，刘邦说朕成全了你吧！于是拥入怀中，成其好事。君王一滴雨露，化作斑斓彩虹，刘邦一夕之欢，薄姬珠胎暗结，并于公元前203年生下儿子刘恒。

应该说，太史公这段记述，为文帝之出生作了浓墨重彩的渲染。其实，薄姬"苍龙据腹"而生刘恒，与刘媪"与苍龙交媾"而生刘邦一样，均为史家谀媚之辞，当不得真也。后来刘恒被封为代王，其母薄姬因为失宠于皇帝，才侥幸逃脱吕后魔掌，随着儿子来到代国。吕后病亡、诸吕被戮的消息先后传来，母子俩将信将疑，且惊且喜。不久，朝廷的使者来了，说受命迎接刘恒到长安去当皇帝。对于这个天上掉下来的超级"大馅饼"，刘恒及其谋士们起初哪敢相信，就以占卜决疑，卦兆得"大横"，卜辞曰："大横庚庚，余为天王，夏启以光。"卜者说是大吉，刘恒依然狐疑不决，派遣舅舅薄昭秘密赴京面见太尉周勃，得到肯定答复后，这才收拾行装，令中尉宋昌、郎中令张武率军护驾，惴惴不安地启程前往京城，车驾凛凛，颠簸前行，走到素有"关中白菜心儿"之称的高陵时，又下令停车，指派宋昌驱车前往长安"观变"。一路走来，可谓小心翼翼，如履薄冰，在确保万无一失之后，刘恒才接受百官恳请，进入京城未央宫，即位称帝，是为汉文帝，并于当夜下诏，大赦天下，拜周勃为右丞相，陈平为左丞相，其他有功之臣，一律论功行赏……

透过历史的袅袅烟雨，我们恍然看到，围绕着文帝继位，汉廷发生了三次血腥屠杀。其一，剪除吕氏集团。吕后病亡，丞相周勃、陈平等高祖老臣联合刘氏诸王，武力剿灭吕氏外戚集团，相国吕产、上将军吕禄及其党羽，被一网打尽。其二，诛灭后少帝。吕氏覆灭，吕后所立后少帝刘弘，以及他的几个兄弟，济川王刘太、淮阳王刘武、常山王刘朝，被认为均非刘盈亲生，同时被诛杀。

如果说，剿灭吕氏集团，文帝只是个旁观者，也是最大的受益者，那么，诛杀后少帝兄弟，他却是重要参与者了。入宫继位当晚，文帝首先抓牢兵权，拜亲信宋昌为卫将军，镇抚南北军，张武为郎中令，行走殿中，就是皇帝的贴身侍卫，《史记·孝文本纪》中还有一句话，透露了文帝当晚的一个重大举动——"乃使太仆婴与东牟侯兴居清宫"。"太仆婴"，汉初名臣灌婴，诛灭诸吕功臣之一，后来官居太尉、丞相；"东牟侯兴居"，刘邦之孙刘兴居，封东牟侯，后来因叛乱被捕，自杀。那天晚上，夜色如墨，刀光如虹，兴居自告奋勇向新帝请命："诛吕氏，臣无功，请得除宫。""清宫"，亦即"除宫"，就是清理宫中"吕氏余党"，后少帝刘弘首当其冲。这场屠杀，使汉惠帝子嗣尽绝，历史上这才有了"惠帝无子"的传说。至于第三场屠杀，就是代王王后名号之湮灭，以及四个儿子的惨死。这是一桩潜隐于青史之中的"血案"，至今存疑。据记载，刘恒为代王时，独宠窦猗房，窦姬为他生了一女两男，长公主刘嫖、长子刘启（汉景帝）、次子刘武（梁孝王）。此外，他还有一位王后，为他生了四个儿子。对此，《史记》《汉书》都做了相同记载。《史记·外戚世家》："代王王后生四男。先代王未入立为帝而王后卒。及代王立为帝，而王后所生四男更病死。"

这位可怜的红颜王后，为代王生了四个儿子，两人感情应该不

错，可是在历史上却没有留下姓名，更没有陵园，没有追封，在代王即帝位之前莫名死去，所生四子也在代王称帝两月内统统死了。这场匪夷所思的湮灭，太史公轻轻一笔带过了，似乎在故意隐瞒什么。究竟为什么，只有天晓得。因为，西汉诸侯王册立王后与太子，都必须上报朝廷，获得恩准与册封。代王王后的姓氏名号，以及德行，汉廷应该是记录在案的，而在太史公笔下，却几乎是空白，岂不怪哉！台湾学者郑晓时先生猜测，代王王后及所生诸子应该是非正常死亡，她很可能是吕家女子，在诛吕政变中被株连杀害，王后诸子因为有吕氏血统，也同时遇害。他认为，这应该不是文帝的本意，而是陈平等人的阴谋。因为，当时文帝甫登帝位，还没有独断专行的权威。

我们悄悄掀开青史一角，窥见了黑幕底下的殷殷鲜血，只是想说明，即使贤明如汉文帝，也并非完美无缺，其登上权力之巅的过程，也不是一条鲜花盛开的光明之路。汉文帝不同于其他君主的地方，就在于身居高位，心怀慈悲，常思己过，其悲悯之情怀，弥漫天地，他经常感到自己"德薄恩寡"，有负天下之重托，并为此而内疚，而惭愧，可谓"心系万民昭日月，慈悲生霞耀群伦"。

文帝秉政，以德为先。他说："百官之非，宜由朕躬"，一肩挑起了所有责任。他登位第二年正月，大臣进言"早建太子，以尊宗庙"，他说："朕既不德，上帝神明未歆享，天下人民未有嗛志。今纵不能博求天下贤圣有德之人而禅天下焉，而曰豫建太子，是重吾不德也。"他说，朕德行浇薄，天下百姓不嫌弃，我常怀感恩之心，纵然不能寻找贤圣有德之人来禅位，还说早立太子，这不是加重我的罪过吗？这年三月，有司提议立皇后，"皇后姓窦氏"，窦漪房自是窃喜，"上为立后故，赐天下鳏寡孤独穷困及年八十已上孤儿九岁已下布帛米肉各有数"。这年十一月，连续出现两次日食，文帝认为，天降灾异，是因为"人主不德，布政不均，则天示之以灾"，他诏示群臣："朕下不能理育群生，上以累三光之明，其不德大矣。""群生"，即苍生，老百姓；"三光"，即日光、月光、星光。身为天下之主，既不能富裕百姓，又连累三光黯淡，其罪责大矣！他要求大臣们"悉思朕之过失"，及时进谏，以期改正，他还下令"举贤良方正能直言极谏者，以匡朕之不逮"。

文帝主张"施德惠天下，镇抚诸侯四夷皆洽欢"，其德风弥漫，甚至到了泛滥的程度。

南越王赵佗自立为武帝，可谓悖逆，"上召贵尉佗兄弟，以德报之，佗遂去帝称臣"；匈奴背约入寇，烧杀抢掠，"令边备守，不发兵深入，恶烦苦百姓"；"吴王诈病不朝，就赐几杖"——以怀柔政策招抚南越王赵佗，这个当然可以有；怕给百姓增加负担，不派兵攻击烧杀抢掠的匈奴，似有投鼠忌器之嫌；而对于心怀阴谋诈病不朝的吴王刘濞，却加以赏赐，"几杖"虽小，其理却难以服人，这是否助长了吴王刘濞的野心，导致他后来在景帝时代发动"吴楚七国之乱"呢？也未可知。对待贪官污吏，文帝的做法更值得商榷——"群臣如张武等受赂遗金钱，觉，上乃发御府金钱赐之，以愧其心，弗下吏。"文帝对老部下张武等腐败分子心慈手软，姑息迁就，"弗下吏"，不但不予惩处，反而大加赏赐，期待他们良心发现，幡然悔过，其心可叹，其情可悯，其行则未必可取。因为，那些贪官污吏的心早被腐蚀透了，其深似渊，其黑如墨，哪里还懂得羞愧，所谓"愧其心"云云，叵耐太天真乎？

文帝以德治天下，还在于废除滥刑酷法，就是废除那些捆住百姓手脚、封住万民嘴巴的愚民之法。他说："古之治天下，朝有进善之旌，诽谤之木，所以通治道而来谏者。今法有诽谤妖言之罪，是使众臣不敢尽情，而上无由闻过失也。将何以来远方之贤良？其除之。"他断然下令，废除"诽谤妖言"之罪名，由此解开了那根捆绑住天下人身心的绳索。他说的"进善之旌，诽谤之木"，相传是帝尧虚心纳谏故事，说是帝尧命在四通八达的路口树立旌旗和木牌，欲进善言者，立于旗下言之；欲批评朝政者，可以写在木牌上。尧帝以此纳谏，可以说为千古帝王树立了一面猎猎回响之旌旗也。文帝旧事重提，无非是为了广开言路，审察为政之得失，校正为政之偏颇也。时至今日，其沥沥真言，依然在空中回荡……

有一年，齐国太仓令淳于公有罪当刑，被逮至京城长安，他有五个女儿，临行前痛骂生女无用，关键时刻不能救护老爹，最小的女儿缇萦哀啼自伤，跟随老爹来到京城，并给文帝写了一封信："妾愿没入为官婢，赎父刑罪，使得自新。"文帝阅罢，"怜悲其意"，为此下诏曰："盖闻有虞氏之时，画衣冠异章服以为僇，而民不犯。何则？至治也。今法有肉刑三，而奸不止，其咎安在？非乃朕德薄而教不明欤？吾甚自愧。故夫驯道不纯而愚民陷焉。诗曰'恺悌君子，民之父母'。今人有过，教未施而刑加焉，或欲改行为善而道毋由也。朕甚怜之。夫刑至断肢体，刻肌肤，终身不息，何其痛楚而不德也，岂称为民父母之意哉！"

文帝这段"圣论"，要点有三：其一，上古有虞氏部落，不治而治，为什么呢？教化之功也。《尚书·君陈》云："至治馨香，感于神明；黍稷非馨，明德惟馨。"其二，如今法令苛酷，肉刑残忍，而犯罪不止，为什么呢？因为教化薄弱，"驯道不纯"，"教未施而刑加焉"，导致百姓陷于愚钝。其三，至于断肢体，刻肌肤，徒增痛楚与仇恨，那是圣君该干的事吗？——他因此下令，废除肉刑，同时下令废除残害百姓泯灭人性的连坐之法。

因了文帝的慈悲，诚恳，虚心，使言路通畅起来，各种良言妙策迭出，使汉初的各项事业，日益兴盛起来，而他自己仍然"夙兴夜寐，勤劳天下"。这样一位皇上，纵然有些理想主义色彩，却是天下万民的福音。

贵为天子，富有天下，"讲排场，摆阔气"，似是天生如此，穷奢极欲更是家常便饭。汉文帝的俭朴，不光在汉以前少见，即使在汉以后的历朝历代，也是极为突出的。他"即位二十三年，宫室苑囿狗马服御无所增益，有不便，辄弛以利民"。此处的"不便"，特指是对老百姓不便、不利的事，就予以废止，以利人民。

有一年，他想建一座露台，"召匠计之，直百金"。文帝算了一笔账：百金相当于十户中等人家的产业，于是就取消了这一计划；他日常穿的是那些质地粗厚的丝织衣服，而他所宠爱的慎夫人，则遵照他的指示，衣服不能长得拖到地上，帷帐不得文绣，"以示敦朴，为天下先"。为文帝建造的陵墓霸陵，也是"皆以瓦器，不得以金银铜锡为饰，不治坟，欲为省，毋烦民"，不要给老百姓增加负担。就是在他病情危急，即将归天前夕，他所萦怀的依然是节俭办丧事，并为此写下遗诏："朕闻盖天下万物之萌生，靡不有死，死者天地之理，物之自然者，奚可甚哀。当今之时，世咸嘉生而恶死，厚葬以破业，重服以伤生，吾甚不取。"他说，天地万物，有生即有死，此乃天地之理，自然规律，切不可过于哀伤。世人都向往长生而害怕死亡，不惜厚葬而败坏家业，过分讲究穿着而伤害生者，如此靡费奢侈，劳民伤财，我坚决反对！

他规定，自己死后三日，天下人必须脱下孝服，民间的婚丧嫁娶及饮酒食肉也不得禁止。他甚至规定，为他服丧时系的麻带不得长过三寸，不得陈列车驾和兵器，如此等等，令人读来百感奔临，思绪如云，一个封建帝王"抠门儿"至如此，究竟为什么呢？

对汉文帝的贤明政治，太史公一咏而三叹息，至于在《史记·孝文本纪》中连篇累牍引用他的诏书，无非是"读其言，明大道，知兴亡"；一向拘谨的班固先生，在《汉书·文帝纪》中基本延续了太史公的记述，只是在最后忍不住赞叹了一声——"呜呼，仁哉！"

【史鉴君曰】

或曰：汉文帝以德为本，德化万民，施惠百姓，不过是为了维护其封建统治地位，延续西汉王朝之"长治久安"，其历史局限性，昭然若揭，有什么可以标榜的呢？吾以为不然。自古百姓如流水，朝廷犹扁舟，作为统治者，不能顺水推舟，屡屡逆水行舟，岂非倒行逆施？其结果如何，前车之鉴多矣。

吾观文帝秉政，其一曰：忧天下，怀怵惕，仆仆为民。心忧天下，方能广胸襟而开新宇，为天下万民谋福祉；心怀怵惕，方能常清醒有所惧，不夜郎自大，不颟顸嚅瑟，兢兢业业，尽心尽力。其二曰：心慈悲，废酷法，共襄盛举。废除滥刑酷法，方能化利斧为橄榄，化戾气为人气，使天下德风弥漫；重竖"进善之旌，诽谤之木"，虚心纳谏，才能广开言路，使上下通畅，天地和谐。其三曰：倡简朴，惟勤谨，从我做起。简朴做人，勤谨做事，率先垂范，方能德播海内，万众敬仰。由是观之，文帝之为政，无疑处于统御天下之术的最高端，强有力地推进了他的时代，为此后"文景之治"盛世的来临，奠定了雄厚的基础，千载之下，依然令人感佩不已！

往事已经消逝，但又不易消逝。消逝了的，是那些旧时代的人与物，而那种存乎天地之间的至理大道，自会凝固积淀，恒久流传。孔夫子曰："逝者如斯夫，不舍昼夜"；笔者想说：历史有情，应当借鉴。汉文帝因"文景之治"而被太史公"著之竹帛"，彪炳史册；他的精神，他的作风，亦是一笔宝贵的历史财富，值得今人仔细研读、思考、学习。

（2016年12月13日）

汉武帝刘彻：盖有非常之功，
必待非常之人

——要想建立非同寻常之伟业，必须寻找出类拔萃之英才。

汉武帝刘彻（前156～前87），西汉第七位皇帝，乃文帝刘恒之孙、景帝刘启之子。公元前141年正月，48岁的汉景帝驾崩，16岁的太子刘彻继位，是为汉武帝。武帝在位54年，继承文帝、景帝"文景之治"之富丽，开创"汉武盛世"之繁华。他创立察举制度，擢拔贤才，使天下英才辈出；颁行推恩令，削弱藩国势力，实现江山大一统；实行"罢黜百家，独尊儒术"，结束先秦以来"师异道，人异论，百家殊方"之乱局；他驱动百万虎狼之师，南征北战，开疆拓土，东并朝鲜、南吞百越、西征大宛、北破匈奴，开辟通向西域的丝绸之路，奠定了大汉王朝的辽阔疆域。班固《汉书·武帝纪》赞曰，汉武帝"畴咨海内，举其俊茂，与之立功……如武帝之雄才大略，不改文景之恭俭以利斯民，虽《诗》《书》所称，何有加焉！"

如此继往开来名震千古的一代雄主，其出生时的情形，却似乎很平淡，班固《汉书·武帝纪》根本没有提及他降临人世那一刻的灵异景象，只说他是"景帝中子"，"年四岁立为胶东王，七岁为皇太子"；

然而，在记述武帝生母事迹的《孝景王皇后传》中，班固忍不住为刘彻抹了一笔浓重的"油彩"：武帝生母王娡怀孕时"梦日入怀"，连忙告诉当时还是太子的刘启，刘启喜曰："此贵征也。"这桩奇事究竟是王娡编造，还是班固杜撰，无从考证。此后不久，文帝驾崩，景帝继位，刘彻轰然从母腹滚落尘寰——刘彻之出生，可谓恰逢其时也！

尽管生逢其时，刘彻却不是父皇的长子，他还有一个年长16岁的同父异母兄长刘荣。按照"立嫡以长不以贤"的封建传承法则，景帝于公元前153年四月下诏，"立皇子荣为皇太子，彻为胶东王"（《汉书·景帝纪》）。这一年，刘荣19岁，刘彻4岁。

古代胶东，因地处山东胶莱谷地以东而得名，主要由潍河、白浪河、胶莱河、大沽河等河流冲积而成。潍河古称潍水，"潍水出琅邪箕县潍山"（《水经》），水以山名；白浪河原名"白狼河"，传说乃上天为惩罚昌乐县打鼓山麓孟家峪村不孝之子玉郎（白眼狼）喷涌而成；胶莱河南北分流，南入胶州湾，北入莱州湾，取两湾首字而名之；大沽河古称沽水，发源于烟台阜山西麓。这四条河流犹如四条蛟龙，纵横于齐鲁大地之上。秦时设置胶东郡，汉代改置胶东国，治所在今即墨市。如果按照正常的传承顺序，作为胶东国王的刘彻，是根本没有机会登上皇位的。纵观历朝历代皇位之更替，野心勃勃觊觎大位的藩王车载斗量，能够问鼎皇位者，却寥若晨星。然而，青史茫茫，波谲云诡，蕴含着无数神奇蝶变；而汉武帝刘彻，正是被一场震惊天下的历史蝶变推上皇位的幸运儿。

大汉王朝的这场惊天巨变，发生在公元前150年。这年正月，白雪飘潇，寒意浸骨，22岁的太子刘荣被废为临江王，到了四月，春暖花开时节，7岁的刘彻取而代之，被立为皇太子。刘荣与刘彻，命运从此逆转：一个枯萎凋谢，一个巨龙腾海——中元二年（前148），临江王刘荣因莫须有的罪名被拘押，受到酷吏郅都的严厉侦讯，因惊恐惶遽而自杀；刘彻则成为万众瞩目的大汉储君，并于公元前141年三月继位登基，君临天下。

这场兄弟易位、李代桃僵的历史蝶变剧，汉景帝虽然是"总策划"，总导演却是两个彪悍女人：一个是景帝的同母老姐、长公主刘嫖，一个是武帝生母、景帝宠妃王娡；至于刘荣的生母栗姬，不过是个演技拙劣的配角罢了。

刘嫖是汉文帝与窦皇后唯一的亲生女儿，景帝唯一的同母老姐，在景帝一朝极受尊崇，地位如同诸侯王，封邑在馆陶（今河北馆陶县），史称"馆陶长公主"，公元前177年嫁给堂邑侯陈午为妻，生有二子一女，长子陈须，次子陈蟜，幼女则是汉武帝第一任皇后陈阿娇。

关于汉武帝与陈阿娇的婚配，《史记·外戚世家》载："初，上为太子时，娶长公主女为妃。立为帝，妃立为皇后，姓陈氏，无子。"《汉书·孝武陈皇后传》载："初，武帝得立为太子，长主有力，取主女为妃。及帝即位，立为皇后。"两部史书的记载，大致相同；而志怪小说《汉武故事》则演绎了一出"金屋藏娇"传奇：有一天，长公主把4岁的刘彻抱于膝上，逗他说："儿欲得妇否？"刘彻说："要啊。"刘嫖指着一群美艳宫女问他想要哪个，刘彻连连摇头，长公主指其女阿娇问："欲得阿娇否？"这回刘彻笑了："若得阿娇，当作金屋贮之。"成语"金屋藏娇"，由此而来也。

这则"金屋藏娇"故事，不见于正史，其真实性存疑。《汉武故事》是一部志怪小说，据推测成书年代不早于魏晋，作者不详，有说是东汉史学家班固，也有说是东晋炼丹家葛洪，还有说是南齐文学家王俭。该书记述了汉武帝一生的传闻逸事，"多与《史记》《汉书》相出入，而杂以妖妄之语"。既然杂糅了史实与传奇，所谓真实性当然就是奢侈品啦。该书记载，武帝小名曰"彘"，还是汉高祖刘邦所赐："景帝亦梦高祖谓己曰：'王美人得子，可名为彘。'及生男，因名焉。"《小尔雅》："彘"，猪也。在汉代，彘与彻同音。七岁那年，景帝说："'彘者，彻也。'因改曰彻。"

无论"金屋藏娇"真实与否，刘彻当初喜欢阿娇是肯定的。撩开笼罩在这对青年男女头上那层旖旎虹彩，刘彻与阿娇的婚姻，却是一场赤裸裸的"政治联姻"。其实，刘嫖起初青睐的"准女婿"，并不是胶东王刘彻，而是太子刘荣。可是，当她兴致勃勃找到刘荣生母栗姬提亲时，却被栗姬一口拒绝了。《史记·外戚世家》载："长公主嫖有女，欲予为妃。栗姬妒，而景帝诸美人皆因长公主见景帝，得贵幸，皆过栗姬，栗姬日怨怒，谢长公主，不许。"这段记载说明，一，刘嫖眼里起初只有太子，嘚儿吧嘚儿吧想攀这个高枝儿，把如花似玉的宝贝闺女嫁入东宫。二，刘嫖屡屡为景帝进献美女以邀宠，引起生性嫉妒的栗姬怨怒，严辞拒婚以泄愤。唉唉！可怜的栗姬呀，空生得一副艳丽皮囊，蜂腰凸臀，婀娜摇曳，朱唇生霞，艳若桃花，其政治智慧却几乎为零，愚昧颠顸，刁蛮任性，只想着泄愤出气，一口噎死这位老姐，却忘了长公主刘嫖势焰熏天，在景帝面前不说一言九鼎，也是吐沫成钉。她拒绝了这门婚姻，不光丧送了儿子的大好前程，也为自己掘好了埋身的坟墓，悲夫！

这边厢，栗姬正为出了一口恶气而沾沾自喜，那边厢，刘嫖已经找到了刘彻的生母王娡，这两个心机深幽如古井的女人，一拍即合，不但当场敲定了刘彻与阿娇的婚事，还同时敲定了刘嫖次子陈蟜与王娡的小女儿隆虑公主联姻——这两桩儿女婚姻，一蹴而就，像两股强力黏合剂，从此把刘嫖与王娡紧紧"粘"在了一起，正是在长公主的连番运作之下，刘荣黯然跌落，刘彻轰然崛起！

若说长公主刘嫖乃金枝玉叶，天生高贵，而王娡的身世，则卑微而坎坷。王氏乃秦末汉初燕王臧荼之后裔。臧荼有一孙女名曰臧儿，行事颇有乃祖之风，果决而刚厉，先嫁给槐里县（今陕西兴平东南）王仲为妻，生一男两女，长女名王娡，次女名兒姁，其子名王信。后来王仲病故，臧儿改嫁长陵（今陕西咸阳东）田氏，生两子：田蚡、田胜。臧儿长女王娡生得犹如梨花带雨，娇媚蚀骨，长大后嫁给金王孙为妻，生一女。一天，臧儿卜卦，卜者说她两女皆是富贵齐天。臧儿窃喜，可转念一想，金王孙乃一介卑贱草民，姑儿嫁给他，何来富贵？她当机立断，令女儿赶紧离婚，另觅金龟婿，可是金家坚决不答应，臧儿一怒之下，就把两个女儿连夜送入皇宫，哼！老娘倒要看看，你金家还敢进宫抓人不成？——就这样，王姑阴差阳错进入东宫，来到了太子刘启身边，居然深受宠爱，咿呀恩爱，翻云覆雨，不久后就生下了儿子刘彻。

长公主因为被栗姬狠狠打脸，恨得咬牙，便经常在景帝面前谗毁栗姬，说她貌美如花，妒嫉成性，尖酸刻薄，经常欺负后宫嫔妃，"栗姬与诸贵夫人幸姬会，常使侍者祝唾其背，挟邪媚道"。在那个年代，"挟邪媚道"，装神弄鬼，是天大的罪名，武帝后来弄出来的那场大动乱"巫蛊之祸"，盖源于此。长公主手段之狠辣，由此可见也。与此同时，她极力赞扬王姑人美心善，誉满后宫，其子刘彻胸有大志，可堪大任。景帝闻言，将信将疑，忽忽不乐，便试探栗姬说："百岁后，善视之。"要她在自己晏驾之后善待嫔妃与诸子。到了这时候，愚蠢的栗姬依然痴迷不悟，"栗姬怒，不肯应，言不逊。景帝恚，心嗛之而未发也。"栗姬怨气冲天，愤愤不平，终于惹恼了皇帝。至此，她咕咚一声跳进了自掘的坟墓，只是恍然不觉罢了。

为彻底打垮栗姬，王姑再使阴招，暗中指使大行令进言，催促景帝册立栗姬为皇后。大行令乃九卿之一，掌管对少数民族之接待、交往等事务，他自恃忠心耿耿，心系社稷，便在朝堂上亢声进言："子以母贵，母以子贵。今太子母无号，宜立为皇后！"岂料此言一出，犹如一脚踢爆"地雷"，引起剧烈爆炸。因为，自古以来，皇帝最忌恨的，就是臣子多嘴议论自己的后宫"家事"，何况在皇上犹豫不决骑虎难下之时呢？景帝闻言，以为栗姬暗中勾结大臣觊觎后位，龙颜大怒："这是你该说的话吗？"当场喝令斩首——随着大行令的脑袋骨碌碌滚落尘寰，景帝悍然下令，废太子刘荣为临江王。栗姬闻讯，仆倒于地，痛哭嚎啕，从此一蹶不振，至于忧恨而死，"栗姬愈恚恨，不得见，以忧卒。"此后，皇命下达，立王娡为皇后，刘彻为太子。对此，《史记·太史公自序》喟然感叹："栗姬负罪，王氏乃遂。"栗姬母子之凋谢，王娡母子之勃兴，只是转眼之间，何其忽焉！

应当说，长公主主导的这出"兄弟易位"之宫廷大戏，将刘彻扶上皇位，是顺应了历史潮流的。历史老人通过女人的红酥手，咔吧一声拧断枯树朽枝，栽植了一棵摩天青松，中国历史上这才有了雄才大略的汉武帝。从这个意义上说，长公主刘嫖无疑是功勋卓著的，其女陈阿娇后来被立为皇后，也是顺理成章的。

史入武帝时代，刘嫖母女俩荣宠无比，势焰熏天，然而，正应了一句古话：乐极生悲。其母贪婪，其女骄妒，导致云空跌落，可怜可叹！先是，武帝投桃报李，为老姑加封号，令其随窦太后姓，尊称"窦太主"。《资治通鉴·汉纪九》载："窦太主恃功，求请无厌，上患之。"窦太主依仗扶立之功，贪得无厌，需索无度，引起武帝反感；《史记·外戚世家》载，陈阿娇贵为皇后，骄横跋扈，震栗后宫，"闻卫子夫大幸，恚，几死者数矣，上愈怒"。"恚"，恼恨，发怒。阿娇闻听皇上宠爱歌姬卫子夫，大哭大闹，寻死觅活，搞得武帝焦头烂额，怒火攻心。窦太主随后祭出霹雳手段，派人抓捕卫子夫弟弟卫青，欲置之死地，幸得卫青铁杆兄弟公孙敖等人拼死相救，这才保住性命，汉武帝闻讯，勃然震怒，随即任命卫青为建章监、侍中，封卫子夫为夫人——至此，母女俩的命运开始逆转，窦太主被晾在一边，陈皇后被摘掉皇后凤冠，已经不可避免了。

就在后宫醋海翻波的喧闹声里，汉武帝刘彻开始了他的铁血生涯。这时候，正是建元元年（前140），汉朝建立六十余载，"文景之治"余霞绚烂，他登高临远，心怀浩荡，决心再续先辈辉煌。当务之急，就是网罗天下英才，共襄帝国盛业。他破陈规，戒陋习，推行察举制、征召制选人制度，不拘一格举贤才。他说："朕之不敏，不能远德，此子大夫之所睹闻也，贤良明于古今王事之体，受策察问，咸以书对，著之于篇，朕亲览焉。"这番话，既冠冕堂皇，又推心置腹。他说自己生性愚暗，不能德化天下，这是大家都晓得的事，无须隐瞒。诸位贤良之士深谙古今王事兴衰之理，请大家把所思所想用文字写下来，辑录成册，我要好好揣摩学习呢！

他为此颁布招贤令，要求"荐贤良方正直言极谏之士"。招来的第一位贤才，就是著名的今文经学大师董仲舒，董老先生以"贤良"身份来到京城长安，武帝与之面对面作了三次"策问"，是为"天人三策"，引起轰动。此后，武帝又于元光五年（前134）、元封五年（前106）两次大规模举荐贤才，他说："夫十室之邑，必有忠信；三人并行，厥有我师。"明确规定，各级官员"进贤受上赏，蔽贤蒙显戮"，对那些不举荐贤才的庸官，一律撤职查办。

那时候，空中云影如野马，地上溪流汇江河，武帝求贤若渴，开怀迎纳八方贤良，他宣称："盖有非常之功，必待非常之人，故马或奔踶而致千里，士或有负俗之累而立功名。"申培公是山东曲阜人，史称"申公"，是大儒荀卿再传弟子，拜在荀卿弟子浮丘伯门下，习《诗经》，作"鲁诗"，开创"鲁诗学派"。武帝对这位前辈硕儒十分仰慕，登基不久就派人把年过八旬的老先生接到长安，"上使使束帛加璧，安车以蒲裹轮，驾驷迎申公"（《汉书·儒林传》），咨询为政之道，老先生慢悠悠说道："为治者不在多言，顾力行何如耳。"他说，治理天下不在于发表多少宣言，而在于是否真抓实干，踏踏实实干事实。武帝一听，颇觉刺耳。"是时，上方好文辞，见申公对，默然。然已招致，即以为太中大夫。"尽管武帝对老先生语涉讥讽感觉很别扭，既然已经来了，也不好打发回去吧，于是任命他为太中大夫，以笼络天下才子之心。

枚乘是辞赋大师，其《七发》乃汉赋代表作，指出王公贵族们豪奢淫侈的生活销金铄骨，遗患无穷："饮食则温淳甘膜，腥酞肥厚，衣裳则杂沓曼暖，焊烁热暑，虽有金石之坚，犹将销铄而挺解也，况其在筋骨之间乎哉！"武帝仰其高名，派人专程前往迎接，"安车蒲轮征乘"，颜师古注云："以蒲裹轮，取其安也。"用蒲草包裹车轮，以防颠簸，以示敬重。可惜走到半路，老先生就驾鹤西行了。司马相如是有名的辞赋大家，时称"赋圣"，其《子虚赋》词藻富丽，结构宏大，铺排烂漫，堪称汉赋之经典。一天，武帝读了《子虚赋》，惊为天人，立刻传召进京……

因了他的诚心向贤，唯才是举，武帝一朝，云蒸霞蔚，英才辈出，《汉书·公孙弘卜式儿宽传》赞曰："汉之得人，于兹为盛，儒雅则公孙弘、董仲舒、儿宽，笃行则石建、石庆，质直则汲黯、卜式，推贤则韩安国、郑当时，定令则赵禹、张汤，文章则司马迁、相如，滑稽则东方朔、枚皋，应对则严助、朱买臣，历数则唐都、洛下闳，协律则李延年，运筹则桑弘羊，奉使则张骞、苏武，将率则卫青、霍去病，受遗则霍光、金日䃅，其余不可胜纪。是以兴造功业，制度遗文，后世莫及。"

如果说，人才灿烂是创造帝国辉煌之根本，思想一统则是维护帝业繁盛之根基。在"长安策问"时，董仲舒提出四点主张：其一，罢黜百家，独尊儒术；其二，天子至上，"有天子在，诸侯不得专地，不得专封，不得专执"；其三，君权神授，"道之大原出于天，天不变，道亦不变"；其四，"薄赋敛，省徭役，以宽民力"，实行仁政。武帝听罢，击节叹赏，下令施行"罢黜百家，独尊儒术"，为实现天下一统奠定了思想基础；同时在全国推行儒学教育，兴办太学，以儒家经典作教材，并号召兴办地方学校。蜀郡太守文翁创建的"文翁石室"，是中国第一所地方官办学校，培养了一大批人才，是为"文翁化蜀"，著名汉赋大师司马相如就出自这里，武帝龙颜大悦，诏令全国推行。

要创建大一统帝国，就必须消灭藩镇割据势力。地方藩镇势力恶性膨胀，与中央政府叫板，历来是朝廷的心腹大患。文帝时代，以吴王刘濞为首的强藩分裂势力，已经渐渐暴露，政论家贾谊在《治安策》中说局势严峻，"可为痛哭者一，可为流涕者二，可为长太息者六，若其它背理而伤道者，难遍以疏举"。他提出的削藩之策，就是"众建诸侯而少其力"，即把各诸侯国析分化小，使那些藩王子孙"以次各受祖之分地"，充分利用"宗室子孙，莫虑不王"之患，分而治之，以宗室子弟狼子野心之"利斧"，伐斫诸侯藩王尾大不掉之"妖树"。文帝虽然赞成贾宜的主张，却并未贯彻执行，将这一重大"政治包袱"留给了景帝刘启。景帝时代，御史大夫晁错看到危险迫在眉睫，力主强力削藩，触发"吴楚七国之乱"，吴王刘濞联合其他六国以"清君侧"为名举兵作乱，晁错因此被糊涂的景帝腰斩，动乱虽然得到平息，刘濞等人也被诛灭，但藩镇割据依然。武帝时代，主父偃主张实行"推恩令"，其核心与贾宜之"削藩策"如出一辙，"推恩令"一出，天下骚动，淮南王刘安勾结衡山王刘赐，阴谋叛乱，败露后两人畏罪自杀，淮南国与衡山国被废，武帝又借故将106名列侯夺爵，废其封国——至此，才彻底解决了困扰汉朝几代帝王的"反分裂"难题。

群贤毕至，帝业嗡然，百家凋零，儒术盛行，藩镇势力被消灭，乱臣贼子被诛除，武帝的铁腕与铁拳，托起一片蒸腾云霞。然而，繁荣富丽的霞辉之下，也堆积着一团衰朽乱麻，亟需进行大刀阔斧的经济改革。概述武帝经济改革主要内容，其一，改革币制，禁止郡国铸钱，把铸币权收归中央，掐住了诸侯与朝廷分庭抗礼的喉咙；其二，实行盐铁专卖，垄断自然资源，抑制地方豪强的虎狼掠夺；其三，推行均输平准政策，打击不法商贩囤积居奇，使百姓免受富商大贾残暴割剥；其四，推行算缗、告缗，向大商人、高利贷者征收财产税，国家大发横财，大商人阶层受到打击，小本经营者也跟着遭殃……

作为一代雄主，汉武帝最为人称道的，就是他高擎"汉"字大纛，开疆拓土，威震四方，他麾下的骁勇战将卫青、霍去病等，指挥着百万虎狼之师，以排山倒海之势，南征北战，诛戮杀伐，在连绵战火与滚滚硝烟里，席卷着一股势不可挡的"大汉雄风"——西征大宛，取其汗血宝马；屡伐匈奴，迫其北迁，"匈奴远遁，而漠南无王庭"；南吞百越，声威掀动南海之波涛；东并朝鲜，将那白雪皑皑的三千里江山划入大汉版图；开辟丝绸之路，使国家神经触角通向遥远蛮荒的西域……在哒哒马蹄声里，嗷嗷呼啸声中，淋漓鲜血漂杵，无数将士喋血——汉武帝通过一连串铁血征伐，奠定了大汉王朝的辽阔疆域，他那一副威风凛凛横扫天下的汉皇雄姿，横陈于茫茫历史空间里……

然而，透过历史的茫茫烟雨，人们霍然发现，英雄神武如汉武帝，依然留下了斑斑污迹，成为飘荡在青史云空里的几重阴翳。其一，好大喜功，穷兵黩武，造成晚期民不聊生；其二，迷信鬼神，痴迷求仙，弄得天下妖怪丛生；其三，颠顶愚昧，信用奸佞，酿成惨烈巫蛊之祸；其四，戕害太史公，割剥史记，留下千载之骂名。

武帝一生，"外攘四夷，内改法度，役费并兴"，南征北战，开疆拓土，功勋卓著；然而，他雄心万丈，吞江咽海，难免好大喜功，不断举兵征伐，弄得民力竭蹶，天下穷困，百姓啼饥号寒，造成晚期社会动荡。他痴迷寻仙，追求长生，至于神魂颠倒，那些围绕在他身边鬼话连篇的大忽悠，或以魔术炫人耳目，或以胡扯故弄玄虚，或以诡诈骗取爵禄，武帝像个鬼迷心窍的白痴，对他们言听计从，大加赏赐，挥霍无数民脂民膏。深泽侯门人李少君主管方术之事，"善为巧发奇中"，咧开大嘴忽悠武帝："祠灶则致物，致物则丹沙可化为黄金，黄金成以为饮食器则益寿，益寿而海中蓬莱仙者可见，见之以封禅则不死。"武帝一听，正中下怀，立即派人入海求仙，神仙没得见，李少君却病死了，"天子以为化去不死也"，令人继之，自此，"海上燕齐怪迂之方士多相效，更言神事矣。"齐人少翁"以鬼神方见上"，武帝宠爱的王夫人死了，"少翁以方夜致鬼，如王夫人之貌，天子自帷中望见焉"。于是拜少翁为"文成将军"，大加赏赐，少翁乘机劝武帝兴建甘泉宫，置祭具，"以至天神"。叵耐骗术露底，武帝下令诛之。岂料，"文成将军"阴魂未散，"五利将军"凛然登台。胶东人栾大"言多方略，而敢为大言"，他说："黄金可成，而河决可塞，不死之药可得，仙人可致也。"武帝听得直发愣，当下拜为"五利将军"，"赐列侯甲第，僮千人，乘舆车马帷帐器物以充其家，又以卫长公主妻之，赍金万斤"。武帝还为他刻了一枚"天道将军"玉印，并举行了一场诡异的受印仪式："使使衣羽衣，夜立白茅上；五利将军亦衣羽衣，立白茅上，受印，以示不臣"。一介栾大，瞬间飞黄腾达，"贵振天下"，然而，这位口角流沫的"五利将军"，却不敢入海去见仙人，终于被识破，"上乃诛五利"……

以上史迹，均见于《史记》《汉书》《资治通鉴》，信非虚言，而"巫蛊之祸"，则是武帝晚年愚昧昏聩酿成的惨祸。一天深夜，他辗转反侧，尽管有美人侍寝，温香软玉抱满怀，依然如卧针毡，难以入眠……恍惚间梦见被数千桐木人追打，随后病倒，怀疑是臣民诅咒所致，便任命其宠臣、水衡都尉江充为司隶校尉，大张旗鼓"治巫蛊"。《汉书·江充传》记载，江充指挥一帮兵卒和巫婆神汉，在京师进行大搜捕，掘地三尺寻找桐木人，"捕蛊及夜祠，视鬼，染污令有处，辄收捕验治，烧铁钳灼，强服之"，酷刑之下，肢残骨折，数万人死于非命，包括丞相公孙贺，武帝亲女诸邑公主、阳石公主等。江充与皇太子刘据夙有矛盾，便乘机陷害太子，声称"宫中有蛊气"，于是，"先治后宫，希幸夫人，以次及皇后，遂掘蛊于太子宫，得桐木人。"江充整治后宫，扯蔓带瓜，先从宫女、夫人开始，进而株连妃子、皇后，最后居然"掘蛊于太子宫，得桐木人"。武帝闻听在太子宫中掘得桐木人，勃然震怒，下令严惩，太子有口难辩，孤注一掷起兵自卫，诛杀了恶贯满盈的江充，最后却被丞相刘屈氂率军击败，太子刘据与其母卫子夫含冤而死，太子集团几乎被一网打尽，只留下了一个孙子刘病已，九死一生长大成人，这就是后来的汉宣帝刘询。这场导致数万人罹难的大动乱，史称"巫蛊之祸"。

戾太子刘据之死，可堪哀怜。他先是逃到京兆湖县（今河南灵宝市）一个叫做泉鸠里的小村子（今灵宝市豫灵镇底董村），藏匿在一个贫寒百姓家里。郦道元《水经注》云："泉鸠里，在县（古阌乡县）东南十二里。"这里有溪水曰泉鸠涧，亦称全鸠水，因以名之。虽然地处偏僻，这里也张起了围捕太子的天罗地网，"吏围捕太子，太子自度不得脱，即入室距户自经"（《汉书·戾太子刘据传》），太子眼见四周被包围得铁桶一般，绝无脱身可能，被迫上吊自杀，"皇孙二人皆并遇害"。

不久，负责护卫汉高祖陵寝的高寝郎车千秋上书为太子诉冤，说自己梦见一白头老翁教给他两句话："子弄父兵，罪当笞；天子之子过误杀人，当何罪哉！"（《汉书·车千秋传》）。他说，儿子调动老爹的军队，顶多抽一顿鞭子罢了；天子之子因过失杀人，又算多大罪过呢？——真是一语惊醒梦中人！武帝闻言，几欲涕零，痛悔不已，下令诛杀戕害太子的那群恶吏，宰相刘屈氂也被腰斩，武帝并在宫中筑思子宫，在湖县泉鸠里太子罹难处筑归来望思之台，"天下闻而悲之"。只是，太子已蒙冤而死，思之望之有何鸟用啊？倒是车千秋时来运转，爵禄高登，武帝召见他说："父子之间，人所难言也，公独明其不然。此高庙神灵使公教我，公当遂为吾辅佐。"当场拜为大鸿胪，不久擢升丞相。

车千秋，亦称田千秋，战国时田齐之后裔，既没有超凡才能，也没有特殊战功，骤然火箭一般蹿升，引起世人嫉妒，也是不可避免的，"千秋无他材能术学，又无伐阅功劳，特以一言寤意，旬月取宰相封侯，世未尝有也"（《汉书》本传）。然而，老田是个厚道人，恭谨敬业，颇为称职，政绩超越了前后几代丞相，"千秋为人敦厚有智，居位自称，逾于前后数公"。

而汉武帝对太史公的迫害，因被《史记》铁笔记录在案，犹如被钉上了历史耻辱柱。那是天汉二年（前99）秋，武帝宠妃李夫人之兄、贰师将军李广利率三万骑兵攻打匈奴右贤王于祁连山，李陵自请率步兵五千随后进发，因孤军深入，被匈奴包围，他"且引且战，连斗八日"，冻馁交迫，走投无路，下马投降。噩耗传来，武帝震怒，百官皆曰可杀，司马迁借"召问"之机为李陵喊冤，"推言陵功"，触怒武帝，斥责他"沮贰师而为李陵游说"，下令逮捕入狱，判处死刑，免死实施宫刑。遭此奇耻大辱，司马迁内心之屈辱、愤激，可推而想之，"仆以口语遭遇此祸，重为乡党所笑，污辱先人，亦何面目复上父母之丘墓乎？所以隐忍苟活，幽于粪土之中而辞者，恨私心有所不尽，鄙陋没世而文采不表于世也。"（《报任少卿书》）他说，我因口舌之误遭此惨祸，为乡邻耻笑，给先人带来耻辱，还有何面目到父母坟墓前洒泪祭拜呢？之所以隐忍苟活，身陷粪土一般的囚牢却不抗争，是因为我的夙愿尚未完全实现，遗憾我的弥天文采不能为后世君子所领略也！

司马迁含辱忍垢撰著《史记》，倾吐胸中猎猎之火，当时即被视为"谤书"，受到删削。《西京杂记》载："司马迁作《景帝本纪》，极言其短及武帝之过，帝怒，削而去之。后坐举李陵降匈奴，下迁蚕室。"这段记载要点有三：其一，景帝就是汉武帝的老爹、汉景帝刘启，他继承汉文帝刘恒之衣钵，使"文景之治"得到延续。其二，武帝读了景帝纪与武帝纪，大怒，下令"削而去之"；其三，所谓"蚕室"，就是执行宫刑的牢狱，《后汉书·光武帝纪》云："秋九月甲辰，诏令死罪系囚皆一切募下蚕室，其女子宫。"其意为：那年秋天九月初三日，诏令判处死刑在押囚犯一律召下蚕室实施腐刑，女子实行宫刑。李贤注曰："蚕室，宫刑狱名。有刑者畏风，须暖，作窨室蓄火如蚕室，因亦名焉。"陈寿在《三国志·王肃传》中，说得更直白："汉武帝闻其述《史记》，取孝景及己本纪览之，于是大怒，削而投之，于今此两记有录无书。"

纵览传世之《史记》，尽管目录标有《孝景本纪》《孝武本纪》，其实早已面目全非。《景纪》只是以大事记形式，简略记录了汉景帝在位16年间所发生的大事；《武纪》原文已经缺失，后人截取《史记·封禅书》相关内容，并在开头补写了60字拼凑而成。这两篇本传的残缺，鲜明地印证了汉武帝对司马迁的迫害。即使如此，司马迁依然在几篇《书》中，对汉武帝进行了深刻批判：《封禅书》专论武帝之淫祀，予以委婉而深刻的揭露与嘲笑；《河渠书》讥讽武帝屡信浅陋之言，劳民伤财；《平准书》责武帝无故兴兵开边，导致国困民贫，天下骚然。由此看来，汉武帝当初只是删削了景纪与本纪，并未封杀全书，这几篇《书》能传至后世，成为后人批判他的"利器"，究竟是他的一时疏忽，还是他有意放行，抑或那时的出版审查制度不够严密呢？——天晓得！

严重的政治经济危机，使武帝渐渐有所醒悟。征和四年（前89），年届67岁的武帝最后一次出巡，銮驾浩浩荡荡，前往山东蓬莱。但见海浪横空，无际无涯，鸥鸟翩飞，嘎嘎哀鸣，渔舟一叶一叶，犹如动荡飘渺之仙踪。武帝在岸边颤巍巍轰然跪拜，祈求神仙降临，可是，痴痴等了十几天，依然渺无踪迹，只好黯然踏上归程。此时，海上朔风怒号，犹如天兵天将捉对厮杀；地上郁郁葱葱，佳禾千里，五谷展叶。武帝遥望蓝天，俯视大地，神情迷离，百感汹涌。回想铁血人生，犹如落日辉煌，也曾英雄盖世，伟岸无匹敌者；也曾万箭齐发，剿灭反叛分子；也曾血洗京都，天下为之震恐；也曾蹂躏美女，餐尽尘间美食……可是，这一切一切，究竟是为了什么呢？难道就是为了那个遥不可及高不可攀的所谓"神仙"吗？——这是武帝一生中少有的惶恐时刻。他仿佛感到，天空里的万道流火，在烧灼着他的灵魂；田野里的万顷禾苗，在晃摇着他的信念。他开始怀疑，自己是否像群臣三叩九拜所歌颂的那样，犹如天上万众敬仰的太阳，光芒四射、万寿无疆？

这一天，皇帝的銮驾来到钜定县（今山东广饶县）境内，只见平畴千里，艳阳高照，地气蒸腾，人声喧嚷，牛哀鸣，马扬鬣，百姓们正在驱牛扶犁忙春耕。沟渠里，流水潺湲，田埂上，黄花轻吟，大树下，娃娃流涕……汉武帝被这幅田间春耕图卷感染了，下令停车，兴致勃勃地来到田野上，亲手驾起耒耜，挥起牛鞭，耕田犁地，一时间，垄亩间山呼海啸，百姓们叩首舞蹈……随后，皇帝的銮驾迤逦前行，来到位于泰山脚下岱顶东北的周代明堂遗址。这里是古代帝王巡狩祭祀之圣地。《史记·封禅书》："泰山东北址有古明堂处。"相传，公元前500年，鲁定公姬宋与齐景公姜杵臼曾在这里的夹谷会面，轰动一时，史称"夹谷会盟"，孔子以相礼身份随同鲁定公与会，慷慨陈词，迫使齐景公向鲁定公谢过，明堂因此又称"谢过城"。《资治通鉴·汉纪十四》载，武帝进入明堂，追怀"谢过城"之往事，无限感慨，他说："朕自即位以来，所为狂悖，使天下愁苦，不可追悔。自今事有伤百姓，糜费天下者，悉罢之！"大鸿胪车千秋上疏，要求斥退方士，武帝允准，并说："向时愚惑，为方士所欺。天下岂有仙人，尽妖妄耳！"

这年六月，搜粟都尉桑弘羊上书，请求朝廷派遣兵卒到天山南麓的轮台（今属新疆巴音郭楞蒙古自治州），修筑堡垒，镇守边疆。这封上书，触发了武帝之"心疾"，他夜不能寐，浮想联翩，慨然颁布《轮台罪己诏》，反省自己的罪过，史称"轮台悔过"。奇怪的是，对于这个在历史上影响巨大的"轮台悔过"故事，《汉书·武帝纪》只字未提，班固先生简略记录了武帝"幸东莱，临大海"之行程，"还幸泰山，祀于明堂"，至于武帝在那里究竟说了些啥，则略无一字。是未闻其事，还是有所忌讳？不得而知。班固记录了武帝于后元元年（前88）所下的一道诏书，隐约透出一丝悔意："朕郊见上帝，巡于北边，见群鹤留止，以不罗罔，靡所获献。荐于泰畤，光景并见。其赦天下。"

与班固的闪烁其词不同，司马光在《资治通鉴·汉纪十四》详尽记录了武帝"轮台悔过"故事：武帝说自己从前糊涂，"曩者朕之不明"，屡施弊政，致使民力竭蹶，国家困窘，"是扰劳天下，非所以优民也，朕不忍闻！"他强调："当今务在禁苛暴，止擅赋，力本农"，从此天下止戈牧马，休养生息。同时封车千秋为富民侯，"以明休息，思富养民也。"——对这件事，司马光大发感慨云："武帝好四夷之功，而勇锐轻死之士充满朝廷，辟土广地，无不如意。及后息民重农，而赵过之俦教民耕耘，民亦被其利。此一君之身趣好殊别，而士辄应之，诚使武帝兼三王之量以兴商周之治，其无三代之臣乎！"

司马光说，武帝大搞武力扩张时，满朝都是勇武之士，或亡命之徒，"辟土广地，无不如意"；武帝重视农业生产时，又涌现一批经济专家，"教民耕耘"，土沃粮丰。这说明什么呢？上有所好，下必效焉。武帝只要想干什么，就会群起响应，"士辄应之"，堪称强悍矣！如果汉武帝想比肩三皇五帝，那大约也是可以实现的吧？——其实，司马老先生忽略了一条重要史实：巫蛊之祸……

【史鉴君曰】

汉武帝刘彻当初虽赖女人之红酥手跃登高位，并未沾惹太多脂粉气，举大纛，唱大风，继"文景之治"之余绪，开"汉武盛世"之雄风，铸就有汉一代辉煌。他意志如垂天之翼，驱动雄兵铁骑，南征北战，"犯我强汉，虽远必诛"，猎猎旌旗所指，无不望风披靡；他罢百家，崇儒术，一统江湖，铁腕治天下，铁律制臣民，开创大汉二百年之基。《汉书》赞曰：武帝"兴太学，修郊祀，改正朔，定历数，协音律，作诗乐，建封禅，礼百神，绍周后，号令文章，焕焉可述"，并以"雄材大略"四字，论定其历史作为。刘彻所咏之《秋风辞》《天马歌》《瓠子歌》《李夫人歌》《李夫人赋》等篇，堪称古代帝王之绝唱，歌之颂之，舞之蹈之，千古传诵也。

然而，历史的吊诡之处，往往令人神魂为之颠倒。汉武帝以"雄材大略"著称青史，其愚昧颟顸，亦是教人怔忪不已。他好大喜功，滥施武力，逞雄天下，弄得国家财力维艰，百姓生活困苦；他痴迷神仙，追求长生，梦想不死，致使天下妖怪横行，鬼影幢幢，酿成惨烈巫蛊之祸，数万无辜惨死，太子罹难，国本动摇。他处死太子刘弗陵之母钩弋夫人，以防"女主乱政"，开"立子杀母"之先河，血染后宫；他戕害太史公司马迁，处之宫刑，被记入《史记》，成千古难磨之反面教材。冷观武帝一生，其功勋卓拔青史，令后世衮衮帝王难以攀追；其作为高蹈云中，大汉雄风至今传唱不衰；其过失亦喧腾尘寰，令后之来者嗟叹不已……

然而，汉武帝穿越青史、驿动千山之处，便是在垂暮之年，伤往事，悯百姓，思己过，慨然下了一道"罪己诏"，上演了一出"轮台悔过"大戏，成就了他一生中最后一抹人性之辉煌。所谓"罪己诏"，是古代帝王在国家遭受灾难、政权出现严重危机时，为了检讨自己的失误与罪责，而发出的"口谕"或"文书"。汉武帝这道"罪己诏"，开了中国历史上皇帝"罪己"之先河，可谓石破天惊，电闪雷鸣，其历史意义，可谓深远矣。身为大汉皇帝，勇于自我反省，敢于公开认错，将自己置于天下舆论之中心，无疑需要一种大无畏的勇气。千年之后，捧读这份"罪己诏"，其字里行间，依然闪烁着灼灼之光华，猎猎之挚诚，浩浩之磊落。皇帝责己罪己，犹如苍天喜雨，滋润万民之心田。人非圣贤，孰能无过？人啊，不怕犯错误，就怕不肯承认错误，更不肯改正错误。作为一介凡人，如此冥顽不灵，坚持错误而不肯改正，其危害尚且不容小觑；假如作为一代帝王，自谓"天生德于予"，挥手指航向，跺脚江山动，纵有失误亦如斯，铁嘴钢牙，坚持错误，吞噬良知，那岂止是……很可怕也哉！

（2017年5月25日）

新太祖王莽：天生德于予，汉兵其如予何

——苍天赋予我无量大德，汉兵又能把我怎么样呢。

王莽（前46～40），字巨君，魏郡元城（今河北大名）人，西汉孝元皇后王政君的侄子。据《汉书·王莽传》记载，因为父亲早死，王莽早年孤贫，折节恭俭，"师事沛郡陈参，勤身博学，被服如儒生"；他事母至孝，对早逝的兄长王永追思不已，对寡居的嫂嫂和幼侄王光也照拂有加，为人谦卑有礼，处事洁身自好，颇受乡人赞誉，"外交英俊，内事诸父，曲有礼意"——活脱脱一副有志青年的形象。

在《汉书》著者班固先生笔下，似乎对早期王莽荡漾着几丝温情，然而，这不过是刽子手凌迟之前对死囚拍拍屁股按按头，安抚几下以示怜悯而已，接下来就是抽丝剥茧式的割剥。班固以极其冷峻的笔触，将王莽一生行迹"整"得体无完肤，"匿情求名""色厉言方""诬罔天下""好为大言""畏备臣下""制度烦碎""色取仁而行违""诵《六艺》以文奸言"等语，触目可见。《汉书》的体例，也很怪异。按照史实分期，王莽作为"新朝"创立者，上承西汉，下启东汉，是为"新帝"，是个重量级历史人物，《王莽传》既没列入"帝纪"，也没列入"王传"，甚至没列入"列传"，而是排

在《酷吏传》《佞幸传》之后，忝列全书最末，仅在班氏自叙传之前，且不载"新朝"序列与年号。在煌煌一部《汉书》中，王莽犹如一只孤魂野鬼，游荡其间，根本找不到自己的墓茔。在班固先生看来，王莽的所谓"新朝"，不过是这个乱臣贼子篡夺汉家江山之后弄出来的一个历史怪胎，是不折不扣的"伪朝廷"，根本不配载于正史之中，若不是史实俱在，他甚至都懒得提及这个人呢。史学家之严厉谴责，莫过于此也！

历史地看，班固对王莽如此峻厉，似乎有失客观与公允。其一，所谓"篡汉"，并不成立。照此逻辑，当初汉高祖刘邦以一个小小的泗水亭长，建立西汉王朝，究竟是篡"秦"，还是篡"楚"？茫茫青史，浪涛汹涌，朝代之更替，轰轰隆隆，一如巨浪起伏，自有其铁律，每一个登台者，都宣称自己是"奉天承运"，天命所归，所谓"篡"，根本就是个伪问题。其二，王莽一生，谲诈如深渊，奸险似蝮蛇，概乎言之，每一个夺得天下者，莫不如此；王莽与众不同的是，称帝后推行"新政"，厉行改革，幻想顽石开出莲花，污泥化作彩虹——客观地说，他的"改革意识"，无论如何还算一个不小的进步，他的"改革方案"，却值得商榷，他依照《周礼》设计的"复古蓝图"，未免有些荒唐不着调，天底下哪有倒退往回走的所谓"改革"呢？……

遥想当初，王莽能够跃上权力之巅，端赖她的姑母王政君。这位王老太太，是改写西汉晚期历史的"第一人"。西汉晚期诸帝，元帝刘奭是她的夫君，成帝刘骜是她的儿子，哀帝刘欣、平帝刘衎，都是她的孙辈，她像大观园里的贾母一样，被称为"老祖宗"。可惜，她这几个皇帝子孙，一个个像秋后的蚂蚱一样，颓败残损，实在不成器。成帝痴迷有名的"红颜祸水"赵飞燕，在一连串农民起义打击下，结束了醉生梦死的生命一生；哀帝头脑还算清醒，裁制外戚，强化皇权，他不贪女色，却有一个男宠董贤，狂吹"断袖之风"，27岁就呜呼哀哉了。在王老太太的羽翼之下，刘氏江山早已被王氏家族所"代管"，赵飞燕、董贤，这两个"汉廷妖孽"，都被迫自尽了；而扼死两人的那只"黑手"，正是时任大司马王莽。

王政君生于魏郡元城（今河北大名东）委粟里，其祖父王贺是汉宣帝时期一个专门逐捕奸尻的小官——绣衣御史，其父王禁生了八男四女，可谓"高产"，四女：君侠、政君、君力、君弟；八男：凤、曼、谭、崇、商、立、根、逢时。王政君18岁入宫，而她能够攀上皇后宝座，却是因为一出令人大跌眼镜的"选秀"闹剧。

王政君入宫第二年，太子刘奭的爱妃司马良娣去世，临终前，她满怀怨恨地对太子说，妾是被宫中妒妇们咒杀的，死不瞑目。刘奭因此深恨后宫姬妾，再不肯与她们亲近。宣帝刘询一听，非常焦急，下令另选秀女侍奉太子。这天，仪态万方的王政君与四位美女一字排开，接受太子挑选，心不在焉的太子随便指了一下，便算万事大吉，但他喜欢的究竟是谁，却马马虎虎。因为王政君离他最近，又穿着与众不同的绛色衣服，皇后于是下令，把王政君送入太子宫中侍寝，一夜颠鸾倒凤，居然生下了儿子刘骜。后来刘奭登基，是为汉元帝，王政君母以子贵，荣升皇后。她的一干兄弟姐妹，纷纷飞上高枝。元帝驾崩，刘骜即位，是为汉成帝，王政君成为皇太后，帝舅王凤被任命为大司马大将军，总理朝政，成帝的一干舅舅，统统被封为关内侯，王莽的老爹王曼早亡，未能得到封赏，致使王莽早年初尝贫寒。

那时候，元城王氏家族贵震天下，王莽的一干堂兄弟、表兄弟，一个个耀武扬威，大肆挥霍，"乘时侈靡，以舆马声色佚游相高"，饱尝人生艰辛的王莽，俯身尘埃里，藏身蓬草间，咬紧牙关，刻苦修炼，他究竟是刻苦自励，还是谲诈多端？只有天晓得。然而，他的种种举动，却赢得了一片赞誉。那年，其叔父、大司马大将军王凤病危，他尽心侍候，"亲尝药，乱首垢面，不解衣带连月"，王凤大为感动，遗言嘱托太后与皇上照顾他，使之跃升黄门郎，不久升射声校尉。另一个叔父、成都王王商也上书皇帝，说愿意拿出自己的封地分给王莽。随后，雪片一般的举贤信，先后飞上皇帝御案，"长乐少府戴崇、侍中金涉、胡骑校尉箕闳、上谷都尉阳并、中郎陈汤，皆当世名士，咸为莽言，上由是贤莽"。这场纷纷扬扬的"举贤运动"，犹如一股飓风，将王莽吹到了九霄云中，他随后被封为新都侯，后升任骑都尉、光禄大夫、侍中，成了位高权重的朝廷大员。

跃登高位，难免嘚瑟。王莽悄悄买来一个美貌侍妾，兀自享用，岂料走漏风声，他害怕坏了清誉，眼一转，嘴一歪，说后将军朱子元没有儿子，这个丰乳肥臀的美人儿是为朱将军买来生儿子的，"即日以婢奉子元"。老王助人为乐，老朱咧嘴乐呵，四周笑声一片，班固不禁感慨云："其匿情求名如此！"

王莽正为失去美女而恼恨，大好时机又降临——另一个叔父、继任大司马王根病危，遴选接班人刻不容缓。然而，表兄淳于长位居九卿，最有希望接班，不砍倒眼前这棵大树，自己哪有出路？"莽阴求其罪过"，王莽派出爪牙，到处搜罗淳于长的"罪状"，然后攥着"黑材料"，开始到处告黑状，先找大司马，再找太后，最后找到皇帝陛下告御状，不但将淳于长掀翻在地，随后置于死地，还派出杀手，杀掉了淳于长的儿子淳于酺，其家属也被赶出京城。经此一番残忍格斗，王莽终于胜出，接过了叔父王根手中的权杖，一跃成为执掌天下的大司马。那一年，他只有38岁。

尽管大权在握，王莽依然诡诈如故。老母亲病了，公卿列侯纷纷派遣夫人前来慰问，"莽妻迎之，衣不曳地，布蔽膝，见之者以为僮使，问知其夫人，皆惊"。老娘患病，却成了这个大孝子炒作自己的"噱头"，他令老婆穿破衣，着旧衫，装扮得像个童仆，迎接前来问疾的客人，弄得众人一个个目瞪口呆……

汉哀帝刘欣登台，宣布裁制外戚，此时王政君已是太皇太后，高高在上，哀帝不敢丝毫触动她，留下了王氏家族东山再起的祸根。王莽蛰居在自己的封地南阳新野，沽名钓誉，伺机而动，其次子王获杀害了一个奴婢，这在当时不过是小菜一碟，他却大动干戈，令儿子自杀以谢罪，此举轰动朝野，人们称颂王莽恩德，纷纷上书皇帝为之鸣冤，"吏上书冤讼莽者以百数"，再次掀起了"举贤运动"。

哀帝驾崩后，王政君立刻驱车赶到未央宫，把传国玉玺攥在手里，下令召王莽入宫。转瞬之间，王莽又坐上了大司马宝座，扶持年仅9岁的汉平帝即位，自封"安汉公"。他掌权后做的第一件大事，就是迫令赵飞燕、董贤自杀，以笼络民心。两年之后，他千方百计将自己的女儿嫁给平帝，可是第二年的腊月初八，这位歹毒的国丈大人，置女儿的幸福于不顾，将皇帝女婿毒死，把年仅2岁的刘婴扶上皇位，史称"孺子刘婴"，自己冠冕堂皇做起了"摄皇帝"。此时的王莽，篡逆之心已经昭然若揭，年迈的太皇太后王政君白发如雪，老眼昏花，不断被要挟为王莽加官晋爵。她再也不能阻止王莽代汉自立了。而新朝的轰然出世，却是因为一个太学生的一次政治投机。

居摄三年，即公元8年，四川梓潼县太学生哀章眼见王莽代汉之势已成，就伪造了两只铜匮，一只上书"天帝行玺金匮图"，一只上书"赤帝行玺某传予皇帝金策书"，书中有"刘邦将皇位传予王莽"字样，他将两只铜匮偷偷送往汉高祖刘邦的祀庙。王莽闻讯来到高祖庙，拂衣正冠，拜受铜匮，遂决定代汉自立。始建国元年，即公元9年元旦，王莽正式登基称帝，建立新莽帝国。年仅5岁的孺子刘婴，被降为"安定公"，王莽还道貌岸然地为"安定公"举行册封仪式，拉着他的手，泪流不止："昔周公摄位，终得复子明辟，今予独迫皇天威命，不得如意！"他哽咽着说，我本来想像周公辅佐周成王那样还政于你啊，可是迫于皇天威命，不得如意啊！可是一转身，他对"安定公"的处置，却极为冷酷，"敕阿乳母不得与语，常在四壁中，至于长大，不能名六畜"，在幽闭中长大的刘婴，不辨稻麦与马牛，成了一个十足的傻子。悲夫！

这时候，王莽掀起的"改革运动"，已经如火如荼，种种"新政"开始颁行。概述王莽之改革，其一，仿制《周礼》，古调旧谈。《周礼》本名《周官》，又称《周官经》，传为西周名相周公旦所作，是中国古代关于政治经济制度的重要典籍，包括天官、地官、春官、夏官、秋官、冬官六篇，王莽改《周官》为《周礼》，并依样画葫芦，制定自己的改革蓝图。他关于土地改革的"王田令"，乃是依据夏、商、周三代的井田制模式来"操练"；关于奴婢制度的"私属令"，意欲抑制奴婢增长趋势。这两项举措，虽然抓住了问题的要害，却没有提出切实可行的改革方案，成为一纸空文。他推行的"六管"，其实质就是实行国家垄断——"五均"，即由政府管理工商业与物价，"赊贷"，即由政府主管发放贷款，此外，对盐、酒、铁，实行国家专卖，统一铸钱，统一收取山泽税，等等。他推行的币制改革，就是不断变换货币品种，不断调整币值高低，造成了一片混乱。

其二，官制改革，重乎更名。其官制改革的核心，就是不断变换官职名称，弄得人们眼花缭乱，请看《汉书》记载——"更名大司农曰羲和，后更为纳言，大理曰作士，太常曰秩宗，大鸿胪曰典乐，少府曰共工，水衡都尉曰予虞；更名光禄勋曰司中，太仆曰太御，卫尉曰太卫，执金吾曰奋武，中尉曰军正；改郡太守曰大尹，都尉曰太尉，县令长曰宰，御史曰执法，公车司马曰王路四门，长乐宫曰常乐室，未央宫曰寿成室，前殿曰王路堂，长安曰常安。更名秩百石曰庶士，三百石曰下士，四百石曰中士，五百石曰命士，六百石曰元士，千石曰下大夫，比二千石曰中大夫，二千石曰上大夫，中二千石曰卿……"

令人啼笑皆非的是，为维持边塞稳定，王莽以更名为"武器"，希望借此消灭少数民族政权的嚣张气焰，譬如，改"高句骊"为"下句骊"，以"下"易"高"，意欲使之臣服；更名"匈奴单于"为"降奴服于"，以"降"易"匈"，企图灭其凶气。诸如此类的"改革"，与儿童游戏何异呢？

其三，官吏任用，随心所欲。那位太学生哀章投机成功，被任命为国将，封为美新公，成为新莽政权四辅政之一。其余官员任用，要么按容貌美丑，名字顺耳，要么看卜卦意向，卜语吉凶，来决定取舍。一个城门小吏名叫王兴，一个炊饼二郎名叫王盛，两人都因为相貌端正，名字吉祥，受到赏识，转眼间平步青云，一个当上了卫将军，一个当上了前将军。诸如此类的"官制改革"，堪称滑天下之大稽也。我们毋宁说，王莽是个阴险谲诈的政治阴谋家，幻想荒诞的社会改革家。阴险谲诈，在政治上堪称"万灵良药"，将他推上了"新帝"之高位；幻想荒诞，在改革上却是"致命砒霜"，把他逼上了万劫不复的绝路……

王莽推行的改革举措，其中一条就是禁绝符命之说。这条政令"看上去很美"，似乎为破除迷信，其实恰恰相反，出发点却很阴暗。他自己以符命之说欺骗天下，忽悠大众，最终代汉自立，当上了皇帝，做梦都害怕别人"依样画葫芦"，把他拉下马来。禁令一出，一度甚嚣尘上的"符命之说"，顿时偃旗息鼓了。可是，大学者刘歆的儿子刘棻偏偏自作聪明，还在向朝廷进献"符命"，企图谋取富贵荣华。岂料，拍马屁拍到了马蹄上，王莽一听奏报，龙颜大怒，拍案下令：将惑乱天下的刘棻，流放边陲，凡与他有牵连者，统统抓起来，投入大牢！

这时候的王莽，已经成为无可救药的权力狂，万众憎恨的独裁者，其为政之要，就是——"附顺者拔擢，忤恨者诛灭"，即：顺我者昌，逆我者亡。他的形貌，已不复当年之清秀，丑陋无比，"侈口蹶颔，露眼赤精，大声而嘶。长七尺五寸，好厚履高冠，以氂装衣，反膺高视，瞰临左右"。有一天，有人问一位黄门待诏：新帝长得啥样？待诏满脸鄙夷，说他"鸱目虎吻豺狼之声"，王莽闻报，雷霆大怒，下令诛杀待诏。

对民众阴狠嗜杀，对家人凶暴绝情，彰显了王莽的"忍人"本色。如果说，王莽当初杀死次子王获，是因其命案在身，尚可理解，但他杀死长子王宇一家，就堪称罄竹难书了。那时他初掌大权，扶立9岁的平帝刘衎继位，害怕平帝母家卫氏外戚集团夺权，严令帝舅卫宝、卫玄等人留居封地中山国，不得入京，其长子王宇担心平帝怀恨，危及家族，便与妻兄吕宽等人策划，乘夜色在王府大门涂抹血迹，企图利用他痴迷祥符，吓唬他改弦更张，不幸被侍卫发现，王莽震怒，穷治"吕宽案"，酿成一场大屠杀，吕宽被戮，王宇自杀，其妻怀有身孕，仍被抓入大牢，待分娩后诛杀，全国数万人受到牵连，被抓被杀者，不可胜数。

王莽先后杀死两个儿子，其妻日夜啼泣，哭瞎双眼，王莽令太子王临回家照料其母。此前，王莽一直与妻子的侍女原碧私通，岂料王临一来，也与原碧好上了，王临害怕事泄惹祸，就与自己的老婆、大学者刘歆之女刘愔策划杀死老爹王莽，夺取帝位，岂料阴谋败露，王临拔剑自刎，其妻刘愔被迫自杀，王莽害怕家丑外扬，将那位妖艳的"父子情人"原碧小姐，以及参与审讯此案的所有官员，一律秘密处决了。残忍如此，苍天悲泣，王莽却若无其事，派人给王临送来葬服，还装模作样杜撰了一篇策文，令人宣读："符命文立临为统义阳王，此言新室即位三万六千岁后，为临之后者乃当龙阳而起……夭年陨命，呜呼哀哉！"对着儿子的尸体嘟嗫不止，扬言要统治天下"三万六千岁"，可谓亘古未有也。

地皇四年（23），农民起义军攻入长安，突入他最后的藏身地——渐台，垂死挣扎的王莽，面对汹涌而来的义军，精神已近失常，他"绀袀服，带玺韨，持虞帝匕首"，坐在随风旋转的"威斗"长柄上，厉声嚎叫："天生德于予，汉兵其如予何！"

这只神秘兮兮的"威斗"，是王莽在叫天不应唤地不灵的惶遽时刻，下令用五石铜铸造的"灭敌神器"，其长二尺五寸，形若北斗，"欲以厌胜众兵"。"厌胜"，即"厌胜之术"，亦称"魇镇之术"，古代方士的一种巫术，宣称能以诅咒制服人或物。铸斗那天，"大寒，百官人马有冻死者"，长安城之南郊，天地酷寒，烈焰腾空，万众喧腾。铸成之后，王莽命令几个随从举着，时刻不离身，"莽出在前，入在御旁"，最后时刻，他依然随着"威斗"而转动，踞坐斗柄之上，不断嘶吼，直至被冲进来的长安商人杜吴，一刀砍下头颅……

可惜的是，王莽的灭敌神器——"威斗"，随着他的灭亡，永远湮灭青史之中了；而他的谲诈、愚昧、刚愎，却长留世间焉。

【史鉴君曰】

冷观王莽之作为，其长于权术，谋得天下；黯于治国，分崩离析。他的改革之举，值得肯定，然而他空有改革之志，却无施行之道，弄得镜花水月，覆水难收；他的为政之道，谲诈，奸险，其行可疑，其心可诛。有史家认为，王莽是中国历史上第一个富有远见卓识的"社会改革家"；胡适先生认为，王莽是他那个时代的"社会主义皇帝"。毋乃过誉甚也！

王莽之为人与为政，以谲诈为本，以权术为导，以铁血为手段。所谓"谲"，含义有三：一曰权诈，二曰诡诈，三曰怪异。心机如深渊，吞没日月；狡诈如妖狐，机巧无迹。时而如野兔伏地，善良而可怜；时而如蟒蛇昂首，阴狠而凶暴。历史上与王莽一样的"善谲"者，是三国时代的曹操，二人谲诈奸险如出一辙，所不同的是，曹操乃乱世枭雄，兼具雄才大略，将奸雄与英雄拚于一身，成为了时代的最强者，举大纛，成大事；而王莽徒有吞灭天下之雄心，却没有统御天下的王霸之才，只能沦为时代巨轮下的冤死鬼，留下了千古骂名，可悲也夫！

《汉书·王莽传》批判说："莽既不仁而有佞邪之材，又乘四父历世之权，遭汉中微，国统三绝，而太后寿考为之宗主，故得肆其奸慝，以成篡盗之祸。"班固之言，严厉冷峻，也算切中肯綮，击中要害。若没有王氏家族几个位高权重的叔辈的强力托举，没有高寿老姑母王政君的栽培呵护，王莽恐怕很难超越同侪，跃登高位，独裁天下，至于他是不是罪大恶极的"佞邪之材"与"奸慝"，那当然是一个可以商榷的问题了。

曹操当年，自称"多智"，虽属嘚瑟，倒也符合实际；王莽善于玩弄权术，但与曹操的雄才大略相比，只是权谋而已，与智慧相距甚远，最后不可避免地沦为了捣鬼之术。当今之世，无论为人，还是为官，聪明是必需的，权谋似乎也是必需的，但在你驰骋才华，彰显聪明，弄权捣鬼的同时，千万不要忘了鲁迅先生说过一句话："捣鬼有术，也有效，但有限。"人们啊！聪明如落英缤纷，权术如深渊沸水，捣鬼之术则往往是搬起石头砸了自己的脚，直至自取灭亡。人生的智慧，永远像空中的太阳，是你搏击风雨、披荆斩棘、创造奇迹的"制胜法宝"。

然而，何为智慧呢？那就是——诚恳，厚道，执着，说老实话，办老实事，老老实实做人，踏踏实实做事。舍此，焉有其他乎？

（2017年1月18日）

汉光武帝刘秀：永念厥咎，内疚于心

——永远铭记自己的失误与罪责，常怀谦卑内疚之心，才能不辜负皇天之重托。

汉光武皇帝刘秀（前6～57），字文叔，南阳郡蔡阳县（今湖北枣阳市）人，东汉开国皇帝，汉高祖刘邦九世孙，其六世祖乃汉景帝庶子、长沙定王刘发，五世祖刘买封舂陵侯（今湖南宁远县北），刘买之孙刘仁袭爵后迁至南阳郡蔡阳县白水乡，遂繁衍于此。远祖虽然如此辉煌，刘秀的身世却很不幸，其父刘钦仅是一介七品芝麻官——济阳县令，元始三年（3）就去世了，"光武年九岁而孤，养于叔父良"（《后汉书·光武帝纪》），年仅9岁的刘秀沦为孤儿，孤苦无依，只好回到祖籍舂陵白水村，投奔叔父刘良，艰难度日，尽管早年失怙，他却生得相貌英伟，"身长七尺三寸，美须眉，大口，隆准，日角"，一派帝王之相。

关于刘秀出生之异象，范晔《后汉书》记述，他从母腹滚落尘寰那一刻，"有赤光照室中"，其父惊异，请卜者王长卜之，王长神秘兮兮地说："此吉兆不可言。"当年济阳某地"有嘉禾生，一茎九穗，因名光武曰秀。"王莽的"望气者"苏伯阿到南阳瞭望，遥见舂陵上空奇气抟转，连声惊叹："气佳哉！郁郁葱葱然。"所谓"望气者"，类似巫师吧。等到刘秀起兵后偶尔回到祖籍舂陵时，"远望舍南，火光赫然属天，有顷不见"……在范晔先生笔下，刘秀周围充满了帝王之吉兆，史家之谀媚，由此可见一斑。

然而，在其兄刘縯眼里，刘秀实在算不得多么出色，兄弟俩虽是一母同胞，性情却迥然不同，《后汉书》载，刘縯"性刚毅，慷慨有大节"，豪气干云，"怀复社稷之虑，不事家人居业，倾身破产，交结天下雄俊"，他以汉高祖刘邦自居，将为人"多权略"、处事谨慎的刘秀比作刘邦那个窝囊二哥刘仲，其睥睨之色，显而易见。然而，正是刘縯身上那股子戳破天的霹雳声色，导致了他的短命。世事弄人呀！

那时候，新莽王朝开始分崩离析，天下动荡，豪强蜂起，啸聚在新市（今湖北京山县）绿林山（今湖北大洪山）下的一支杂牌军乘势而起，攻略杀伐，直搅得天昏地暗，最后攻陷新帝王莽的老巢，强力扭转了中国历史的走向。因为驻扎在绿林山下，史称"绿林军"。作为绿林军主力之一，刘氏兄弟统率的"舂陵军"实力强劲，当初与"绿林军"合并，强强联合，势如洪流，刘縯运筹帷幄，指挥取得了联军第一次胜利——"棘阳（南阳）大捷"，一举消灭了王莽镇守南阳的精锐之师；刘秀机智勇毅，指挥联军发起"昆阳（叶县）之战"，以八千之师击败王莽十万大军，成为历史上以弱胜强的经典战例。

然而，被强拉上马的绿林军最高统率"更始帝"刘玄，胆小如鼠，狡诈如狐，他害怕桀骜不驯的刘縯取而代之，设计诛杀了这位族兄。刘縯血溅青史，刘秀长恨蚀骨。当此危急之际，刘秀充分显示了他的雄杰本色。他快马疾驰，赶回绿林军驻锡地——宛城（今河南南阳市宛城区），向刘玄谢罪，说兄长以下犯上，死有余辜，自己也有过错。刘玄闻言，面露愧色。那一刻，天光明灭，神灵浮游。刘玄随后降旨，封刘秀为武信侯，不久，他又做出了一个改变历史进程的决定：派遣刘秀以大司马身份北渡黄河，前往镇抚河北诸州郡。从此，刘秀犹如龙入沧海，鹰击长空，一跃进入了与各路豪强逐鹿天下的行列。

其实，刘秀当初与其兄起兵，是极为冒险的。他们虽然号称汉高祖刘邦之后裔，其皇族血脉却淡如流水，生计颇为窘迫，除了拥有一群刘氏宗室子弟，几乎一无所有，兵少将寡，装备极差，刘秀骑牛上阵，直到杀死新野县尉，缴获了一匹战马，这才滚下牛背，飞身上马，哒哒哒哒，奔腾而去。遥想刘秀骑在嶙峋牛背之上，呼啸驰逐，往来厮杀，该是一幅多么富有喜剧色彩的古战场画面啊！这位"牛背上的开国皇帝"，后来不但娶了心目中美若天仙的圣女阴丽华，还在飞跃黄河空降河北之后，利用政治联姻娶了河北豪强之女郭圣通，经过12年艰苦鏖战，先后消灭了关东、陇右、西蜀等割据政权，公元25年六月，已经"跨州据土，带甲百万"的刘秀，在河北鄗城（今河北柏乡县固城店镇）千秋亭即皇帝位，是为汉光武帝，改元建武，史称"东汉"。

刘秀在位33年，以柔术治天下，以民心为张本，强有力地推动了时代之巨轮。他励精图治，厉行改革；整饬吏治，廉洁政治；发展经济，富国强民；大兴儒学，崇尚气节……经过三十多年精心治理，开创了彪炳史册的"光武中兴"新时代，被后世誉为"风化最美（司马光语）、儒学最盛（梁启超语）"。

登基称帝，君临天下，举目四望，尽为王土，其渺然而小寰宇之态，如黄河浊浪奔腾，无始无终矣！然而，嘚瑟总是一时，如何长治久安，才是一个君王面临的要害问题。那一年，刘秀回到家乡，"修园庙，祠旧宅，观田庐，置酒作乐"，赏赐乡亲们许多钱财，几位同族婶子拿了赏钱，挤作一堆嘀咕，说文叔小时候诚实谨慎，为人厚道，是个懂事明理的好孩子，"唯直柔耳"，如今居然当了皇帝！言外之意，说他柔弱似女子，如何统御天下呀？刘秀听罢，哈哈大笑："吾理天下，亦欲以柔道行之。"他说，俺刘文叔治理天下，就是以柔道为本啊！

以柔道治天下，就是行仁政，惠百姓，得民心。他说："古之亡国，皆以无道"，青史之兴衰，在乎民心向背矣。登基次年，他派大将冯异前往关中地区追剿赤眉军残部，叮嘱说，那里历经战乱，生民涂炭，百姓被迫为寇为盗，务必善待，让他们好好回家种地，不许滥杀，更不许屠城。冯异坚决贯彻执行，结果"群盗多降"，骚动的局势开始稳定。汉将吴汉奉命攻伐蜀地"成家皇帝"公孙述，历经血战，艰难拿下，吴汉断然下令，族灭公孙家族，焚毁宫室，屠戮百姓，刘秀闻讯大怒，下诏严厉斥责："城降之日，吏人从服，孩儿老母，口以万数，一旦放兵纵火，闻之可为酸鼻！仰视天，俯视地，观放麑啜羹，二者孰为仁？"

　　"放麑"，语出唐代僧人道世所著《法苑珠林》一书中的"救麑免难"故事，说是女子张某救了一匹被猎人追杀的麑子，麑子知恩图报，在她家房屋倒塌之前，用犄角挑起她的幼子跑出门外，张某追逐而来，转眼间房倒屋塌，母子均获平安。"啜羹"，残忍不仁之意，典出《战国策·中山策》："乐羊为魏将，攻中山。其子时在中山，中山君烹之，作羹致于乐羊。乐羊食之。"刘秀用这两个慈悲与残忍的经典案例，提示吴汉要心怀慈悲，刀下留情。

　　即使对吴汉的残忍暴虐震怒不已，刘秀对他的战功依然铭记于心，在其临终之际亲往探望，吴汉临终遗言，却是对皇帝的教训："臣愚无所知识，惟愿陛下慎无赦而已。"他说，只愿陛下不要轻易赦免那些罪犯而已。这显然是对光武帝当初痛斥自己的回应。

　　所谓"柔道"之要，首先要心怀慈悲，敬畏天地。他说："吾德薄不明，寇贼为害，强弱相陵，元元失所，《诗》云：'日月告凶，不用其行。'永念厥咎，内疚于心"；"百姓有过，在予一人"。"厥"，罪过也。他像汉文帝一样，"德薄"二字经常从脑海划过，时时心怀怵惕，深恐有负皇天之重托。那年发生地震，导致地裂，他说："而今震裂，咎在君上，鬼神不顺无德，灾殃将及吏人，朕甚惧焉。"那年发生日食，他为此辍朝五日，诏曰："吾德薄致灾，谪见日月，战栗恐惧，夫何言哉！今方念衍，庶消厥咎。其令有司各修职任，奉遵法度，惠兹元元。"

那时候，自然灾害被认为是一种"天谴"，君王不德，"天示之以灾"，不少封建帝王为此颁布"罪己诏"，祈祷苍天宽恕自己的罪孽。面对日食与地震，光武帝"战栗恐惧"之余，想到的是"惠兹元元"，就是造福百姓。改革弊政，废除恶法，方能顺天应人。建武六年，他下令推行政制改革，裁撤机构，合并州郡，免除冗官，"并省四百余县，吏职减损，十置其一"；同时施行轻徭薄赋，减轻百姓劳役。建武十一年，他宣布"解放奴婢"，"天地之性人为贵"，对滥杀奴婢者，严刑伺候；对残害奴婢者，严厉追究；对被伤害的奴婢，恢复自由身……这些重大举措的实施，犹如细雨霏霏，滋润天下。

作为至高无上的皇帝陛下，群臣伏于地，苍生陷于泽，万岁声声，颂歌盈耳，马屁连天，"祥符"横飞——是陶醉其中，享乐无极，还是保持清醒，理性为政，历来是贤君与昏君的一个显著标志。那年夏天，洛阳"祥符"频现，"京师醴泉涌出，饮之者痼疾皆愈"，"又有赤草生于水岸，郡国频上甘露"，群臣为此上奏，说"天下清宁，灵物仍降"，宜令史官详尽记录，撰集成书，"以传来世"。刘秀自谦无德，不予采纳。每逢皇帝、皇后寿辰，各州郡纷纷进京"献瑞"，一时成风，惹得皇帝震怒，下了一道严令："若郡县远遣吏上寿，盛称虚美，必髡，兼令屯田。"髡钳，古代刑罚，剃去头发，用铁圈束颈；屯田，发配边疆种地。如此惩罚那些马屁精，可谓严谴了。建武三十年初春，群臣建议封禅泰山，被断然拒绝，他说："即位三十年，百姓怨气满腹，吾谁欺，欺天乎？"身居皇位三十载，体察百姓疾苦，自谓"百姓怨气满腹"，上不欺天，下不欺人，可谓仁矣！

贵为天子，严于律己，严管外戚，不怒自威。有一次，刘秀外出打猎，深夜方归，欲从洛阳北门回宫，叵耐北门守将郅恽拒不开门，即使通报说皇帝来也，老郅依旧不买账，只得转到东门进城。第二天，老郅悍然上书，批评皇帝游猎山林，荒芜政事，危害社稷。刘秀被噎得满脸通红，发作不得，当场赏赐老郅100匹绢布，下令把放他进城的东门守将贬为登封县尉。

皇亲国戚，历来是皇权之羽翼，可是一旦纲纪崩塌，也会成为祸患。对此，刘秀时刻警醒，他说："人情得足，苦于放纵，快须臾之欲，忘慎罚之义。惟诸将业远功大，诚欲传于无穷，宜如临深渊，如履薄冰，战战栗栗，日慎一日。"皇叔刘良对刘秀有养育之恩，后来封为赵王，赵王临终，刘秀问他有何嘱托？叔父喘息着说，他有个好友怀县李子春犯了罪，县令赵熹欲杀之，"愿乞其命"。他回答说："吏奉法，律不可枉也。"官员依法办案，皇帝也不能随意干预呀！叔父闭目无言。他拒绝了叔父所求，却彰显了法律之威。刘秀大姐湖阳公主的家奴大白天行凶杀人，躲在公主府邸，洛阳县令董宣无可奈何，一天公主外出，以凶手驾车，董宣半路截击，斩杀凶手，严斥公主，公主哭哭啼啼告御状，"帝大怒，召宣，欲箠杀之"，董宣大呼："陛下圣德中兴，而纵奴杀良人，将何以理天下？"说罢一头撞到庭柱上，血流满面，刘秀令人抱住，要他向公主道歉了事，他坚决不从，无奈的皇帝最后只好奖励董宣，命名"强项令"。五年之后，这位74岁的"强项令"去世，刘秀令人监视，看到他家中一贫如洗，愧悔交加地说："董宣廉洁，死乃知之。"

令人叹息的是，即使贤明如光武帝，到了其执政晚期，也不可避免地暴露了昏聩的一面。大司徒韩歆一向性情耿直，出言无忌，一天早朝，刘秀找出昔日手下败将隗嚣、公孙述的书信当众宣读，面露得色，说他们"有才"，韩歆亢声说："亡国之君都有才。夏桀商纣，都很有才！"刘秀勃然大怒，说他言辞过激，意欲何为？当场罢其官职，犹不解恨，又下诏斥责，韩歆难忍羞辱，与其子韩婴一起自杀了。大司徒乃三公之一，相当于宰相，为了几句激烈言辞，竟然父子双双自杀身亡，引起朝野骚动，刘秀情知有错，令按大司徒规格为韩歆举行了葬礼。

去者乘鹤去，微瑕青史留。与韩歆父子自杀相比，大学者桓谭之死，则彰显了光武晚期之愚昧。晚年的刘秀，已不复当年的雄姿英发，他迷信图谶，并颁行天下，以此笼络人心，神化皇权，那些反对图谶者，纷纷受到严厉惩处。自古帝王，以祥符招摇天下，以图谶愚弄世人，原也不足为奇。大学者桓谭当时已年过七旬，博学多通，遍习五经，眼见天下图谶横行，妖孽丛生，就上了一篇《抑谶重赏疏》，要求皇帝"屏群小之曲说，述《五经》之正义"，引起刘秀强烈不满。中元元年（56），朝廷拟建一座观察天象的灵台，光武帝诏令群臣商议，他对桓谭说："吾欲以谶决之，何如？"桓谭沉默一会儿，说臣不读谶书，皇帝问为何不读，桓谭只得实话实说，批评图谶是歪理邪说。刘秀喝道："桓谭非圣无法，将下斩之！"桓谭吓得仆地叩头，直至流血，方才免死发配，贬为六安郡（今安徽六安县）丞，老先生惊惧交加，还没走到贬所，就死于途中了。一代学术宗师，就此湮灭，光武帝之罪大矣。

尽管如此，光武帝刘秀仍不愧为一代明君，其理念，其作为，其业绩，志高虑远，气度恢弘，堪称古之典范；他的悲悯情怀，廉洁作风，勤谨精神，至今清凌如月，照耀天地。临终之际，他发布遗诏曰："朕无益百姓，皆如孝文皇帝制度，务从约省。"至死，他念念不忘的是两点：一是自己"无益百姓"，心怀愧疚；二是仿效汉文帝，葬事一切从简，不得靡费。《后汉书》著者范晔歌曰——"明明庙谟，赳赳雄断。于赫有命，系隆我汉。"

【史鉴君曰】

汉光武帝刘秀作为东汉王朝的开国之君，以"柔道"治天下，仁怀高标，仁政布施，贤明之风，霏霏吹拂，良可叹也！畏天地，有所惧，望大势而清醒，决圣断而怵惕，可谓明政；立根本，忧民生，心系百姓冷暖，不断消除弊政，可谓良政；合州郡，并百官，推进政制改革，减轻国家负累，可谓至政；重儒学，起逸民，真心实意礼贤，建立昌明社会，可谓贤政；严驭下，约贵戚，抑制特权阶层，消除社会戾气，可谓纯政；倡勤谨，躬廉洁，注重率先垂范，引领吏治新风，可谓廉政……

观察今日之寰宇，强势崛起伴着雾霾笼罩，经济繁荣伴着民生多艰，兀地令人长太息也。追想汉光武帝之渺渺踪迹，青史有情，引人遐思。当今煌煌官场，官员多如过江之鲫，其现状可堪忧虑也。其一，不敬天地，不敬百姓，目中无人，妄自尊大，乱政滥政，搞得治下乌烟瘴气。其二，毫无底线，胆大妄为，弄权枉法，贪污腐败至于千万亿万，鱼肉百姓至于草菅人命。其三，悠悠万事，唯官为大，跑官要官闹官，无所不用其极，可悲可叹之状，笑煞世人。其四，不思进取，得过且过，懒驴拉磨，哼哼呀呀，懒和尚撞钟，磨磨唧唧，哎哎！凡此种种痼疾，为害甚烈，亟须灸治，拿来汉光武帝这面历史镜子照一照，无异于一剂良药也！

（2016年12月19日）

晋武帝司马炎：岂以一身之休息，
　　　　　　　　忘百姓之艰耶

——岂能以自身之奢靡享乐，而忘记天下百姓之艰难竭蹶啊。

司马炎（236~290），字安世，河内温县（今河南温县）人，晋宣帝司马懿之孙、晋景帝司马师之侄、晋文帝司马昭之子，西晋王朝的开国皇帝，在位25年，史称"晋武帝"。

按照中国古代帝王序列，武帝司马炎要比宣帝司马懿、景帝司马师、文帝司马昭显耀得多，因为，他是真正的西晋开国皇帝，而司马懿、司马师、司马昭三人的帝号，是司马炎登基称帝后所追封，属于荣誉性的。《晋书·帝纪》把司马懿、司马师、司马昭排在司马炎之前，大约因为三者是晋朝的重要奠基者，不无道理，却受到后世史家之讥，认为不甚允当。其实，如此修史是有先例的，譬如陈寿《三国志·魏书·帝纪》，就把未曾称帝的魏武帝曹操排在第一，他的儿子、魏文帝曹丕名列第二。

《魏书》与《晋书》这个相似点，似乎暗合了曹魏与西晋夺取天下的共同"套路"——取前朝而代之，号称"禅让"，几乎成为史家美谈，说是朝代更替未曾流血云云。那是公元220年冬天，寒风呼啸，白雪飘飞，曹丕在许昌西南之繁阳亭筑祭坛，树大纛，告天地，"受禅登基"，是为魏文帝，降汉献帝刘协为山阳公。尽管野心猎猎如火，曹丕依旧嗫嚅作秀，三次辞让，群臣再三恳求，这才勉强上位，皇权由此实现了第一次乾坤大挪移。岂料仅仅过了46年，到了公元265年，在同一个季节、同一个地点，司马炎以同样的方式，"受禅登基"，是为晋武帝，降魏元帝曹奂为陈留王。与曹丕一样，司马炎"初以礼让"，百官固请，"乃从之"，皇权由此实现了第二次乾坤大挪移。历史之循环轮回，端的令人啼笑皆非呀！

作为魏晋易代之际的天下主导者，司马氏家族可谓腾蛟起凤，叱咤风云，司马懿的狡诈阴狠、司马师的沉雄果毅、司马昭的野心勃勃，都在历史长河里掀起了巨浪，而司马炎的历史影像，似乎与三位先辈不甚相同。关于他的出生，《晋书》没有记下什么奇异景象，只说他"宽惠仁厚，沉深有度量"，"聪明神武，有超世之才，发委地，手过膝"——长发委地，臂长过膝，司马炎青年时代的这副形象，大约很酷吧？

晋武帝登基之初，"宽惠仁厚"，德风弥漫，显然不符合司马氏之烈烈家风。他的三位前辈，鹰视狼顾，刚猛残厉，屡受挞伐。其实，历史上那些意欲鲸吞天下的乱世枭雄，无不如此。司马炎可以说是个幸运儿，他一只脚踏着先辈的肩膀，一只脚踏着曹魏的头颅，没有经过血腥搏杀，就轻松地实现了魏晋易帜，开创了西晋王朝。其帝王生涯，被历史老人挥动大剪刀，咔嚓一声剪作了前后两段，其转捩点，正是吞并东吴，统一全国。灭吴之前，他宽厚为怀，仁政布施，创造了"太康盛世"之繁华；灭吴之后，他贪图享乐，昏庸无道，把国家拖入动乱深渊，所谓"太康盛世"昙花一现，他的白痴儿子、晋惠帝司马衷继位之后，西晋王朝很快陷入了"八王之乱""永嘉之乱"，直至灭亡，国祚只有短短的51年……

司马炎登基伊始，汲取先辈苛酷暴虐的教训，下令"宽刑宥罪，抚众息役"，他说："惟朕寡德，负荷洪烈，托于王公之上，以君临四海，惴惴惟惧，罔之所济。"那时候，经过三国时代的诛戮杀伐，百废待兴，人心思治，他施仁政，革积弊，劝农桑，开言路，举国欣欣，万木向荣。对自己取而代之的曹魏宗室，他宽厚有加，令降为陈留王的魏帝曹奂载天子旌旗，备五时副车，行魏正宗，礼乐制度皆如以往；对汉献帝之孙刘康与蜀帝刘禅，实行特殊优待，各封一子为驸马都尉；对以残暴著称的东吴末帝孙皓，也待之以礼，亲自接见，赐号"归命侯"，使其得以善终。如此对待昔日的生死对头，可谓厚道矣！

奉身勤谨，禁绝侈靡，虚心纳谏，历来是贤君的主要标志。太始二年正月，司马炎下令："禁乐府靡丽百戏之伎及雕文游畋之具，开直言之路，置谏官以掌之。"散骑常侍皇甫陶、傅玄主掌谏官，上书谏诤，有司奏请"寝之"，就是压下来置之不理，皇帝批评说："凡关言人主，人臣所至难，而苦不能听纳，自古忠臣直士之所慷慨也。每陈事出付主者，多从深刻，乃云恩贷当由主上，是何言乎？"他说，历来批评皇帝是大臣最难的，自古忠臣直士经常为此慷慨叹息，他们每每将谏书交给主事者，主事者却百般苛求，说什么恩赐当由皇上，这是什么话呢？

有一次，皇甫陶为一事与皇上争执，散骑常侍郑徽趁机拍马屁，"表请罪之"，要求治皇甫陶不敬之罪，司马炎大怒："谠言謇谔，所望于左右也。人主常以阿媚为患，岂以诤臣为损哉！徽越职妄奏，岂朕之意。"下令罢其官，以儆效尤。

体察民情，体恤民艰，乃德政之要义。在安置老爹司马昭后事时，武帝下令一切从简："昔舜葬苍梧，农不易亩；禹葬成纪，市不改肆。上惟祖考清减之旨，所徙陵十里内居人，动为烦忧，一切停之。"那年春天，他诏令州郡官吏深入基层，"观风俗，协礼律，考度量，存问耆老，亲见百年。录囚徒，理冤枉，详查政刑得失，知百姓所患苦"。一次，司马炎病愈，群臣进礼庆贺，诏曰："每念顷遇疫气死亡，为之怆然。岂以一身之休息,忘百姓之艰耶?诸上礼者皆绝之。"他说,每当想到时疫造成的死亡,我便怆然泪下,作为一国之主,我岂能为了自己而忘记了百姓的痛苦?其拳拳之心,简朴动人。

然而,皇上立志清减,臣下却马屁翻新。咸宁四年(278),太医司马程据挖空心思,向皇帝进献一袭罕见的"雉头裘",这是一件用雉头羽毛织成的华贵皮衣,司马太医满心指望得到恩宠,岂料触了个大霉头,"帝以奇技异服典礼所禁,焚之于殿前",武帝下令在殿前当众焚毁雉头裘,那毕毕剥剥的火焰,毋宁说是皇帝的严厉警告:如此马屁,下不为例,"内外敢有犯者,罪之"。有一天,河内郡西平人曲路跑到京城,擂响朝门外的登闻鼓,嘶声呐喊,大放厥词,有司奏请"弃世",就是暴尸街头,武帝讪讪而言:"朕之过也。"拂袖而去,不予追究。

不拘一格用人才,是武帝早年为政的一大特色。他制定了关于人才的"六条标准":"一曰忠恪匪躬,二曰孝敬尽礼,三曰友于兄弟,四曰洁身劳谦,五曰信义可复,六曰学以为己。"李密,字令伯,犍为郡武阳(今四川彭山县)人,父早亡,母改嫁,早年与祖母相依为命,以孝闻名乡里,后来在蜀国为官,随着蜀君刘禅降归晋都洛阳,武帝仰慕其才,屡次请他出来做官,先拜郎中,后拜洗马,即太子侍从官,李密以侍奉祖母为由,上表辞官,这就是著名的《陈情表》,他说:"臣无祖母,无以至今日,祖母无臣,无以终余年。"武帝读罢,大为感动,嘉其诚款,赐奴婢二人,等终葬之后,令他出任司马氏的发祥地暨"革命圣地"——河内温县县令,优宠之情,自不待言。

尊崇孝道,重用孝子,原也符合帝王之道,而任用那些"潜在杀手",就非常人所能为了。高阳人许奇的老爹许允官至中书令,被司马师流放而死,司马炎任命许奇出任太常丞,这是掌管朝廷祭祀礼乐的近侍,经常跟随皇帝参加各种活动,譬如到太庙祭祀等,朝臣怕他为老爹复仇,提议把他打发到荒僻偏远之地,以绝后患。司马炎说,

老许素有人望，小许也是难得人才，岂可弃之？随后提拔他当了祠部郎，主掌朝廷祭祀之事。魏晋之际名满天下的大才子嵇康，被司马昭无端杀害，举国悲痛，其子嵇绍后来被司马炎任命为侍中。侍中乃秦汉时期设置的皇帝侍从官，魏晋以后地位提升，其权力近似宰相。杀父之仇，夺妻之恨，皆为人间深仇大恨。让这些"潜在杀手"随侍在侧，且信任有加，魏武帝胸襟之广阔、胆魄之高渺，令人仰望也！

皇帝贤明如此，百官自是奋发，"太康盛世"轰然降临，划出了魏晋之际天空里的一道彩虹。可悲的是，这道时代之虹犹如昙花一现，转瞬即逝。在吞灭东吴、统一全国之后，晋武帝志得意满，开始了"断崖式堕落"，以奢侈靡丽代替了简约清廉，以色欲焚身代替了清静守正。他大规模修建祖先灵庙，十二根粗大铜柱镀以黄金，饰以明珠，耗费巨万；他把孙皓宫中的五千美女悉数收编，使自己后宫美女过万，因为实在太多，夜幕降临时，他只好驾着羊车漫游，肆意临幸，那些深锁后宫的红颜嫔妃在门前插上竹叶，撒上盐巴，诱惑贪吃的羊停在门前，皇帝随之下车，温香软玉抱满怀，咿呀销魂度春宵……皇帝这般萎靡，世风迅速堕落，卖官鬻爵，斗富比阔，骋彩竞丽，谈玄论道，一时弥漫天下，太尉何曾、尚书任恺、侍中石崇，以及司马炎的两个驸马爷王济、王敦，等等，都是富甲天下的大富豪，一个个富可敌国，比饕餮，竞豪奢，醉生梦死，糜烂蚀骨，武帝统治下的万里江山，日渐不堪，引起有识之士强烈不满，嘘声四起。

《晋书·刘毅传》载，有一次，司马炎到南郊祭祀，礼毕，喟然而叹息，询问司隶校尉刘毅说："你看我像汉代哪个皇帝呀？"刘毅款款答曰："像桓灵二帝。"汉桓帝与汉灵帝，是东汉末年两个最没出息的皇帝，刘毅说他像这两个家伙，藐视之情，溢于言表。司马炎很不服气："吾虽德不及古人，犹克己为政。又平吴会，混一天下。方之桓灵，其已甚乎！"他说，我虽不如那些远古大德，还算勤谨为政，况且吞灭东吴，统一天下，你把我比作桓灵二帝，也太不公平了吧？岂料刘毅撇嘴说："桓灵卖官，钱入官库；陛下卖官，钱入私门。以此言之，殆不如也。"桓帝灵帝卖官，把钱入了国库；陛下您卖官，把钱装进了自家腰包。从这个角度看，您还不如他们吧？

面对如此毫不留情的严斥，司马炎只好报以几声尴尬大笑："桓灵之世，不闻此言。今有直臣，故不同也。"他说，桓灵时期，暴虐残酷，哪里能听到这样骂皇帝的诤言呢？现在有你这样的直臣，比那时候强多了吧？——最后这句，倒是大实话。这位对皇帝"出言不逊"的刘毅，以刚直不阿、直言不曲闻名，"幼有孝行，少厉清节"，嘴巴如刀，"言议切直，无所屈挠"，"王公贵人望风惮之"，吓得那些王公大臣瑟瑟发抖，其妻稍有过失，"立加杖捶，其公正如此"。这样一位峭直刚厉的大臣，自然难以攀升到宰辅之高位，对他的直言忤逆，司马炎毫不在意，并告诫臣下说，老刘一生清贫，须加以呵护，下令"赐钱三十万，日给米肉"。

如果说，晋武帝在一统江湖之后迅速堕落，直接导致了世风糜烂，纲纪崩坍，而他推行的"两大弊政"，与关键时刻的"三大犹豫"，则为王朝颠覆埋下了祸根，导致后来出现了"八王之乱"与"永嘉之乱"，使国家陷入了动荡与崩溃。可以说，晋武帝既是西晋王朝的建立者，也是它的掘墓人。

晋武帝的"两大弊政"，一是实行九品中正制，二是大封同姓诸侯王。这两条弊政，其实是他从魏文帝曹丕那里袭来的，区别仅仅在于，曹丕是继承与发扬，他则是反其道而行之。

所谓"九品中正制"，是魏文帝曹丕对汉代实行的州郡察举选官制度的"改进升级版"，其主要做法，是州设大中正，郡设小中正，称为"中正"，由他们选拔本州郡之人才，定高下，分九品。从理论上说，这本来是个不错的制度。然而，由于这些执掌选拔人才大权的中正先生们都是世家名门、贵族官僚，他们选定的人才，自然都是本家子弟。这种选拔制度，为后来的门阀政治制度奠定了基础，在曹魏处于上升时期，尚能发挥一些积极作用，史入晋代，司马炎重新祭起这项弊政，导致门阀制度恶性发展，终于像枯藤一样扼住了朝廷喉咙，到了东晋，世家大族绑架朝廷，轮流执政，遗患无穷。此其弊政一也。其二，曹丕登基之后，"重用异姓，疏远同姓"，把一干曹氏兄弟整得七零八落，曾与他竞争魏王的大才子曹植境况最为悲惨，几次差点被诛戮，国家大权最终落入司马懿手中，这才有了后来的魏晋易帜。司马炎汲取这一惨痛教训，登基后大封同姓，将司马氏宗室子弟皆封为王，其弟弟、堂兄弟、伯父、堂伯父、叔父、堂叔父，同时封王者达27人，凡是勋臣贵戚，一律晋爵封侯。一时间，王侯林立，恍若星辰，貌似拱卫政权，其实各怀鬼胎，一个个如狼似虎，觊觎帝位，在武帝驾崩、惠帝登基后，跳出来舞刀弄枪，诛戮杀伐，演绎了一场惊天动地血流成河的"八王之乱"。血淋淋的史实证明，晋朝大动乱的祸根，就在号称贤明的司马炎身上。

晋武帝的"三大犹豫"，则是导致晋朝堕入深渊的催化剂。他的第一次犹豫，致使全国统一推迟了十年之久。拿下蜀国之后，吞灭东吴，统一全国，朝野呼声强烈，晋军前线总指挥、军事战略家羊祜从270年开始谋划运筹，将士们枕戈待旦，摩拳擦掌，然而，武帝由于受到亲信贾充等人阻挠，迟迟不下决心，致使羊祜"出师未捷身先死"，于278年含恨长逝，后来在张华、杜预、王濬等人敦促下，终于在太康元年（280）决心开战，却任命一直反战的贾充做大都督，统率六军，叵奈贾充心虚胆怯，"虑大功不捷"，怕战争失败受牵连，不肯受命，武帝恼火透顶，以亲征相逼，"充不得已，乃受节铖"。一个最高统帅，却是迫于皇帝的压力才上任，这项事关全局的重大任命，居然如此荒谬，着实令人匪夷所思。

贾充（217～282），字公闾，平阳郡襄陵（今山西襄汾县）人，乃西晋开国元勋，一直是司马氏父子的鹰犬，历事司马师、司马昭、司马炎，在魏帝曹髦喊出"司马昭之心，路人皆知"的口号，率领一帮老弱残兵向司马昭进攻时，贾充奋身向前，令麾下刺杀了曹髦。司马炎登基称帝后，他位居司空，却为朝中正直之士所不齿，《晋书·贾充传》说他"无公方之操，不能正身率下，专以谄媚取容"。这样一个六军统帅，不但不能统兵作战，还在战争进行过程中竭力制造事端，构陷将帅，借故要求将主战派首领张华斩首，司马炎冷着脸说："伐吴是我的主张，张华只是赞同而已。"贾充这才无话可说。好在全军将士奋勇杀敌，这才消灭东吴，最终完成了统一大业。

他的第二次犹豫，致使白痴儿子登基。他的长子司马衷是个白痴，9岁被立为太子，一个白痴，如何执政啊？司马炎当然心知肚明，为此忧心忡忡，多次萌生换马之念，太保卫瓘、中书令和峤等人也建议另立太子，叵奈架不住皇后杨艳软磨硬泡，还搬出《春秋公羊传》中"立嫡以长不以贤"的古训来为傻儿子辩护，加之中书监荀勖、散骑常侍冯𫄧等人极力阻挠，这事也就磨磨唧唧没了下文。在太子妃贾南风的选择上，他开始也不同意。贾南风是贾充的长女。贾充有两个女儿，太子原定娶的是妹妹贾午，无奈12岁的贾午长得特别矮小，连结婚礼服都撑不起来，只好唱了一出"姊妹易嫁"，改由姐姐贾南风代替。贾南风当时15岁，比太子大2岁，身材矮小，奇丑无比，《晋书·后妃传》说她"性酷虐""暴戾日甚""荒淫放恣"。这场婚姻，其实也是一连串阴谋的产物。那年，西北秦雍（今甘肃东南和陕西西部）鲜卑族势力不断膨胀，有人举荐贾充出镇秦雍，打算趁机将他逐出朝堂，中书监荀勖等人为之出谋划策，说贾公要想留在京城，就要设法让女儿与太子结婚。为此，他们采取一系列行动，鼓动如簧之舌，在武帝跟前吹嘘贾充之女美若天仙，贿赂杨皇后，令其大吹枕边风，再收买皇帝身边的宫女太监，使他们群起鼓噪，纷纷赞美贾氏之女乃绝代佳人。几股妖风劲吹之下，武帝终于改变主意，同意了这桩婚姻，为晋朝娶了一个掘墓人。

他的第三次犹豫，致使丧失了挽救危局的最后机会。武帝末年，沉湎酒色，荒淫无度，泰始十年（274），皇后杨艳病危，胡贵嫔得宠，杨艳害怕胡贵嫔当上皇后，对傻儿子不利，临终之际流着眼泪，向武帝提了两个要求：一是确保太子固位。她说，儿子是我身上掉下的肉，也是咱俩的亲骨肉呀！二是推荐堂妹杨芷为后。她说，我承蒙陛下恩宠许多年，可是命短福薄，不能再伺候皇上了，我堂妹杨芷贤惠温柔，美丽动人，我死后，就让她替我伺候陛下吧！武帝望着垂危的皇后，一阵阵心头发热，点头应允。

咸宁二年（276年），杨芷被立为皇后，18岁的杨芷生得花容月貌，艳冠后宫，史称"婉嫕有妇德，美映椒房"，深得司马炎宠爱，不久就生了个龙子司马恢，不幸夭折，称渤海殇王。她的老爹杨骏被封为临晋侯、车骑将军。杨骏素无才略，却刚愎自用，只因女儿得宠，逐渐掌握了朝廷大权。此后，父女俩开始左右朝政，危害甚巨，武帝尽管有所察觉，却迟迟没有采取果断措施，剪除杨氏羽翼，直到病入膏肓、生命垂危的最后时刻，才下诏让他的堂叔父、汝南王司马亮主持料理自己的后事，这相当于皇帝的遗诏，任命司马亮出任辅政大臣。可是太晚了！到了这时候，朝政已经完全控制在杨氏父女手中，皇帝的病榻之侧，尽为杨氏喽啰，他的诏书被藏匿，秘而不宣——武帝驾崩，白痴太子登基，杨芷被尊为皇太后，贾南风被立为皇后，杨骏成了独掌朝政的顾命大臣，天下自此进入动乱之中，先是外戚杨骏专权，后是妖后贾南风弄险，诛杀杨骏，饿死杨太后，最后司马氏八王轮番上阵，捉对厮杀，天下血流漂杵……

《晋书·武帝纪》赞曰："帝宇量弘厚，造次必于仁恕；容纳谠正，未尝失色于人；明达善谋，能断大事，故得抚宁万国，绥静四方。"证之晋武帝之作为，前两条应该是准确的，其弘厚仁恕，博大容物，堪称帝王之楷模；而第三条"明达善谋，能断大事"，则显然过誉，应当说，正是他的"两大弊政""三大犹豫"，导致了西晋国祚之短命，享国只有短短的51年。岂不悲乎？

【史鉴君曰】

　　晋武帝司马炎的执政生涯，贤明与昏庸相接，清溪与浊流混淆，呈现出前后断裂、南辕北辙之奇观，令无数后来者叹息不已。在统一天下之前，他以人为本，操仁术而治天下，以克己而率群臣，万民拥戴，春花自开，"太康盛世"耸立青史，后人仰望久之。可是，统一天下之后，他极速堕落，贪图享乐，奢靡昏聩，春花沦为败叶，青山颓为荒陂，使晋朝这艘航行在历史长河里的巨轮，渐渐沉没于乱世洪流里，把司马氏几代血雨腥风开创的这片万里江山，渐渐扔进了淫淫血泊之中，岂不哀哉？成功于不懈奋斗，累积成山；失败于享乐贪婪，瞬间崩坍，晋武帝之悲剧，可资借鉴者亦深矣！

　　历史是一面镜子，可以照见往昔之兴衰，也可以映出今日之浮沉。对照晋武帝由盛转衰、由治至乱的历史教训，今之官场诸公当有三思：其一，面对耀眼政绩，是否产生"船到码头车到站"之叹，朝气消尽，暮气漫卷，自顾享乐放纵，哪管百姓疾苦，自顾索取无度，哪管斧钺临身？其二，面对红尘诱惑，是否滋生"不贪白不贪白贪谁不贪"之念，以权谋私，贪污腐败，金钱累累蚀骨，红颜荡荡销魂，酒池肉林，不足喻其腐败，吞山咽海，不足喻其贪鄙，直至成为反腐利剑下的"厉鬼"？其三，面对反腐败大潮，无数贪官跌落深渊，是否怀有一丝侥幸，以为法网再密，必有疏漏，泥沙俱下，何来清流？——贪啊，捞啊，贪得钵满缸流，捞得铺天盖地，最后呢，只听得空中咔啦一声雷响，惩罚利剑呼啸而下，直落得个身败名裂的悲惨下场！哎，国法无情，纲纪如剑，天下芸芸为官者，能不慎乎？

（2016年12月26日）

宋武帝刘裕：夕惕永念，心驰遐域

——朝夕莫忘随时警醒自己，心里要装着天下百姓疾苦。

宋武帝刘裕（363～422），字德舆，小名寄奴，东晋末期至南北朝时期叱咤风云的杰出政治家、军事家，他仰赖万丈雄才与铁血武力，拨转了中国历史之进程，埋葬兀立江南的东晋政权，建立了"七分天下，而有其四"的刘宋王朝。那时候，在苍莽的华夏大地上，分裂与动乱并存，征伐与诛戮齐飞，南朝的宋、齐、梁、陈四个小朝廷，依次上演车轮大战；北朝的北魏、东魏、西魏、北齐、北周五个鲜卑政权，前仆后继，逐鹿中原。作为一代枭雄，刘裕的人生旅程，融入了那个时代的殷殷鲜血与辚辚征战。在沈约《宋书》与李延寿《南史·宋本纪》中，他都是毫无争议的"主角"，两部史书均记载，刘裕祖籍彭城县绥舆里（今属江苏徐州市），乃汉高祖刘邦之异母弟、楚元王刘交的二十一世孙。

彭城，又名彭城邑，号称"鼓声之城"。《说文解字》：彭，鼓声也。彭城古称涿鹿，乃华夏始祖黄帝之都城，据先秦典籍《世本》载："涿鹿在彭城，黄帝都之。"公元前221年，秦始皇统一六国，实行郡县制，改彭城邑为彭城县，汉高祖六年（前201），刘邦封异母弟刘交为楚王，建都于彭城。至于"绥舆里"这个地名，似乎与"绥舆山"有关。唐代名相、地理学家李吉甫在《元和郡县图志》里，对此有如下描述：在萧县城东25里处有一座山，名曰绥舆山，"宋高祖绥舆里人，盖因里以名山也"。因为过于笼统，后人难知其详，约略推断，绥舆山地处萧县与汉王镇交界地带，"绥舆里"应该在汉王镇附近，此地至今尚有汉高祖刘邦"拔剑泉"与高祖庙等遗址。概乎而言，刘裕先祖的"龙兴之地"，不仅闪烁着黄帝之辉光，也鼓荡着大汉之雄风，堪称名副其实的"革命圣地"也。

历史悠久的彭城县，乃西汉楚元王刘交的封地。刘交是刘氏四兄弟（刘伯、刘仲、刘邦、刘交）中的小弟，班固称他"好书，多材艺"，早年拜在大儒荀卿的弟子浮丘伯门下研习《诗经》，并自作诗注，名曰《元王诗》，成为当时诗经学的一个流派。这样一位好学精进的大汉藩王，衣钵相传，绵延不绝，传到第十八世孙刘混时，举家渡江离开彭城，来到晋陵郡丹徒县之京口里（今江苏镇江市）卜居。刘混生子刘靖，官至东安太守；刘靖生子刘翘，这就是刘裕的老爹，一生平淡无华，官职卑微，忝列郡功曹，跟着长官做些考察记录等琐碎事务，其历史功勋，就是在晋哀帝元年（363）生下了儿子刘裕。这位"皇考大人"，后来被刘裕追尊为"孝穆皇帝"。对于刘氏家族颇为显耀的世系传承，北朝史学家魏收却嗤之以鼻，他在《魏书·岛夷刘裕传》中指出，刘裕"其先不知所出，自云本彭城彭城人，或云本姓项，改为刘氏，然亦莫可寻也"。魏收先生大笔一挥，刘裕先祖究竟是谁、姓氏若何，都成了千古疑案，"莫可寻也"。

《宋书》与《魏书》关于刘裕先祖之记载，如此南辕北辙，彰显着两位史学家史学品格之差异。《宋书》著者沈约是南朝史学家，生于士族豪门，时称"江东之豪，莫强周沈"，周家与沈家，是当时称雄江南的两大豪族。周家出自三国吴国关内侯周鲂，四世显贵，一门五侯；沈家出自三国吴国丹阳太守沈莹。虽然东晋末年两大家族日渐衰微，但曾经的荣耀，依然闪耀在沈约的美梦里。在沈约笔下，豪门子弟罗列横陈，几乎占了列传中的半数，仅出自京城建康乌衣巷王谢两大家族的子弟，就达三十人之多；而他对刘氏诸帝的曲意美化，一方面是其采用刘宋史官旧稿之故，另一方面则是他膜拜皇权之奴性作祟。令人齿寒的，则是他对徐爰的打压。徐爰官至尚书左丞、中散大夫，是个业余史学家，笔耕不辍，著有文集十卷，《宋书》很大一部分采自徐爰旧稿，沈约采其文，灭其人，将他列入《恩幸传》，诬称他"既长于附会，又饰以典文"，显属故意贬损。

《魏书》著者魏收是北朝史学家，历仕北魏、东魏、北齐三朝，号称"北地才子"，书成之后，众口喧腾，被指为"秽史""谤书"，这说明：其一，他据笔直书，不滥溢美，颇有点史家之范儿。其二，他公器私用，以笔作枪，酬恩报怨，揭人隐私，宣泄个人怨愤。据《北齐书·魏收传》记载，他曾公然宣称："何物小子，敢共魏收作色，举之则使上天，按之当使入地。"他说，你是个什么东西，敢跟老魏脸色看？老子能把你举上天堂，也能把你踩入地狱！——史笔历来重千钧，一旦成为市侩史家任意操弄的"私器"，其危害则大矣！譬如，魏收在刘裕传之前冠以"岛夷"二字，就是偏见使然。南北朝时期，南北双方统治者都以正统自居，互相攻伐，互相诋毁，北人诬指南人为"岛夷"，南人蔑称北人为"索虏"。"岛夷"本指海岛上的少数民族，"索虏"本指北方少数民族，"索"指北人头上之发辫。魏收在一部正史中鄙称"岛夷刘裕"，其史学器识之偏狭与史家情怀之拘囿，显而易见。为纠正这一地域歧视，统筹南北，打通各朝，初唐史学家李延寿继承其父李大师遗志，发奋撰著《南史》《北史》两部巨著，历十六载始成书。《新唐书》对此颇为欣赏，"其书颇有条理，删落酿辞，过本书远甚。"

关于刘裕出生时的情形，《宋书·武帝本纪》的记载很简单："高祖以晋哀帝兴宁元年岁次癸亥三月壬寅夜生。及长，身长七尺六寸,风骨奇特。家贫,有大志,不治廉隅。事继母以孝谨称。"《南史·宋本纪》的记载却有些玄乎,说他出生时"神光照室尽明,是夕甘露降于木树",有一年他游京口竹林寺,独卧讲堂前,"上有五色龙章,众僧见之,惊以白帝"云云。无论平淡也罢,神奇也罢,刘裕早年家境清苦贫寒,却是肯定的。母亲分娩后不幸辞世,父亲无力抚养,一度打算抛之荒野,若不是慈爱的姨母敞怀哺育,几近命绝,老父数年后告别尘世,他与继母萧氏相依为命,艰难度日。刘裕发迹后,对"涩讷无才能"的姨母之子,即姨表弟刘怀敬恩宠有加,令他出任会稽太守,加封金紫光禄大夫,以报答姨母的养育之恩。

概而言之,刘裕的人生起点,与万千贫苦百姓并无两样,虽然拥有大汉皇统的吉光片羽,但那只像空中彩虹,缥缈绚丽,却难以解决他面临的生计问题。他曾前往长江之畔伐荻,面对滔滔江水与瑟瑟荻花,不免万感涌流;他也曾挥汗如雨,躬耕于苍茫田野,"面朝黄土背朝天,汗珠子掉下摔八瓣儿";他上山砍柴,下海捕鱼,在高山与大海之间,磨洗坎壈人生;他还曾像当年的刘皇叔那样,赶集摆摊卖草鞋,赚几文小钱补贴家用。百无聊赖之时,他与啸聚街头的一群混账小子赌博樗蒲。这是汉末盛行的一种赌博游戏,赌具用樗木制成,五枚一组,又称"五木之戏"。有一次,刘裕与刁逵豪赌,输了三万块钱,无力偿还,被蛮横的刁逵绑在树上肆意羞辱,恰巧王谧前来拜访刁逵,悄悄替他把钱还上,刁逵这才放他回家。这位慷慨解囊的王谧,出生于京城豪族琅琊王氏,一向敬重刘裕,曾对他说:"卿当为一代英雄。"——当年这场豪赌的最后结局,令人大跌眼镜:王谧后来投身篡晋自立的楚武悼帝桓玄麾下,官至中书监,刘裕击败桓玄,王谧被俘,众人皆曰可杀,刘裕却知恩图报,力排众议,使他爵禄高登,官居侍中、扬州刺史;刁逵后来当了桓玄帐下的豫州刺史,与刘裕为敌,兵败被俘,刘裕下令诛杀其全家,只赦免了他的一个小弟弟。三人之间的恩怨情仇,恰如一出鲜血淋漓的连续剧,至此曲终人散矣!

刘裕叱咤风云的年代，正是东晋小朝廷风雨飘摇的岁月。西晋末年，天昏地暗，晋廷崩摧，琅琊王司马睿于317年在建邺（今南京市）登基称帝，建立东晋。那时候，混乱动荡的中国北方已经进入"五胡十六国"时期（317～460），匈奴、羯、鲜卑、羌、氐等少数民族枭雄们，抡着长刀利剑，嚎叫厮杀，鲜血蔽空，惨绝千里，在中原百姓的累累白骨上，先后建立起一连串政权——前赵、后赵、前燕、前凉、前秦、后秦、后燕、西秦、后凉、南凉、西凉、北凉、南燕、北燕、夏、成汉等。北魏史学家崔鸿在《十六国春秋》一书中对这一历史乱象的总结是："五凉、四燕、三秦、二赵，并成、夏为十六。""五胡十六国"之名，由此而来。这一时期，南方东晋与北方十六国并存，统称"东晋十六国"。此时的大江南北，依旧烽火连天，演绎着改朝换代之历史活剧——孤悬江南的东晋政权早已衰朽不堪，气若游丝，于420年被刘裕绞杀，在东晋冒着缕缕硝烟的废墟上，刘宋政权拔地而起，巍然耸立；在北方，经过鲜卑族拓跋氏枭雄拓跋珪、拓跋嗣、拓跋焘等东讨西征，浴血奋战，于439年削平诸路豪强，建立北魏王朝。刘宋与北魏，两个雄霸一方的割据政权，像两只斑斓猛虎，隔江相望，咆哮嘶吼，意欲吞灭对方——至此，中国历史这趟沉重的列车，终于气喘吁吁驶入了南北朝时期。

论及西晋与东晋之兴替，令史家嗟叹不已的是，晋朝的奠基者司马懿堪称狡诈奸险，老谋深算，可是，其后代偏偏出了两个白痴皇帝：一个是西晋惠帝司马衷，一个是东晋安帝司马德宗。晋武帝司马炎早年颇有作为，开创西晋，统一天下，晚年却昏聩不堪，导致白痴儿子司马衷继位接班，惠帝诘问饥民"何不食肉糜"的天真与愚憨，成为古今笑柄。在人们的嬉笑声中，皇权极速衰落，酿成惨绝人寰的"八王之乱"，司马氏诸王高擎屠刀，互相残杀，血流成河；此后的"永嘉之乱"更为惨烈，天地间哇呀呀一片哀嚎，异族入寇，五胡乱华，司马氏子孙一溜烟跑到江南，建立了颤巍巍的东晋小朝廷，司马睿成为开国皇帝，史称"晋元帝"，实权却掌握在北方南迁之豪族王导、王敦兄弟手中，时称"王与马，共天下"。在登基大典上，晋元帝甚至恭请王导与他一起升座，共同接受百官朝贺，弄得王导面红耳赤，连称"岂敢"，这才没有出现两个太阳并列之奇观。皇权羸弱如此，注定了东晋朝廷的根基脆弱，锦绣江南门阀林立，豪门横行，王（王导、王敦）、谢（谢安）、庾（庾亮、庾冰）、桓（桓温、桓玄）四大家族轮流执政。在起起浮浮的历史波涛里，东晋皇帝一个个像木偶一般，被豪族肆意揉捏、摆弄、废立，到了司马德宗登上皇位的时候，皇权已经过十度轮换，他的老爹、晋孝武帝司马曜因为醉酒对爱妃瞎掰胡扯，滥施淫威，说要废了她云云，被激怒的宠妃张贵人用被子捂死了，其死法近乎天方夜谭。司马德宗是个典型的白痴，《晋书·安帝纪》云："帝不慧，自少及长，口不能言，虽寒暑之变，无一辨也。"这样一位不辨饥渴与寒暑的皇帝，再加上司马道子、司马元显这对酒徒父子专权，朝纲崩坏天下大乱是绝对必然的。司马道子是简文帝司马昱第七子，血统似乎很高贵，却是个不可救药的酒徒，整天浸泡在酒精里，海喝滥饮，常常烂醉如泥；司马元显与其老爹一样没出息，沉溺杯中之物，花天酒地，纸醉金迷。这对酒徒父子先后把持朝政，胡作非为，导致国家祸患频仍，先是兖州刺史王恭起兵，继之五斗米道徒孙恩作乱，大军阀桓温之子桓玄篡政……东晋这辆破败腐朽的老牛车已经驶上断崖，开始急速坠落——正是在这样的危急时刻，刘裕破空而出，登上了历史舞台，并且很快成为了主角。

　　刘裕之崛起，端赖东晋末期横空出世的一支强悍的家族武装——北府军。北府军又称北府兵，是东晋权臣谢安的侄子谢玄于太元四年（379）创建，人称"谢家军"，因为在淝水之战中击败前秦皇帝苻坚率领的八十多万大军，甫一亮相，便神光霍霍，震惊天下，成为了南朝一支王牌之师。

　　谢安（320～385），字安石，陈郡阳夏（今河南太康）人，是唐代诗人刘禹锡"旧时王谢堂前燕,飞入寻常百姓家"中"谢家"的代表人物,史称"神识沉敏,风宇条畅",早年隐居长江下游风景如画的会稽郡之东山,与王羲之、许询等人登山临水,啸傲清谈,悠游岁月,多次拒绝朝廷辟命,后因谢氏家族官运衰微,才走出山林,进入官场,历任吴兴太守、侍中、吏部尚书、中护军等要职。这时候,东晋已经进入衰朽之晚期,晋废帝司马奕在位,大军阀桓温把持朝政。

桓温字元子,谯国龙亢(今安徽怀远县龙亢镇)人,生而奇骨,少有雄略,"爽有风概,姿貌甚伟,面有七星",堪称一代枭雄,他的人生宣言是:"既不能流芳后世,不足复遗臭万载邪!"(《晋书·桓温传》)。他胸藏百万兵甲,胆略滔天,野心盖世,挥舞大刀长剑,凛凛削平诸雄,跃登权力之巅,在他的刀剑阴影笼罩下,满朝文武一个个战战兢兢,畏之如虎,他先把晋废帝强行拿下,废为东海王,将年过半百的晋元帝司马睿幼子司马昱扶上帝位,充当新的傀儡,是为简文帝,可怜司马昱身为皇帝,却日夜惶恐,时刻担心被谋害,在位仅八个月,便于咸安二年(372)忧惧而死,年53岁。简文帝驾崩,桓温随即率军入京,意欲夺位,受到谢安与王坦之联手狙击,未能得逞,或许是作恶太多吧,这时他已病入膏肓,不久衔恨而死。谢安自此名声大振,随后出任辅政,执掌天下。

史载,谢安性情散淡温雅,处事公允明断,作为淝水之战的晋方总指挥,一举击溃气势汹汹的前秦大军,一时间名扬天下,因为功高震主,被孝武帝司马曜猜忌,只得远走广陵(今江苏扬州)避祸,太元十年(385),谢安病逝,享年66岁。一代英才,就此谢幕!南齐文学家王俭称之为"江左风流宰相";现代史学家张舜徽说他是"中国历史上有雅量有胆识的大政治家";唐代大诗人李白也是谢安的"超级粉丝",有诗为证:"三川北虏乱如麻,四海南奔似永嘉。但用东山谢安石,为君谈笑静胡沙。"(《永王东巡歌之二》)

北府军的创建者,是谢安的侄子谢玄。太元二年(377),谢安

执掌朝政，权倾天下。前秦在宣昭皇帝苻坚的治理下，也日渐强盛，苻坚野心膨胀，不断发兵南侵，屡次击败晋军。面对危局，谢安慨然拍板，任命自己的侄子谢玄出任兖州刺史，镇守广陵，抵御秦师。谢玄到任后立即大刀阔斧行动，从茫茫人海中选拔了一批骁勇士卒、精兵良将，组建了一支骁勇善战的家族武装，彭城（今江苏徐州）刘牢之、广陵（今江苏扬州）孙无终、东海（今山东郯城县）何谦、琅邪（今山东青岛市东南）诸葛侃、乐安（今山东惠民县南）高衡、东平（今山东东平县）刘轨、西河（今山西汾阳市）田洛等人，一同入选，刘牢之被任命为参将。太元四年（379），谢玄改镇京口（今江苏镇江市），京口又称"北府"，其麾下劲旅因此被称为"北府军"。北府军在淝水之战中大显神威，以八万之众击败八十七万前秦大军，创造了中国古代战争史上以少胜多的经典战例，自此成为永不熄灭的江湖传奇。

刘裕初入江湖，便是投身北府军，先是做了冠军将军孙无终的司马，不久成为北府军名将刘牢之的参军，每当临战，他总是"被坚执锐，为士卒先，每战辄摧锋陷阵"。隆安三年（399），五斗米道徒孙恩起兵作乱，屡挫晋军，满朝震恐。孙恩之先祖，乃是西晋"八王之乱"时赵王司马伦的谋主孙秀，叔父是五斗米道教主孙泰，孙教主眼见晋室分崩离析，便聚集道徒数千，计议起事，可惜消息走漏，被朝廷诱杀，孙恩犹如漏网之鱼，仓皇遁入海岛，徒众们认为教主已经"蝉蜕登仙"，纷纷蹈海支持孙恩——危害惨烈的"孙恩之乱"，就这样爆发了。刘裕追随刘牢之镇压孙恩徒众，身先士卒，冲锋陷阵，屡克强敌，孙恩抵挡不住，全线溃败，投海而死，刘裕则以军功擢升建武将军、下邳太守，开始飞黄腾达。人世之升沉，人生之轮序，由此显现矣。

如果说，击溃孙恩叛军，是刘裕称霸天下的序曲，那么，诛灭楚武悼帝桓玄，则是他奠定帝业的基石。桓玄是大军阀桓温第六子，5岁那年，桓温病亡，叔父桓冲将几个成年侄子统统"拿下"，扶植桓玄袭位南郡公，从此登上了东晋末年的政治舞台。成年后的桓玄，相貌奇特，英俊潇洒，文采斐然，确乎是个人物，他乘着天下大乱，以武力控制了江南三分之二疆土，并挥师进军京城建康，诛杀专权乱政的司马道子父子，降白痴皇帝司马德宗为平固王，于元兴元年（402）登基称帝，国号"楚"，他成了历史上昙花一现的楚武悼帝。

具有讽刺意味的是，桓玄依靠北府军助力，实现了一统江湖，却反戈一击，开始诛杀北府军高级将领，为他立下汗马功劳的北府军名将刘牢之，成为了第一个牺牲品。刘牢之，字道坚，乃将门之后，父祖皆具将帅之才，《晋书·刘牢之传》说他"面紫赤色，须目惊人，而沉毅多计画"。他是北府军第一悍将，智勇双全，所向披靡，在淝水之战中率五千精兵于洛涧（即洛河）击溃苻坚部将梁成，一举奠定胜局，因功晋升龙骧将军，赐封武冈县男。这样一位战场雄杰，却是个摇摆不定的投机分子，先是投身举兵作乱的兖州刺史王恭麾下，把持朝政的司马道子任命其子司马元显为征虏将军，率军讨伐，在司马元显利诱下，刘牢之临阵倒戈，导致王恭兵败被杀；桓玄起兵夺天下，司马道子闻风丧胆，司马元显被推到前台，被迫宣布讨伐，刘牢之受命出任前将军，岂料他再次临阵倒戈，导致司马元显溃败被捕，与六子一起被戮；桓玄夺得天下，诛除隐患，剑指刘牢之，感到巨大威胁的刘牢之与麾下商议消灭桓玄，岂料麾下参军刘袭撇嘴说："事不可者莫大于反，而将军往年反王兖州，近日反司马郎君，今复欲反桓公。一人而三反，岂得立也！"刘袭对他一反、再反、至于三反，嗤之以鼻，拂袖而去。部众喧哗，纷纷离开。刘牢之眼见人心离散，大势已去，竟自缢身亡。

刘牢之之死，犹如推倒了桓玄屠戮北府军将领的多米诺骨牌——吴兴太守高素、辅国将军竺谦之、高平相竺郎之、辅国将军刘袭、彭城内史刘秀武、冀州刺史孙无终等一干北府军高级将领，统统被诛杀。与此同时，桓玄提拔刘裕、刘毅等一批北府军中下层军官走上统帅高位，他企图通过一场"大换血"，完全掌控北府军，使之为自己效命。这一重大谋略，既帮他登上了皇位，也为他找到了掘墓人。刘裕与刘毅，自此驰骋疆场，影动天下，为桓玄效命的同时，不断壮大自己的势力，渐渐成为叱咤风云的新一代军阀。在桓玄夺位称帝之后，他们统率部属调转枪口，以讨伐"篡位逆贼"为号召，兵锋直逼京城建康，桓玄抵挡不住，率残部沿长江仓皇西逃，被乱军所杀。此后，刘裕扶植白痴皇帝司马德宗复位，兀自执掌朝政；而昔日与他并肩作战的刘毅，却成了与他争夺天下的敌人，两个老战友之间的生死较量，已经不可避免，历史的结局是——刘裕击败刘毅，独霸天下；可怜刘毅，像其前辈刘牢之一样，走投无路，自缢而死。

义熙十四年（418），刘裕自封相国、宋公，并加九锡，完成了代晋自立的全部"程序"。随后，他指使爪牙谋害晋安帝，却并不急于称帝。谶语云："昌明之后，尚有二帝。"此处之"昌明"，指晋孝武帝司马曜，字昌明。这条神秘兮兮的谶语似乎是说，孝武帝之后再传两帝，东晋国祚才能结束。刘裕从不迷信鬼神，却对这句无厘头谶语深信不疑。晋安帝死了，他还需要一个形而上的"过渡期"，来顺应谶语所示之神力。随后，他扶植安帝胞弟司马德文上台，是为晋恭帝。恭帝也就成了东晋的末世之君。两年后，即永初元年（420），刘裕扫除了夺取最高权力的所有障碍，命令恭帝下诏禅位。其诏曰："相国宋王，天纵圣德，灵武秀世，一匡颓运，再造区夏，固以兴灭继绝，舟航沦溺矣。"词采华丽，如月轮横空，光耀寰宇。就在一片莺歌燕舞声中，东晋灭亡，刘宋崛起。这是南朝宋、齐、梁、陈四个短命王朝的第一个，史称"刘宋"。

据《宋书·武帝纪》记载，刘裕对晋恭帝的处置颇为仁厚："封晋帝为零陵王，全食一郡。载天子旌旗，乘五时副车，行晋正朔，郊祀天地礼乐制度，皆用晋典。上书不为表，答表勿称诏。""九月乙丑，零陵王薨。"恭帝死后，刘裕下令按照晋国礼节安葬，云云。然而，到了《晋书·恭帝纪》中，却演绎了一场赤裸裸的谋杀："宋永初二年九月丁丑，裕使后兄叔度请后，有间，兵人逾垣而入，弑帝于内房。时年三十六。"

晋恭帝死于永初二年（421）十一月十日。这显然是一出"调虎离山"之计。晋恭帝退位后，与皇后褚灵媛一起入住秣陵宫，因为害怕被下毒，总是亲自下厨，并由褚灵媛亲自采买米粮。因为恐惧夫君被害，褚灵媛总是随侍在恭帝左右，刻意保护，刘裕难以下手，便令褚皇后的兄长褚淡之出面，把皇后诳出屋来，杀手则乘虚而入，勒令恭帝服毒自尽，他拒绝说："佛教教义说，自杀者下辈子不能再成人。"杀手不再啰嗦，索性用棉被将他闷死了。对于刘裕虐杀恭帝之恶行，宋元之际史学家胡三省批评说："自是之后，禅让之君，罕得全矣。"从此，恶例一开，妖魔自来，此后被迫禅位的南朝末世之君，统统死于新君之手。悲夫！

历史地看，刘宋政权之崛起，是中国历史的一次"蜕变"，实现了意义深远的"两大转移"：其一，国家政体由"门阀政治"向"寒门政治"转移；其二，国家政权由权臣手中向皇帝手中转移。两晋时期，"豪门政治"盛行，门阀士族执掌大权，皇帝沦为豪门士族手中的玩偶。所谓"门阀士族"，是由官僚士大夫所组成的政治集团，肇始于汉末，形成于曹魏，炽烈于两晋。当初，魏文帝曹丕推行"九品中正制"，州设大中正、郡设小中正，由这些中正先生们举荐天下英才，分出高下优劣。实行初期，对东汉末年盛行的依靠名士品评擢拔人才之风有所抑制，然而，由于这些中正先生们都是世家大族的代表人物，他们选定的所谓"上等人才"，都是自家子弟，盘根错节的门阀政治开始形成。史入西晋，晋武帝司马炎继续推行这一弊政，导致门阀林立，豪族横行；到了东晋，豪族门阀像土堡子一样耸立江南，王、谢、庾、桓"四大家族"轮流执政，皇帝沦为可怜的看客与木偶。宋武帝刘裕出身贫寒，自幼饱受磨难，历经浴血奋战，称帝后他大权独揽，将那些不可一世的士族豪门抛到一边，大量启用寒门庶族，出现了"寒人掌机要"之新格局，为寒门庶族登上政治舞台，进而取代豪门士族奠定了基础。

应当说，刘裕的"两大转移"，既顺应了时代步伐，也呼应了自己的天命夙愿。甫登帝位，他便诏告天下："朕以寡暗，道谢前哲，因受终之期，托兆庶之上，鉴寐属虑，思求民瘼。才弱事艰，若无津济，夕惕永念，心驰遐域。可遣大使分行四方，旌贤兴善，问所疾苦。"他说，我虽然登基称帝，却愚昧寡暗，寤寐以求的是为民解忧，可是因为"才弱事艰"，苦无良策，只有朝夕警醒自己，心里要装着天下百姓之疾苦，"旌贤兴善"，振兴百业。

执政初期，刘裕多措并举，大力推行改革。概述他的改革举措，其一，厉行"土断"，抑制兼并。豪门兼并土地，百姓流离失所，为历代之患。刘裕即位后铁腕推行"土断"，清理户籍，严查隐匿，以此斩断地方豪强攫取财富之魔爪，会稽豪族虞亮抗拒皇命，被勒令处死，天下震动。其二，整顿吏治，惩治腐败。豪族横行不法，"骄纵贪侈，不恤政事"，危害甚烈，刘裕下令严惩，一批贪腐分子纷纷毙命，这些家伙的污浊之血，划出了一条惩治贪腐的"惨烈红线"。其三，改革政制，加强集权。刘裕汲取西晋"八王之乱"的惨烈教训，削弱强藩，限制荆州州府置将和官吏数额，前者不得超过二千人，后者不得超过一万人，其他州府置将及官吏数也各有限定。其四，轻徭薄赋，发展生产。他多次下令减免苛捐杂税，减轻百姓负累，凡是各级官吏贪占的屯田、园地，一律废除；凡宫府所需物资，"与民和市"，照价给钱，不得征调。其五，发展教育，整理古籍。刘裕出身行武，粗陋无文，却高度重视教育，他说："古之建国，教学为先，弘风训世，莫尚于此。"他令诸将在征战过程中收集流落各地的图书典籍，运回京城收藏，刘宋建国初年，官方藏书已达6万多卷。这一时期，文风浩荡，文坛繁盛，大家辈出，谢灵运、刘义庆、鲍照、裴松之、范晔、颜延之、祖冲之、何承天等，各呈异彩，《后汉书》《世说新语》《三国志注》等著作纷纷出笼，对后世影响深远。

顾念民生，体恤百姓，历来是明君之"标配"。刘裕作为一个身上飘洒着土腥味儿的草根皇帝，当然知道百姓生存之苦难与耕耘稼穑之劳累，他对充塞宫廷的宝马轻裘、珠玉珍宝、红颜女宠，十分淡然。他的日常起居，形似乡下老农，身穿普通衣裳，脚蹬连齿木屐，粗茶淡饭，甘之如饴，住处挂着土屏风、布灯笼、麻绳拂。为警诫百官，他还在宫中悬挂着当年用过的锈迹斑斑的农具、补丁摞补丁的旧衣服，时常对百官"忆苦思甜"，追忆往事，提醒他们体恤百姓。《宋书·武帝纪》载："上清简寡欲，严整有法度，未尝视珠玉舆马之饰，后庭无纨绮丝竹之音"；"性尤简易，常著连齿木屐，好出神虎门逍遥，左右从者不过十余人。"他出行时轻车简从，不喧腾，不扰民；他要求官吏体察民情，"躬览民物，搜扬幽隐，拯灾恤患"，多次遣使深入民间，访贫问苦，省察为政之得失。在他的治理下，刘宋王朝开创了蒸蒸日上之新篇，为后来出现的"元嘉之治"短暂盛世，奠定了坚实基础。

人生如朝露，转眼日已西。永初三年（422）三月，刘裕病重，百官震恐。此前，他还在谋划北伐，意欲吞灭北魏，统一天下，巨耐病魔呼啸而至，不但击倒了他，也湮灭了他的勃勃野心。到了这年五月，他已病入膏肓，大限将至，大臣们请求为他祈祷神灵佑护，被他一口拒绝，随即任命司空徐羡之、尚书仆射傅亮、领军将军谢晦、护军将军檀道济为顾命大臣，辅助太子刘义符。这年6月26日，刘裕崩逝，享年60岁。17岁的太子刘义符继位，是为宋少帝。巨耐这位少帝太不成器，狎昵群小，游嬉无度，实在难当大任。刘裕生前，曾打算另立太子，却一直举棋不定，他就这么犹犹豫豫地进入了生命的垂危时刻，撒手西去。刘宋政权之动荡，由此而生。刘义符即位不久，就被辅政大臣们废黜，诛杀，刘裕第三子刘义隆被扶上帝位，是为宋文帝。文帝身体羸弱，猜忌奸险，对扶他登基的辅政大臣毫无感激之心，对他们谋害皇兄却恨恨不已，继位之初虚与委蛇，此后脸色一变，各个击破，四位辅政大人，徐羡之、傅亮、谢晦、檀道济，先后被杀。檀道济之死，可谓至痛。他是刘宋名将，战功卓著，官至征南大将军，是刘宋抵御北魏南侵的中流砥柱，文帝却对他始终心存疑惧，元嘉十二年（435），文帝病情危重，执掌朝政的彭城王刘义康担心文帝驾崩之后，檀道济难以控制，便矫诏拘捕，诬指他"长恶不悛，凶愚遂遘，因朕寝疾，规肆祸心"，檀道济见人来抓他，扯下头巾掷于地上，仰天大吼："乃复坏汝万里之长城！"（《宋书·檀道济传》）。

尽管如此，文帝仍不失为一个有为之君，他继承先父刘裕的治国方略，多措并举，励精图治，元嘉年间一片繁荣，史称"元嘉之治"。不过，他的最后结局，却很悲惨，居然死于急于抢班夺权的长子刘劭之手。刘宋政权之变局，正应了一句古语："螳螂捕蝉，黄雀在后。"刘劭的皇帝美梦尚未醒来，就被其弟、江州刺史刘骏诛杀了，刘骏登基称帝，是为宋孝武帝。此后，刘宋宫廷刀光剑影横飞，前废帝刘子业、明帝刘彧、后废帝刘昱、顺帝刘准，一个个不肖子孙，形同恶狼，为争夺帝位大开杀戒，诛戮杀伐不断，凄厉的惨嚎声，震栗青史，直到建元元年（479），齐王萧道成一跃而起，夺取天下，顺帝刘准被迫禅位，刘宋灭亡，南齐崛起……

耐人寻味的是，齐高帝萧道成对宋顺帝刘准的处置，与刘裕对晋恭帝的处置如出一辙。《南齐书·高帝纪》："封宋帝为汝阴王，筑宫丹阳县故治，行宋正朔，车旗服色，一如故事，上书不为表，答表不称诏。"看似宽厚大度，其实居心叵测。萧道成三月登基，刘准五月六日即宣告毙命。对此，《南齐书》的记载是："己未，汝阴王薨，追谥为宋顺帝，终礼依魏元、晋恭帝故事。"刘准死时，年仅13

岁，至于死因，似已成谜。传说那一天，监护刘准的士兵忽闻门外马蹄杂沓，以为发生动乱，惊恐之际诛杀了刘准。这里的要害是：若无长官命令，区区监护士兵，哪里胆敢杀害前朝皇帝？——至于是谁的命令，当然不言自明。萧道成诛杀刘准的恶名，肯定是逃不脱的。

【史鉴君曰】

刘裕身为一介草根，"崛起于寒微"，虎啸天下，依靠强悍武力登上历史舞台，不但改变了当时寒门庶族的命运，也强力扭转了中国历史前进的步履，受到后世史家称颂。南朝史学家裴子野说他是"盖代雄才"；初唐诗人虞世南说："观其豁达宏远，则汉高之风；制胜胸襟，则光武之匹。"兼具刘邦与刘秀之雄才，可谓至高难匹矣。南宋大词人辛弃疾《永遇乐·京口北固亭怀古》高歌："斜阳草树，寻常巷陌，人道寄奴曾住。想当年，金戈铁马，气吞万里如虎。"

追寻历史，静观兴衰，当然不是为了炒一钵冷饭，而是为了透过历史烟雨，透视历代兴亡之道，汲取前朝覆灭的教训。在刘裕纵横天下的年代里，东晋孤悬江南，五胡十六国混战中原，天下分崩离析，百姓陷于水深火热之中。这是一个亟需英雄的时代。刘裕顺应时代呼唤，拔剑而起，削平江南群雄，为气喘吁吁的中国历史，注入了一股强劲的活力与血性。观其成功之道，其一，每当临战，他总是披坚执锐，身先士卒，冲锋在前，其先锋示范作用，慑服众生。其二，审时度势，收放自如，身处低谷时则潜伏爪牙，待机而作；跃上峰巅时则大展襟抱，莫与争锋。其三，即位后励精图治，独臂擎起辽阔南天，为"元嘉之治"奠定基石，明代思想家李贽誉之为"定乱代兴之君"，果然不谬也。

然而，即使如刘裕这般英雄了得，也有着重大失误。且不论其夺取帝位过程中杀戮过甚，血债累累；因为这是每一个开国之君都难以避免的，不必苛责。而他的两个失误，就难辞其咎了。其一，逼令晋恭帝禅位后，仍予以谋害，开了诛杀前朝末帝之恶例。在此之前，此类事件很少。西汉末年，王莽篡位，封西汉末帝孺子刘婴为安定公，并将自己的孙女嫁他为妻，刘婴后来被更始帝刘玄杀害；曹丕代汉，汉献帝刘协封为山阳公，54岁寿终正寝。西晋统一天下，魏蜀吴三国末代君主，都得到礼遇：魏国末帝曹奂封为陈留王，58岁善终；蜀国末帝刘禅封为安乐公，64岁善终；吴国末帝孙皓封为归命侯，42岁病亡。刘裕开诛杀前朝末帝之恶例，第一个受害者，居然就是他的后辈、刘宋末帝刘准，齐高帝萧道成"依样画葫芦"，予以谋杀。此后，南朝梁、陈两国交替，都如法炮制，血胤青史。到了朱温篡唐，更其残暴，老朱将唐朝宗室诛戮殆尽，哀哉！其二，在遴选接班人问题上，他优柔寡断，犹豫不决，使顽劣不堪的太子刘义符继位，导致了后来的混乱局面，埋下了刘宋政权短命的祸根。尽管如此，刘裕依然堪称乱世之枭雄，治世之明君。——过誉与否？不得而知。其实呢，历史之"月"，或圆或缺，只是取决于观察角度不同罢了。

（2017年4月7日）

齐高帝萧道成：使我治天下十年，当使黄金与土同价

——如果苍天给我十年治理时间，一定会使天下富饶，黄金与黄土同价。

齐高帝萧道成（427~482），字绍伯，小名斗将，西汉丞相萧何二十四世孙，祖籍东海郡兰陵县（今山东兰陵县），南齐开国皇帝。《南齐书·高帝纪》开篇，历数了从萧何至萧道成绵延二十四世的传承世系，萧氏族人的名号官职，家世迁徙，赫然入目。萧氏世居沛丰邑（今江苏沛县），与汉高祖刘邦同乡，萧何之子萧延袭封酂定侯，其孙萧彪官居侍中。侍中乃朝廷高官，往来朝堂，周旋于皇帝与朝臣之间。他免官后，离开祖居沛县，来到兰陵县中都乡中都里，世代繁衍于此。晋元康元年（291），分东海郡为兰陵郡，治所在丞县（今山东枣庄峄城镇），其辖区包括今枣庄、滕县一带。西晋末年，八王乱起，天下崩摧，为避战乱，淮阴令萧整带着兰陵族人南下，来到晋陵郡武进县（今江苏常州武进区）东城里定居。那时候，渡江南来的北方人，总把故土冠以"南"字命名，以志怀念，萧氏族人从此成为南兰陵之兰陵人，日渐沦落。萧整之子萧隽，蒙父祖荫庇，挂名即丘县令，生子萧乐子。乐子做过一任辅国参军，少有作为，却生了个大有

作为的儿子萧承之。《南齐书·高帝纪》对这位"皇考大人"极尽歌颂，说他"少有大志，才力过人"，擢拔尘寰，复兴萧氏，成为刘宋王朝之重臣。宋元嘉四年（427），萧承之生下儿子萧道成，道成后来登基称帝，建立南齐，追尊老爹萧承之为"齐宣帝"。

《南齐书·高帝纪》对齐高帝萧道成的记述，还算省简，说他"姿表英异，龙颡钟声，鳞文遍体"，"上少沈深有大量，宽严清俭，喜怒无色。博涉经史，善属文，工草隶书，弈棋第二品。虽经纶夷险，不废素业。从谏察谋，以威重得众。"概乎而言，其一，老萧生而异相，"鳞文遍体"，状如翔龙。鳞文，指鳞片状纹路，这其实是一种皮肤病，称为鱼鳞病，或称蛇皮癣。鳞文长在帝王身上，犹如"红肿之处，艳若桃花"，也是醉了。其二，老萧颇富韬略，老谋深算，喜怒无色，不怒自威。其三，老萧颇具文艺范儿，舞文弄墨之余，还善弈棋，常与直阁将军周覆、给事中褚思庄等人对弈，"累局不倦，覆乃抑上手，不许易行"（《南史·齐本纪》），别人哈欠连天，他却毫无倦意，始终斗志昂扬，他还精研棋艺，著有《齐高棋图》二卷，是历史上唯一有围棋专著传世的皇帝。

浏览《南齐书·高帝纪》之文字，紧致，内敛，却在字里行间流溢着一股难以止息的脉脉深情。著者萧子显的独特身世，铸就了这部史书的别样风致。萧子显字景阳，乃齐高帝萧道成之孙，豫章王萧嶷第八子，《梁书·萧子显传》说他"幼聪慧，伟容貌"，"性凝简，颇负其才气"，早年作《鸿序赋》，尚书令沈约击节叹赏："可谓得明道之高致，盖《幽通》之流也。"《幽通赋》乃东汉史学大家班固早期之作，沈约此论，是否有马屁之嫌，不得而知，萧子显才华飞扬，却是显而易见的。然而他的身世，却坎壈而诡异，一生犹如剑刃舞蹈。在南齐，他是高帝萧道成之嫡孙，天潢贵胄，傲视群伦；在南梁，他是武帝萧衍之宠臣，睥睨尘俗。《梁书》本传记载，武帝"雅爱子显才，又嘉其容止吐纳，每御宴侍座，篇顾访焉"。

有一天，武帝对子显炫耀说："我造《通史》，此书若成，众史可废。"子显款款对曰："仲尼赞《易》道，黜《八索》，述职方，除《九丘》，圣制符同，复在兹日。"《八索》是《左传》记载的一部古书，可惜失传；夏禹时称书为"丘"，天下分九州，九州之"志"，谓之《九丘》。孔圣人废《八索》，除《九丘》，《易》道方得以复兴矣——萧子显以此拍武帝马屁，可谓妙绝也。作为前朝"余孽"，子显却在南梁大受宠幸，官高位显，历任太子中舍人、国子祭酒、侍中、吏部尚书等要职，自是踌躇满志，傲视八荒，"见九流宾客，不与交言，但举扇一拂而已，衣冠窃恨之"。如此显摆嘚瑟，拉来万千仇恨，满朝衮衮诸公"窃恨之"，武帝欣赏之余，也是心怀嫌隙，在他49岁那年辞世后，武帝手诏赐谥号曰："恃才傲物，宜谥曰骄。"

其实，萧子显身处南齐与南梁鼎革之际的历史夹缝里，置身于萧道成与萧衍两个萧氏巨人之间，耳听得历史车轮轰隆震鸣，呼啸而来，滚滚而去，其哀痛，其惶遽，其不知所措，是可以想见的。在南朝宋、齐、梁、陈四个小朝廷中，齐国存世只有23年，是中国历史上最短命的王朝之一。高帝萧道成呼啸而起，吞灭刘宋，建立南齐，齐武帝萧赜颇有治国安邦之才，开辟"永明之治"，可惜他的接班人、皇太孙萧昭业很不成器，继位登基后，昏聩不堪，他打开皇宫钱库，肆意挥霍，动辄出手几百万，甚至花数千金钱，只为买一只赳赳斗鸡。他还经常带领后宫嫔妃跑到皇家主衣库，任意拿取，并互相抛掷金银宝器以取乐。隆昌元年（494）七月，权倾天下的骠骑大将军萧鸾，开始了谋夺帝位的行动，他将22岁的萧昭业谋害，令其15岁的弟弟萧昭文接班，仅仅过了四个月，又毒杀萧昭文，兀自登基做了皇帝，是为齐明帝。他宣称自己乃高帝第三子，追尊其亡父萧道生为景皇帝，母为懿皇后，把凤凰改名"神鸟"，将鸾鸟命名"神雀"……

在此过程中，萧鸾为扫除障碍，假萧昭文之名，令各州郡负责监视诸王的"籤帅"诛杀藩王，他的侄子始安王萧遥光身有残疾，却心狠手辣，此刻更成了疯狂杀手，高帝萧道成之子萧铉，武帝萧赜之子萧子岳、萧子文、萧子峻、萧子琳、萧子珉、萧子建、萧子夏，文惠太子萧长懋之子萧昭粲、萧昭秀等，一干天皇贵胄，举家老幼，统统被杀，其间的冤魂嚎叫与淋漓鲜血，犹如地狱之景象，悲惨而恐怖！

因为自知血债累累，萧鸾临终之际，叮嘱其子萧宝卷："作事不可在人后！"意即凡事要先下手为强。萧宝卷登继位基，是为东昏侯，他秉承父训，高擎屠刀，大肆杀戮，顾命大臣右仆射江佑、司空徐孝嗣、右将军萧坦之、领军将军刘暄等人，纷纷成了他的刀下冤魂，血腥如此，百官震惧，文官告退，武将造反，天下岌岌可危，梁王萧衍轰然崛起，剑指京城，敲响了南齐政权的丧钟，萧宝卷被乱兵所杀，中兴二年（502），齐和帝萧宝融被迫禅位于萧衍，降为巴陵王，南齐灭亡，这年四月，萧衍在建康即皇帝位，国号"梁"，史称"梁武帝"。

此前，齐国宗室已是"百卉凋零"，因为齐明帝和东昏侯已经把齐高帝萧道成与齐武帝萧赜的子孙，杀了个鸡犬不留；萧衍假萧宝融之名，又杀掉了齐明帝萧鸾的几个儿子。他计划在南海郡设立巴陵国，令巴陵王萧宝融移居于此，其高级幕僚沈约坚决反对，告诫他说，古今成大事者，不可有妇人之仁，不能图虚名而受实祸。当朝廷的使者来到眼前，令巴陵王吞生金自杀时，萧宝融镇定自若地说："君王之死，何须生金，美酒足矣！"使者闻言奉上美酒，巴陵王嚎啕痛饮，至于昏迷。滔滔美酒如流水，流走了前朝辉煌。南齐政权的最后一个皇帝，就这样死于酒海之中了，年仅15岁。

齐和帝萧宝融醉酒而死时，萧子显只有13岁，他能够在齐末宗室屠戮残虐中幸存下来，成为"漏网之鱼"，堪称奇迹；而他居然能够在新朝呼风唤雨，叱咤风云，更足令人惊诧。以前朝宗室之特殊身份，来撰写前朝历史，记录先祖宏业，这在二十五史众多撰著者中，唯此一人。

揣度一下，其尴尬有二：其一，他要颂扬父祖，使他们的功勋彪炳史册，难免要极尽夸耀溢美之词；其二，他又要取悦当朝，博得梁武帝欢心，难免要屈意奉承讴歌。在父祖与新君的夹缝里，《南齐书》呈现出一种奇异之姿态：一方面，齐高帝萧道成取代刘宋，谋杀宋顺帝刘准，似乎顺理成章，合情合理，毫无篡夺之痕迹，"没毛病"；另一方面，对萧衍取代南齐，逼杀东昏侯，毒杀齐和帝，实在也是因为东昏侯荒唐猖獗，戕害生灵，理应被废黜，萧衍此举，似乎是在匡扶正义呢。史家内心之波澜奇崛，只有天知地知自己知了！

萧子显曾在《南齐书·自序》中感叹："追寻平生，颇好辞藻，虽在名无成，求心已足。若乃登高自极，临水送归，风动春朝，月明秋夜，早雁初莺，开花落叶，有来斯应，每不能已也。"如此云水襟抱，也难免沾惹灰尘与杂草，譬如，他对老爹豫章王萧嶷的美化，则显然属于"以史谋私"。按照古代修史惯例，萧嶷本应排在《高帝十二王传》中，为给老爹树碑立传，他打破惯例，为之单独立传，位次排在武帝萧赜长子文惠太子之后，洋洋洒洒九千余字，说他"宽仁弘雅，有大成之量，太祖特钟爱焉"，"嶷身长七尺八寸，善持容范，文物卫从，礼冠百僚，每出入殿省，皆瞻望严肃"，云云，可谓极尽颂扬之词了。作为人子，膜拜老爹，似可理解；然而作为一位历史学家，则不足为训了。

与《南齐书》迥异的是，《南史·齐本纪》对齐高帝萧道成的记载，可谓异曲而同工，诸如"少有大量，喜怒不形于色，深沉静默，常有四海之心"，云云。然而，《南史》却添加了许多神秘诡异之记述，譬如：道成老家武进旧宅南侧有一桑树，"擢本三丈，横生四枝，状似华盖"，其从兄敬之曰："此树为汝生也"；武进彭山上空有五色云，状如盘龙，引起宋明帝疑惧，"遣人践籍，以左道厌之"；道成与奉伯同室睡觉，"奉伯梦上乘龙上天，于下捉龙脚，不得"；道成与参军崔灵建同宿，崔晚间做梦，梦见天帝对他说："'萧道成是我第十九子，我去年已使授其天子位。'考自三皇、五帝以降，受命之次，至帝为十九也"；道成做了中领军，"望气者"陈安宝觑见他身上常有紫黄气缭绕，说："此人贵不可言"……

《南史》此类记载，令人颇感讶异。李延寿是唐代史学家，其著史夙愿，源自其父李大师。李大师早年浸淫历史波流，颇有著述之志，痛感南北朝各国隔江相望，征伐不断，互相鄙视，南书称北为"索虏"，北书称南为"岛夷"，加之各国史书互相抵触，往往失实，他仿东汉赵晔《吴越春秋》体例，以编年体撰写南北朝通史，可惜天不假年，于贞观二年（628）去世，临终之际，"既所撰未毕，以为没齿之恨焉"。李延寿涕泗交流，发愿继父志，完成《南史》与《北史》。他依据的历史文献，主要是宋、齐、梁、陈、魏、齐、周、隋八代官修"正史"，同时参考各类"杂史"千余卷，"其烦冗者，即削去之"，刀砍斧削，抄录连缀，以成其书。从贞观十七年（643）开始编纂，"本纪依司马迁体，以次连缀之"，到显庆四年（659）告竣，已经流逝十六载春秋，其间的酸甜苦辣，有谁能知？他在《北史·序传》中说："臣既夙怀慕尚，又备得寻闻，私为抄录，一十六年，凡所涉猎，千有余卷。连缀改定，止资一手，故淹时序，迄今方就。唯鸠聚遗逸，以广异闻，编次别代，共为部秩。除其冗长，捃其菁华。若文之所安，则因而不改，不敢苟以下愚，自申管见。虽则疏野，远惭先哲，而披求所得，窃谓详尽。"《新唐书》对李延寿修书评价尤高，并为当时未引起朝野重视抱不平："其书颇有条理，删落酿辞，过本书远甚。时人见年少位下，不甚称其书。"

其实，李延寿撰著《南史》《北史》，并非简单地将旧史删节、连缀、修饰，而是搜遗补缺，充实了一些新的史料，他补充的重点，就是那些"易为湮落"的"小说短书"。他认为，这些材料虽然细小，史料价值却较高，值得一记。唐代史学家刘知几为他隔世点赞："大抵偏记小录之书，皆记即日当时之事，求诸国史，最为实录。"或许，正是这一苦心孤诣的追求，才是《南史》中出现那些神乎其神描写的原因。殊不知，如此以文字来"造神"，不但与史实相悖，更使读者透过斑斓文字，看出了作者的历史局限性。

吾辈追溯历史，眼前不时划过一道道诡异之光。萧道成生于刘宋王朝末期，在刘氏宗室互相屠戮虐杀的过程中，渐渐崛起，最终取而代之，其原因大致有二：其一，他有个枭雄老爹萧承之，拥有无可匹敌的"拼爹"资本。宋武帝刘裕的继母萧氏，是萧承之的远祖本家，虽然八竿子打不着，毕竟也是皇亲国戚，加之他拥有强悍军事天才，智勇兼备，一入仕途，便迅速攀升，历任扬武将军、武烈将军、济南太守、汉中太守、南泰山太守、右军将军等要职。老爹的耀眼光环，如弥天之笼盖，呵护着夙怀大志的萧道成。其二，他早年拜师名儒，学养深厚，目光如炬。13岁那年，萧道成来到京城建康城郊鸡笼山上，拜大儒雷次宗为师，研习儒家经典。

雷次宗，字仲伦，豫章南昌人，《宋书·雷次宗传》说他"笃志好学，尤明《三礼》《毛诗》，隐退不交世务。"雷先生少入庐山，师事慧远大师，后来在庐山西麓之东林寺建立学馆，为"东林十八贤"之一。元嘉十五年（438），宋文帝刘义隆召之入京，令开馆于鸡笼山，聚徒讲学，文帝数次亲临视察，给钱给物，大力扶持，并请他入朝为官，被婉拒，闲暇著《豫章记》一书，临摹豫章风色，姿态摇曳，明代学者胡俨赞曰："豫章之有志，始于雷次宗。"庐山烟霭照青眼，世事洞明皆回环。这次拜师深造，为萧道成日后腾飞插上了一双强有力的翅膀。

17岁那年，萧道成随老爹萧承之"舍业南行"，守卫豫章郡，从此开始了军旅生涯，到了19岁，他已是青年统率，率领偏军"讨沔北蛮"，与北魏军队作战。泰始二年（466），宋明帝刘彧即位，39岁的萧道成升为右军将军，威震天下。那时候，四方叛乱如潮，在全国274郡中，拥护朝廷的只有丹阳一郡，宋明帝加封萧道成为辅国将军，令其率军平叛，创造出"一日破敌十二垒"之辉煌战绩，迅速扭转了危局，萧道成也一跃成为中领军将军。泰豫元年（472）正月，34岁的宋明帝驾崩，10岁的太子刘昱继位，是为后废帝。《资治通鉴·顺帝纪》载，小皇帝凶狠残暴，忍虐好杀，常带着一群喽啰，手执各类兵器，呼啸街市，"行人男女及犬马牛驴，逢无免者"，一律格杀勿论，弄得百姓闻之色变，商贩纷纷关门，行人惶惶逃命；他还随身携带针、椎、凿、锯等凶器，随从少有忤逆，即加残虐，"一日不杀，则惨然不乐，殿省忧惶，食息不保"。百姓无辜被害、随从随时被戮、朝臣朝夕不保，如此人人自危，强悍威猛如萧道成，也是胆战心惊。

一天中午，刘昱径直来到中领军府，因为天气燥热，萧道成只穿了一条短裤，赤条条躺着睡午觉，小皇帝在他肚子上画了一个圈儿，张弓搭箭，正要爆射，道成惊起大叫："老臣无罪！"皇帝随从王天恩连忙说："领军腹大，是佳射堋；一箭便死，后无复射；不如以骲箭射之。"射堋，亦作"射棚"，箭靶也；骲箭，用骨或木做箭头的箭，箭头有孔，射时有声，又称响箭。王天恩说，领军的大肚子是很好的箭靶子，可惜一箭便死，以后就不能再射了，不如用骲箭射之，好赖也给皇上留个箭靶子不是？"帝乃更以骲箭射，正中其齐，投弓大笑曰：'此手何如！'"好玄啊！若非王天恩一句话，萧道成就成了小皇帝的箭下冤魂！凌逼如此，犹如弓在弦上，不得不发！元徽五年（477），萧道成与死党王敬则等人谋杀刘昱，拥立其弟刘准继位，是为宋顺帝，道成晋位齐王；此后，他铲除袁粲、沈攸之等"刘宋余孽"，逼迫13岁的宋顺帝刘准禅位——至此，宋国灭亡，齐国兴起，萧道成兀自登基称帝，是为齐高帝。

关于萧道成诛杀后废帝刘昱、逼迫宋顺帝退位并谋杀之，《南齐书》与《南史》均语焉不详，似乎这是"小事一桩"，显然是为尊者讳；《资治通鉴》对这一重大历史变故作了详尽记载，彰显了司马光的卓越史识。《资治通鉴·齐纪一》记载，升明三年（479），宋顺帝被迫下诏禅位，举行禅位大典这天，萧道成亲信、辅国将军王敬则带着一群如狼似虎的兵卒入宫，来接刘准赴会，太后浑身颤抖，惶遽无措，兵卒四处搜寻，把躲在佛像后边哭泣的刘准拉了出来，"帝收泪谓敬则曰：'欲见杀乎？'敬则曰：'出居别宫耳。官先取司马家亦如此。'帝泣而弹指曰：'愿后身世世勿复生天王家！'宫中皆哭。"这段记述，要点有二：其一，王敬则告诫刘准：你刘家当初就是这么取代东晋司马氏的，一报还一报，哭什么啊？其二，刘准仰天长叹，"愿后身世世勿复生天王家"，可谓哀痛彻骨也！其禅位诏书云："相国齐王，天诞睿圣，河岳炳灵，拯倾提危，澄氛静乱，匡济艰难，功均造物。宏谋霜照，秘算云回，旌旆所临，一麾必捷；英风所拂，无思不偃，表里清夷，遐迩宁谧……"

可怜的宋顺帝刘准，被降封为汝阴王，在丹阳县筑宫居住，"行宋正朔，车旗服色，一如故事，上书不为表，答表不称诏"。这一切，看似煞有介事，其实杀机四伏。几个月后，即建元元年（479）五月，丹阳汝阴王宫发生了一场莫须有的动乱，汝阴王刘准被守卫兵卒乘乱杀害。新君登基日，末帝命绝时，悲夫！

历史地看，萧道成甫登帝位，立志匡扶天下，拯救黎元，其即位诏书曰："朕以寡昧，属值艰季，推肆勤之诚，藉乐治之数，贤能悉心，士民致力，用获拯溺兔暴，一匡天下。"登基伊始，他想到的是赈济百姓，"赐民爵二级，文武进位二等，鳏寡孤独不能自存者谷人五斛，逋租宿债无复收"。同时下令清除社会烂污，"有犯乡论清议，脏污淫盗，一皆涤荡，洗除先注，与之更始"。关心百姓疾苦，革除前朝暴政，乃萧道成为政之要义。他说："朕婴缀世务，三十余岁，险阻艰难，备尝之矣。末路屯夷，戎车岁驾，诚藉时来之运，实资士民之力。"南齐脱胎于刘宋，刘宋政权晚期诸帝，孝武帝刘骏、前废帝刘子业、明帝刘彧、后废帝刘昱，一个个骄奢淫靡，残苛暴虐，致使天下骚动，丧送了刘氏江山。萧道成铭记前朝覆亡之教训，诏命废除苛虐暴政，珍惜民力，体恤民情，以稳固统治之基础，他下令削除部曲私兵，限制将吏随身护卫人数；禁止宗室封山占水，与民争利；减免赋役，安抚流民，使之有家可归，官民始得安业。

提倡节俭自奉，反对奢靡淫侈，乃萧道成为政之风范。他从自身做起，艰苦奋斗，清廉操守，他说："吾本布衣素族，念不到此，因藉时来，遂隆大业，风道沾被，升平可期。"《南齐书·高帝纪》记载：道成即位后，"身不御精细之物"，他发现衣柜中有个晶莹绮丽的奢侈品"玉介导"，就命中书舍人桓景真击碎之："留此置主衣，政是兴长疾源，可即时打碎。凡复有何异物，皆宜随例也。"桓景真以令而行，以铁锤击碎传自晋武帝司马炎的这枚熠熠生辉的"玉介导"，犹如吹响了狠煞奢靡之风的号令，此后，"后宫器物栏槛以铜为饰者，皆改用铁，内殿施黄纱帐，宫人著紫皮履，华盖除金花瓜，用铁回钉。"同时禁止民间使用各种华丽饰物，不得将金银制成金箔银箔，马鞍不得使用金银装饰，不得用金铜铸像，甚至不准织绣花裙，不准穿着锦鞋等，他"欲以身率天下，移变风俗"，其躬身奉行，清廉自守，"历代所未有也"。

广开言路听心声，严敕诸子遵法纪，乃萧道成为政之神髓。他说："自庐井毁制，农桑易业，盐铁妨民，货鬻伤治，历代成俗，流蠹岁滋。援拯遗弊，革末返本，使公不专利，氓无失业。"他广开言路，凡是朝政大事，鼓励群臣各抒己见，献计献策，尤其注意听取反对之声。朝堂之上，众臣大声喧喧，有人主张停止讨伐，休养生息；有人建议减免苛捐杂税，以笼络民心；有人进言限制皇亲国戚特权，清除官吏恶浊腐败……百官热议朝政，皇帝下诏褒奖，一时间，南齐朝廷清风劲吹，良策频出，呈现出一派可喜局面。道成有十九个儿子，六个早夭，其余十三个成年后环列身侧。太子萧赜自幼随老爹共创大业，谋略出众，功勋卓著，入主东宫后日渐骄奢，专断弄权，其亲信张景真横行不法，祸害东宫，萧道成闻讯大怒，令人检校东宫，切责太子，几欲废黜……一番雷霆震怒，太子心胆俱裂，从此洗心革面，后来继位登基，成为大有作为的一代明君"齐武帝"。

弘扬传统沙澄金，文风浩荡谱清弦，乃萧道成为政之绚彩。他说："夫胶庠之典，彝伦攸先，所以招振才端，启发性绪，弘字黎氓，纳之轨义，是故五礼之迹可传，六乐之容不泯。""胶庠"，代指学校，周代胶为大学，庠为小学，语出《礼记·王制》："周人养国老于东胶，养庶老于虞庠"；"彝伦"，常理，常道，语出《周书·洪范》："惟天阴骘下民，相协厥居，我不知其彝伦攸叙。"南宋学者蔡沉《书集传》："彝，常也；伦，理也。"萧道成自幼拜师大儒雷次宗，学养深厚，文采斐然，长于书法，尤擅棋道，并有专著传世，其文风近似刘宋诗人谢庄，心仪西晋诗人陆机、潘岳。所谓"上有所好，下必效焉"，皇帝风雅如此，南齐文风大盛，为后来的文星云集奠定了基础，卫军将军王俭、竟陵王萧子良、豫章王萧嶷、随王萧子隆，都是南齐一朝的文坛大腕，周围集聚了许多才学之士。

在即位不久的一次朝会中，萧道成面对衮衮朝臣，慨然而叹息："使我治天下十年，当使黄金与土同价。"可惜皇天不佑，他从建元元年（479）五月登基，到建元四年（482）二月辞世，执政不足三载，享年55岁。《南齐书·高帝纪》赞曰："於皇太祖，有命自天，同度宇宙，合量山渊……文艺在躬，芳尘渊塞。用下以才，镇民以德。端己雄晬，君临尊默。苞括四海，大造家国。"幸运的是，苍天或许听见了萧道成当初的叹息之声，令其接班人、齐武帝萧赜完成了他的未了心愿。萧赜为政宽纾，励精图治，创造出闻名史册的"永明之治"，这也是短命的南齐政权最为辉煌的时期，《南齐书·良政》："永明之世十许年中，百姓无鸡鸣犬吠之警，都邑之盛，士女富逸，歌声舞节，袨服华妆，桃花绿水之间，秋月春风之下，盖以百数。"这十余年的盛世繁华，足可以告慰萧道成的在天之灵了。

可悲的是，萧赜之后的南齐统治者，嶙峋枯朽，日渐衰败，郁林王萧昭业、海陵王萧昭文，都被辅政大臣萧鸾诛杀；萧鸾夺位登基，是为"齐明帝"，他高擎血淋淋的屠刀，将萧氏宗室几乎诛戮殆尽，弄出个东昏侯萧宝卷君临天下，这个混世魔王与其弟萧宝融一起，成了梁武帝萧衍建立南梁的"祭品"——历史的车轮，轰隆隆向前，短命的南齐王朝，只成为了闪烁在南朝上空的一抹炫异之云！

【史鉴君曰】

　　齐高帝萧道成性格沉静，喜怒无色，在一个枭雄并起、血流遍地的时代里，高举手中的"上帝之斧"，斫断了刘宋这棵枯朽老树，诛杀作恶多端的后废帝刘昱，不必说替天行道，不过是周期轮回。当然，残酷诛杀前朝末帝，虽非始自道成，毕竟是一件恶事，必须予以谴责。其实，朝代更替之际，诛戮杀伐，无所不用其极，所谓成王败寇，历来如此。登基之后，他革除前朝暴政，肃清其漫漶余毒，为百孔千疮的锦绣江南赢得了几丝喘息之机；他躬身厉行倡廉政，自上而下禁奢靡，以严谨自励、高蹈尘寰的实际行动，赢得了举世之民心；他广开言路谋良策，严敕诸子防堕落，为那个污浊的世界注入了勃勃生机；他选贤任能，振兴文化，"修建儒学，精选儒官"，开人心向学一代清风，为南朝文艺繁盛奠定了基础。

　　遥望江南风烟，追思南齐兴衰，在缥缈云雾里，似乎觑见了一个喋喋于云霄间的颠顶老者，在追溯坎壈人生，述说尘世风雨。他长吁短叹，殷切叮咛，如是者三。其一曰：历来为官者，需躬行践行理论，真心系念苍生，扑下身子干实事，呕心沥血为百姓，那种嘴上唱高调、昂首做公仆，满口马列腔、满身烟酒气的官老爷，如何能赢得民心？如何能有所作为？其二曰：牢记古训，如农不违时，"良药苦口利于病、忠言逆耳利于行"，广开言路，虚心纳谏，善于听取不同声音，古语云：兼听则明嘛！只见春暖花开，不见秋风落叶，只闻颂歌盈耳，不闻民怨沸腾，非智者之所为。采四时之色，织就彩虹；聚八方之水，汇成洪流，此乃大道也。其三曰：大兴传统文化，以文化人，以德化民，繁花盛开之时，风月和煦，阳光灿烂，百鸟鸣啭，百姓乐业，盛世之光华，纷纷绚且丽也！

（2017年6月18日）

梁武帝萧衍：释愧心于四海，
　　　　　　昭情素于万物

——使自己的愧疚之心散播四海，让自己的涓滴情愫浸润万物。

梁武帝萧衍（464～549），字叔达，小字练儿，南兰陵郡中都里（今江苏武进西北）人，南北朝时期南梁的建立者。据《梁书·武帝纪》载，萧衍乃汉丞相萧何二十五世孙，"博学多通，好筹略，有文武才干"，是当时著名的文坛"竟陵八友"之一。其父萧顺之是齐高帝萧道成族弟，历任侍中、卫尉、领军将军等，其母张尚柔聪颖贤淑，素心向学。南齐中兴二年（502），齐和帝萧宝融被迫"禅位"于萧衍，南齐灭亡，南梁建立。萧衍在位长达48载，政绩显耀，晚年痴迷佛道，导致朝政荒废，爆发"侯景之乱"，都城陷落被囚，饿毙于台城，享年86岁，谥号武皇帝。

关于萧衍之出生，有不少神奇传说。母亲张尚柔说自己梦见怀抱一轮太阳，红光闪耀，遂后怀孕，生下萧衍。《梁书》说他生而奇异，两胯骈骨，头顶隆起，右掌心纹一"武"字；他的居所，"常若云气，人或过者，体辄肃然"；"所住斋常有五色回转，状若蟠龙，其上紫气腾起，形如伞盖，望者莫不异焉"。其情其景，令人颇为感慨。母亲挚爱儿子，以太阳喻之，乃天性使然；而《梁书》之记述，则大可玩味。作为一部断代史，《梁书》记载了从梁武帝萧衍建国，到梁敬帝萧方智被陈霸先所取代56年间的历史。这其实是一部"子承父业"之巨著。南朝史学家姚察先生，医术精湛，文采飞扬，历经梁、陈、隋三朝，眼见史海翻波，枭雄逐鹿，发奋著史，可惜天不假年，于大业二年（606）病逝，临终前叮嘱其子姚思廉续书，"凭其旧稿加以新录"，姚氏父子薪火相传，终于完成《梁书》。世人称赞姚思廉："志苦精勤，纪言实录。临危殉义，余风励俗。"尽管如此励志，其书也多有瑕疵，譬如关于萧衍的谄媚之词，就彰显了他作为一位历史学家的历史局限性。

蓦然回望那个年代，似乎望见了一幕幕历史蝶变剧。南北朝时期（420～589），上承东晋十六国，下启隋朝，是一个波翻浪涌、剧烈动荡的大分裂时期。南朝的宋、齐、梁、陈四个小朝廷，一个个羸弱不堪，前赴后继，不断上演诛戮杀伐之连续剧；北朝承继五胡十六国之余绪，胡汉大融合，北魏、东魏、西魏、北周均由彪悍威猛的鲜卑人建立，北齐则由鲜卑化汉人建立，血腥攻杀频繁上演，直弄得中原大地血流遍地。南北朝隔江相望，长期对峙，时闻虎狼之吼，形成长达169年的历史奇观，直到北周强势崛起，隋文帝杨坚最后一统江湖，建立隋朝……

作为南朝第三个政权南梁的开创者，萧衍堪称一代枭雄。此前，刘裕取代东晋，建立刘宋政权；萧道成"依样画葫芦"，取代刘宋，建立南齐。正是在南齐政权末期，萧衍登上了历史舞台，被齐明帝萧鸾任命为辅国将军兼雍州刺史。雍州，是中国古九州之一，其辖境相当于今天陕西关中地区，以及甘肃、青海、宁夏部分地方。地域如此辽阔，为他腾身天下奠定了基础。萧鸾驾崩，其子萧宝卷继位，是为"东昏侯"，这个家伙实在昏聩不堪，刚厉残虐，肆意诛戮，弄得人人自危，天下骚动，萧衍蠢蠢欲动，连夜派人与其兄萧懿密谋起事，那时萧懿主政郢州（今湖北鄂州市），实力强劲，若兄弟联合起兵，必然势若雷霆，岂料萧懿一心忠于朝廷，断然拒绝，"懿闻之色变，心弗之许"。此后，萧懿奉调回京，出任尚书令，这其实是一次明升暗降的调虎离山之计，因为东昏侯听信谗言，对他起了疑心，欲伺机除掉，麾下亲信侦知凶讯，紧急行动起来，"密具舟江渚，劝令西奔"，偷偷在江边备下小船，让他赶紧西逃投奔萧衍，萧懿却不屑一顾："古皆有死，岂有叛走尚书令耶？"直到被迫饮下东昏侯的绝命毒药，奄奄欲绝，他依然心系朝廷安危，喘息着说，我弟在雍州，得到我的死讯，必有异动，我真为朝廷担忧啊！——其愚忠竟如此也！

　　果然是知弟莫若兄。萧衍得知其兄被东昏毒杀，当机立断，愤然起兵，剑指京城。他的第一步棋，就显出了政治家的谋略：拥立年幼的荆州刺史萧宝融在江陵（今荆州市）即帝位，改元"中兴"，遥废盘踞京城的萧宝卷为涪陵王。如此一来，南齐政坛就出现了少有的"历史奇观"：一个小朝廷，两个皇帝，一个是岌岌可危的东昏侯萧宝卷，一个是徒有其名的齐和帝萧宝融。

　　萧衍的第二步棋，则显示了军事家的韬略：他统率大军一路摧枯拉朽，直抵京城建康城下，却不急于攻城，而是实施长期围困，坐待生变。到了黑云压城的危急时刻，东昏侯依然笙歌艳舞，醉生梦死，守城将领王珍国、副将张稷眼见形势危如累卵，请求皇帝赏赐军士，以提高士气，这个昏聩的家伙却瞪着眼珠子大叫："贼人攻城，为何向我索取财物？"后宫里放置着许多木料，将领要求拿出来加强城防，他气得扭歪了脸，声称要留着兴建宫殿呢！江山将要不保，他还在下令搜刮民脂民膏，聚敛金银财宝——至此，守城将士彻底绝望了！王珍国、张稷暗中定计，诛杀萧宝卷，开门迎接萧衍大军入城。19岁的萧宝卷，从此以昏聩无道定格于青史，臭名远扬了。

　　梁天监元年（502）四月，齐和帝萧宝融被迫禅位，降为巴陵王，萧衍代齐自立，建立梁朝，是为梁武帝。取代前朝，跃登大位，拨转了青史；然而，登基之后，如何治理天下，则是一道严峻考题。纵观萧衍之为政，特点有三：其一，勤政廉政，刻苦自励；其二，逼凌老友，放纵贵戚；其三，崇佛佞佛，痴迷入骨。

登基伊始，他是怀着一颗拳拳之心的——"朕以寡薄，昧于治方，藉代终之运，当符命之重，取监前古，懔若驭朽。思所以振民育德，去杀胜残，解网更张，置之仁寿；而明惭照远，智不周物，兼以岁之不易，未遑卜征，兴言夕惕，无忘鉴寐"；"朕夕惕思治，念崇政术，斟酌前王，择其令典，有可以宪章邦国，罔不由之。释愧心于四海，昭情素于万物。"

德薄恩寡，昧于治方，既是谦辞，也是实情，他立志要"释愧心于四海，昭情素于万物"，施惠天下，德润生灵。他汲取东昏侯昏庸误国的惨痛教训，勤于政务，毫不懈怠，夏天挥汗如雨，汗水洇透了薄衫，冬天四更即起，秉烛批阅奏章，"执笔触寒，手为皴裂"。他的日常生活，更是艰苦朴素，请看《梁书》之记载："日止一食，膳无鲜腴，惟豆羹粝食而已。庶事繁拥，日倪移中，便嗽口以过。身衣布衣，木绵皂帐，一冠三载，一被二年。常克俭于身，凡皆此类。五十外便断房室。后宫职司，贵妃以下，六宫袆褕三翟之外，皆衣不曳地，傍无锦绮。不饮酒，不听音声，非宗庙祭祀、大会飨宴及诸法事，未尝作乐。"历数这些生活细节，著者不禁感叹："历观古昔帝王人君，恭俭庄敬，艺能博学，罕或有焉。"

如果说，率先垂范，躬身勤政，乃帝王兴业之道，那么，虚心纳谏，延揽人才，则是明君之"标配"了。为广泛纳谏，网络英才，武帝下令在公车府旁设立两"函"，类似今天的"意见箱"，一曰"谤木函"，一曰"肺石函"。人们对朝廷有何批评或建议，可投书"谤木函"；功臣没得到封赏，才子没得到重用，可投书"肺石函"。公车府乃汉代官衙名称，掌管皇宫的外门司马门，负责接待官吏上书，受理百姓上诉，其职相当于今天的国家信访局。高挂在司马门旁的

"谤木函"与"肺石函",仿佛朝廷的两只耳朵,一边倾听天下人的批评乃至批判,一边倾听老百姓的投诉乃至控诉,敞怀迎接天地雨露,俯身承受风暴雷霆,显示了早期萧衍的恢弘气度。面对频繁爆发的各种自然灾害,他则一身当之:"凶荒疾疬,兵革水火,有一于此,责归元首。今祝史请祷,继诸不善,以朕身当之。永使灾害不及万姓,俾兹下民稍蒙宁息。不得为朕祈福,以增其过。特班远迩,咸令遵奉。"

富有天下,控驭四极,武帝与历代统治者一样,心机幽深,疑忌狠歹,尤其对功高震主的开国元勋,更是忌惮如虎。武帝早年跻身"竟陵八友",与大才子沈约、谢朓、王融、萧琛、范云、任昉、陆倕等人一起,饮酒赋诗,慷慨悲歌,好不快哉!其中范云、沈约两位,为他登基称帝立下汗马功劳,跻身国家重臣之列,范云官至吏部尚书、尚书右仆射,建国第二年病故,享年53岁,武帝闻讯痛哭流涕,哀荣备至;而沈约的不幸命运,则令人悲慨。

据《梁书·沈约传》记载,沈约"左目重瞳子,腰有紫痣,聪明过人。好坟籍,聚书至二万卷,京师莫比。"这样一位博学鸿儒,既是宦海弄潮儿,也是著名史学家,著有《晋书》110卷、《宋书》100卷、《齐纪》20卷,诗文100多卷,《宋书》是流传至今的"二十五史"之一。南梁开国,沈约出任尚书令,封建昌县侯,名誉隆盛,却没有实权,主导国政的,前期是"简肃公"徐勉、太学博士周捨,后期是朱异、俞药、陈庆之等人。朱异是钱塘人,少时游手好闲,嗜赌,为乡邻所不齿,成年后折节向学,成为著名学者;俞药是南昌人,官至云旗将军、安州刺史,武帝亲赐"俞"姓;陈庆之早年不过是武帝的棋童,陪着武帝下了二十多年棋,后来成为有名的威武将军。

武帝的猜忌之心,像毒雾弥漫,他对老友沈约的逼凌,渐渐彰显起来,一次,两人谈起往事,沈约故意少说三件事,以示谦让,事后他对人说:"此公护前,不让即羞死。"武帝闻言大怒,欲治其罪,吏部尚书徐勉极力劝勉,这才拉倒。此后,武帝因事约谈沈约,一言不合,勃然震怒,厉声斥责,"约惧,不觉高祖起,犹坐如初"。沈约恍恍惚惚回到家,一进屋就瘫倒了,从此卧病在床,噩梦连连,"因病,梦齐和帝以剑断其舌",梦醒之后吓得冷汗淋漓,"乃呼道士奏赤章于天,称禅代之事,不由己出"——沈约惧怕天罚,请道士写"赤章"向天帝禀报:当初代齐自立之事,全是萧衍一人所为,与俺老沈没一毛钱关系啊!当年的建国功臣,如今矢口否认自己的"历史功绩",萧衍闻之暴怒,派宦官接二连三赶来,在病床前疾言厉色予以谴责,直吓得沈约心惊肉跳,病势日益沉重,不久就一命呜呼了,有司请示谥号,武帝说:"情怀不尽曰隐。"人啊人,可以同患难,却不可以同安乐……

对勋臣刻薄寡恩,冷酷无情,对近亲徇私护短,容宠放纵,乃萧衍为政的一大陷阱,其六弟萧宏,次子萧综,就像两只恶虎,吞噬着南梁小朝廷的肌体。

史载,萧宏身长八尺,美须眉,容止可观,"貌美而柔懦,北魏称之为萧娘"(《南史·梁宗室传》)。先封临川王,骄奢淫逸,纵情声色,王府碧瓦飞甍,仿佛帝宫,侍女成群,争芳斗艳。天监五年(506),他率军伐魏,因畏惧不前导致溃败,狼狈逃回,未受丝毫处罚,改任扬州刺史,并加官司徒,后又加官太尉。他有宠姜吴氏,号称国色天香,其弟仗势行凶,杀人后藏匿到萧宏王府,有关部门无可奈何,被害者家属指名申诉,萧衍闻之,含泪下令罢官,可是一转身,又让他官复原职了。纵容如此,萧宏非但不知感恩,反而派刺客行刺皇兄,只是因为萧衍临时改变行程,才得以幸免,面对如此大逆不道,萧衍只是将他召进宫来,流着眼泪劝勉责备一番,最后免官了事,不予深究。皇兄如此愚懦,萧宏愈加跋扈,竟与自己的侄女,萧衍的长女永兴公主搞到了一起,两人云雨呼嗨罢了,居然异想天开,谋划弑君篡位,派人行刺,凶手临机慌乱,奸情败露,刺客被戮,萧宏忧惧而死，永兴公主自觉没脸再见老爹，自尽身亡。这场宫廷丑闻，直令武帝老脸丢尽也！

萧综乃萧衍次子，其母吴氏原是东昏侯的妃子，颇有姿色，东昏覆灭，萧衍纳之，封为淑媛，七个月后生下萧综，是否东昏侯之遗腹子，不得而知。萧衍却视如己出，封之为豫章王，加封镇北将军，可谓位高权重。后来淑媛失宠，心怀怨恨，就把身世之谜告诉了儿子，萧综从此认定自己是东昏侯之子，对萧衍暗生怨怼，白天谈笑风生，夜晚号哭饮泣，发誓要继承其老爹遗志。普通六年（525），南梁与北魏发生冲突，萧衍令萧综率军作战，此前，萧综得知叔父萧宝寅身在北魏，便派人与其暗中联络，此次他作为三军统帅，竟公然叛逃，带着几名亲信投奔了北魏，兀自寻找叔父去了，并改名萧赞，宣称要为老爹东昏侯服丧三年。萧衍闻讯震怒，消其封号，废吴淑媛为庶人，后来，淑媛病逝，萧衍起了恻隐之心，下诏恢复萧综封号，为吴淑媛加谥号曰"敬"。

值得一提的是，萧赞到了北魏，颇受礼遇，被封为高平郡公、丹阳王，娶了孝庄帝元子攸的姐姐寿阳长公主为妻。此时的北魏王朝，险象环生，先是胡太后毒杀亲子、孝明帝元诩，扶立3岁的元钊为帝，世居于尔朱川（今山西北部）的契胡族大将尔朱荣，以"为孝明帝报仇"为借口，率兵杀奔京师洛阳，把歹毒的胡太后和小皇帝元钊装入竹笼，投进黄河溺死，随后发动"河阴之变"，将两千余名贵族高官诛杀殆尽，扶立元子攸即位，是为"孝庄帝"。萧赞作为皇亲国戚，在动乱中遭到驱逐，出家为僧，先后流落到黑龙江长白山、白鹿山一带，后来在颠沛流离中病殁于阳平（今属河南灵宝市），终年30岁。

仁心总是懦弱，尘世总是无情，流水落花春去也，留下了无数传说。史载梁武帝学识广博，著有《周易讲疏》《春秋答问》《孔子正言》等书，组织编纂吉、凶、军、宾、嘉五礼1000余卷；其佛学著作《涅槃》《大品》《净名》《三慧》，佛光浮逸；其颂佛歌曲《灭过恶》《除爱水》《断苦砖》等,"名为正乐,皆述佛法";其主编的《通史》,续古今史脉,接天地无穷,他曾自负地说:"此书若成,众史可废。"可惜600卷浩浩《通史》,传至宋朝,便湮没于青史之中了。

岁月的流水,渐渐侵蚀了尘心。武帝暮年,勘破红尘,转入佛门,成为中国历史上绝无仅有的"和尚皇帝"。他下令在宫城附近修建同泰寺,寺内莲花步云,殿宇巍峨,晚钟梵音回荡;又令于宫城另辟大门,与同泰寺隔门相望,说是与佛心贯通,了无滞碍。普通八年(527)三月,为了表示对佛祖的耿耿忠心,武帝第一次舍身入寺,做了三天住持和尚,并下令改元大通。从此,他禁绝女色与荤腥,并下诏全国,祭祀宗庙神灵,一律不许再用牛羊猪鸡等牲灵,只能用蔬菜水果。让神灵跟着自己一起茹素吃斋,堪称天下奇闻也!

后来,他又先后于大通三年(529)、中大同元年(546)、中大同二年(547),三次到同泰寺舍身事佛,身穿袈裟,犹如多年老僧,打坐念佛,全然不管天下群情汹汹,朝政混乱不堪。朝臣们万般无奈,只好聚敛巨额钱帛,赎回这位走火入魔的皇帝。如此再三至于再四,时间由三天、十天、三十天,最后一次居然长达三十七天!为赎回皇帝,国家共花费了三亿万钱帛。难怪胡三省批评说:"万机之事,不可一日旷废,而荒于佛若是,帝忘天下矣!"

此时的梁武帝,心中只有佛祖,哪里还有天下国家!他的师傅是俗僧慧约,受戒之日,他下令天下人都要拜慧约为师。诏命下达,上至王公贵族、下至平民百姓,受戒者竟达五万多人。佛教犹如漫漫天雨,洒遍江南。仿佛无际晴空里,佛光万道;无边美梦里,梵音浩荡。《南史·郭祖深传》载,豫章钟陵令员外散骑常侍郭祖深上书批评说:"陛下昔岁尚学,置立五馆,行吟坐咏,诵声溢境。比来慕法,普天信向,家家斋戒,人人忏礼,不务农桑,空谈彼岸。"在这位有名的循吏看来,京城建康几乎成了佛教之都,"都下佛寺五百余所,穷极宏丽。僧尼十余万,资产丰沃。所在郡县,不可胜言";

"而僧尼多非法，养女皆服罗纨，其蠹俗伤法，抑由于此"。那是一个佛学高度发达的时代，也是一个佛祖至尊无上的时代。杜牧诗曰："南朝四百八十寺，多少楼台烟雨中"，的确毫不夸张……

皇帝荒谬，妖孽丛生。太清二年（548），终于爆发了以惨烈著称的"侯景之乱"。此前的一个春夜，萧衍做了一个梦，说"中原牧首皆从其地来降，举朝称庆"。"牧首"，领袖。出现在萧衍梦中的"中原牧首"，应该是威力巨大的北方枭雄吧。他说："吾为人少梦，若有梦必实。"这种一厢情愿的"美梦成真"，虽属荒诞，却暗合了当时北朝东魏政权的动荡时局。那时，执掌东魏朝政的权臣高欢病死了，其子高澄"接班"，统辖河南的东魏司徒侯景与高澄夙怀怨恨，心生叛逆之志。他先向西魏权臣宇文泰伸出"橄榄枝"，叵奈宇文泰老奸巨猾，顺口封了他一连串官衔，纸糊的官帽高耸入云，却无任何实质内容。他又致书梁武帝，表示愿意归顺，且将河南广大地区并入梁国版图。武帝览书大悦，决定接纳侯景，下诏封其为大将军、河南王，并派遣司州刺史羊鸦仁率兵三万前往悬瓠（今河南汝南县），运送大批粮草、兵器，以接应侯景……

关于侯景其人，且看《南史·贼臣·侯景传》之记述："景右足短，弓马非其长，所在唯以智谋"，"景性猜忍，好杀戮，恒以手刃为戏。方食，斩人于前，言笑自若，口不辍餐。或先断手足，割舌劓鼻，经日乃杀之"——剔除记述中的"封建糟粕"，侯景为残忍刻暴之徒，应无疑问；武帝授之以藩镇重权，可谓引狼入室。归顺未及一年，侯景便发动叛乱，统兵渡江，攻陷京城建康。城陷之日，86岁的武帝正躺在皇宫龙床上闭目微酣，听到京城陷落的消息，他安卧不动，沉默许久，方叹息说："梁朝天下，自我得之，自我失之，又有何怨呢？"

史载，侯景带领五百甲士，于太极东堂觐见梁武帝。此时此刻，天下几乎尽归侯氏，武帝成了孤身一衰翁。侯景见了武帝，汗流浃背，不敢仰视；武帝质问他"怎么敢兴兵犯阙呢"，他惶恐不能答，赶紧灰溜溜离开了。此后，武帝被困深宫，饮食不继，悲惨地饿死于金銮殿上。

然而，悲剧并没有到此结束。此后，侯景扶立萧纲为"木偶皇帝"，是为梁简文帝，自命为大都督、宇宙大将军，统辖天下兵马，刚愎弄权，莫敢违者。他见简文帝14岁的女儿溧阳公主美貌如花，便强行占有；凡有不顺意者，格杀勿论。据《南史》记载，这一年，天下旱蝗接踵，民人大饥，饿毙者无数，饥民噬草根，啃树皮，相与噪叫，锦绣江南沦为人间地狱，"其绝粒久者，鸟面鹄形"，即使是有钱人，也难逃死神魔爪，"衣罗绮，怀金玉，交相枕藉，待命听终"，"千里绝烟，人迹罕至，白骨成聚如丘陇焉"……

对于此等人间惨象，侯景却不以为意，他在京城街头设立了一个巨大的石碓，将违逆其意者，统统推入碓中捣死——至此，南梁小朝廷也仿佛被推入了侯景的石碓之中，左右捣撞，命悬一线……

【史鉴君曰】

梁武帝萧衍38岁登基称帝，当国48年，86岁饿死台城金銮殿。当国而昏聩，高寿而惨死，"自我得之，自我失之"——他临死前的遗言，也算无怨无悔了。萧衍当国近半个世纪，有三大传奇著称于世：其一，文采弥天，跻身"竟陵八友"，著述不辍，著作宏富如海；其二，一生崇佛佞佛，痴迷入骨，先后四次舍身佛寺，搞得国事一塌糊涂；其三，引狼入室，导致极其惨烈的侯景之乱，被侯景大军围困于台城深宫，活活饿死了。一代君王，如此下场，可谓悲惨！

检视梁武帝萧衍一生，其早年雄姿英发，文武兼备，卓拔尘寰，励精图治，树"谤木函"以息讼，稳定局势，张"肺石函"以招贤，网罗英才，赢得天下繁荣，在南朝走马灯一般的帝王中，堪称有为之君。近代著名学者钱穆先生说：萧衍形如老翁，"俭过汉文，勤如王莽，可谓南朝一令主"。《梁书》著者姚察赞其英武睿哲，"兴文学，修郊祀，治五礼，定六律，四聪既达，万机斯理，治定功成，远安迩肃"。证之武帝前期政治，钱穆与姚察之言，不为过誉也。然而，治世日久，沉溺佛道，至于昏聩，远贤臣，近小人，弊政丛生，诱发侯景之乱，导致天下分崩离析，不可收拾矣。姚察先生将这些归咎为"小人道长"，"朱异之徒，作威作福，挟朋树党，政以贿成，服冕乘轩，由其掌握，是以朝经混乱，赏罚无章"。说是朱异之辈篡权乱政，才导致了后来的天下大乱，岂不谬哉！

翻读史书，自今视古，替古人担忧，显然是多此一举；因为，青史如铁，不可改易。与其替古人担忧，不如为今人考量。管窥梁武帝一生行迹，可资借鉴者有三：其一，凤怀大志，叱咤风云，跃登龙位，将相宁有种，吾辈可当之，谱写了一曲励志之歌，所谓"有志者，事竟成"；其二，"靡不有初，鲜克有终"，当国之初，发奋自励，然未有恒志，由明至昏，由治至乱，终至命归黄泉，何其悲也。其三，崇信佛祖，情怀飘渺，志追青云，原非坏事，然而，崇之信之，至于佞之，沉溺其间而不能自拔，走火入魔，舍身入道，抛荒国政，导致祸乱天下，实属恶业深重也！——吾辈后之来者，能不慎乎！

（2017年1月27日）

后主陈叔宝：对轩闼而哽心，
顾宸筵而慓气

——对着皇宫城阙，想到先辈创业之艰难，而哽咽难抑；对着宫廷豪筵，想到天下百姓之困苦，而噫气难消。

陈后主陈叔宝（553～604），字元秀，小字黄奴，陈宣帝陈顼长子，南陈末帝，其母乃宣帝皇后柳敬言。太建元年（569）正月，其父陈顼违背对兄长、陈文帝陈茜之承诺，夺了侄子陈伯宗的皇位，废伯宗为"临海王"，兀自登基称帝，16岁的陈叔宝被立为太子，19岁的临海王陈伯宗随后被莫名诛杀。太建十四年（582），宣帝驾崩，身为太子的陈叔宝却饱受摧折，被异母弟陈叔陵逼迫凌虐，兄弟阋墙，血溅后宫，艰难继位。他在位期间，远贤臣，亲奸佞，大兴土木，屡起楼台，奢靡纵逸，日夜喧淫，致使朝政荒废，南陈小朝廷一如危崖枯树，嘎嘎嘶鸣。隋文帝杨坚麾下劲旅已经兵临长江，京城建康危在旦夕，叔宝依然怀拥艳姬，喧淫不辍，歌咏《玉树后庭花》，可谓顽艳彻骨，一梦绮绝，直至被隋军兵士从枯井里拽上来时，怀里搂抱着的，依然是艳妾与美娘。如此荒唐透顶，成为古今笑柄。

陈朝（557～589），史称"南陈"，是南朝四个小朝廷宋、齐、梁、陈最后一个朝代，由武帝陈霸先于永定元年（557）取代南梁所建立，定都建康（今南京），统治江陵以东、长江以南地区，是中国唯一一个皇族姓氏与国号相同的朝代，享国33年。那时候，南朝与北朝对峙，一如跷跷板两头蹲着两只斑斓猛虎，咆哮嘶吼，却难以吞灭对方。江水浩荡，岁月如轮。等到南梁陨落、南陈建国时，长江两岸已经呈现出南弱北强之势，北齐军队不断南侵。史载，陈霸先倜傥大度，志概弘远，明达果断，堪称一时之雄杰，甫登帝位，他即督师作战，击溃气势汹汹南侵的北齐军队，一举扭转被动局面。永定三年（559），陈霸先驾崩，其侄陈蒨即位，是为陈文帝，文帝自幼"沉敏有识量，美容仪"，颇受叔父赏识："此儿吾宗之英秀也。"他继位后颇有作为，除积弊，禁奢靡，"宁乱静寇，首佐大业"，使国家局势渐趋稳定。天嘉七年（566）四月，陈蒨旧病复发，黯然离世，年仅45岁，遗诏太子陈伯宗继位。第二年，皇叔陈顼废黜侄子伯宗，夺位登基，是为陈宣帝，这就是陈叔宝的老爹。

《陈书》著者对陈叔宝老爹陈顼多有颂扬，说他"少宽大，多智略，美容仪，有勇力，善骑射"，"高宗在田之日，有大度干略，及乎登庸，实允天人之望"；对其母柳敬言也不吝赞词，说她容貌美丽，性格谦谨，9岁时父亲去世，她料理后事，如同成年，陈顼即位后，她严格管束娘家人，"未尝以宗族为请，虽衣食亦无所分遗"。这样一对父母，堪称精英璧人，却生出了一个不肖之子陈叔宝，兀地令人气噎，难怪《陈书·后主纪》对其品性避而不谈呢。

《陈书》是一部纪传体史书，记载自太平二年（557）十月梁敬帝萧方智禅位于武帝陈霸先，陈国建立，至祯明三年（589）正月后主陈叔宝被隋军俘虏，陈国灭亡，三十三年间之史实，乃姚察、姚思廉父子"接力之作"。姚察字伯审，浙江德清人，南朝史学家，历经梁、陈、隋三朝，史称"学兼儒史，见重于三代"，他生于大医世家，自幼才华飞扬，13岁为梁简文帝萧纲所器重，随侍左右；梁灭陈兴，他出任著作郎、吏部尚书；陈亡入隋，授秘书丞、太子内舍人。开皇九年（589），姚察奉诏撰著《梁史》《陈史》，未竟而卒，临终叮咛其子姚思廉续成二史，传薪香火。姚思廉涕泗横流，哽咽难语。史入初唐，李世民开文学府，姚思廉跻身"十八学士"之列，受命与丞相魏征一起修史。实际上魏丞相只是监修官，由姚思廉主笔纂修。贞观十年（636），《梁书》《陈书》告竣，入二十五史序列。

一介史家姚思廉，却以"忠烈"冠名初唐。大业十三年（617），唐高祖李渊率军攻陷长安，隋炀帝之孙代王杨侑被困王府，唐兵涌入，僚属四散，只见代王侍读姚思廉巍然肃立，一声断喝："唐公兴忠义之师，尔等不得无礼！"唐兵一个个瞬间石化，呆立于大堂之下。李渊感其忠义，传令以礼相待，直到代王被安置到顺阳阁后，思廉才哭拜而去，其滔滔泪水感天动地，世人称之为"忠烈之士"。然而，姚思廉这份儿浓烈的"忠烈情结"，浸润于《陈书》中，却化为了一道颇为碍眼的历史局限性，譬如，此书对统治者一味曲笔，隐恶饰善，对与己亲善者也不吝笔墨加以粉饰，树碑立传。如对陈霸先及其宗室子孙，无论贤愚，人人有传，历有"陈氏族谱"之讥；而《刘师知传》《虞寄传》两篇，则是典型的"私情之作"。刘师知任陈朝鸿胪卿，虞寄任太中大夫，两人官爵并不显赫，也没啥值得夸耀的业绩，只因与姚氏父子是曾经的南陈同事，入隋后又与虞寄之侄虞世基、虞世南一起为官，便徇私情为两者立传。南陈处于南朝末期，国势江河日下，所谓"强弩之末不可以穿鲁缟"，《陈书》连"四夷传"都无法设立，而论赞中却称进贡者成群结队，说什么"且梯山航海，朝贡者往往岁至矣"（《陈书·后主纪》），实在是睁着眼睛说假话，荒谬可笑也。

若论史实与史识，略微一瞥，便知高下。《资治通鉴》直书后主陈叔宝之荒唐可笑，斑斑劣迹，历历在目。《南史·后主纪》虽有所隐讳，毕竟对后主有所批判，譬如城破之时，隋兵涌入，尚书仆射袁宪劝后主"端坐殿上，正色以待之"，后主战栗说："锋刃之下，未可与争，吾自有计。"他的"妙计"，就是跳井，等隋兵用绳子将他拽上来时，"惊其太重，及出，乃与张贵妃、孔贵人三人同乘而上"，呵呵，绝境抱美人，至死也风流！李延寿批判说："后主因削弱之余，钟灭亡之运，刑政不树，加以荒淫。夫以三代之隆，历世数十，及其亡也，皆败于妇人。"老李的"逻辑归谬"，却是"红颜祸水"的翻版，说什么"皆败于妇人"，显然荒谬。《陈书·后主纪》则大为逊色，对后主之恶迹一概隐去，再用一连串充满"正能量"的诏书树立后主的"光辉形象"，其论赞说"后主昔在储宫，早标令德，及南面继业，实允天人之望矣"，他登基后，"咸尊故典，加以深弘六艺，广辟四门，是以待诏之徒，争趣金马，稽古之秀，云集石渠"，而南陈之所以亡国，实在不是后主的过错，一切都是天意——"非唯人事不昌，盖天意然也。"读史至此，笔者忍不住加了一字之评："呸！"倒是魏徵识见宏深，他说："后主生深宫之中，长妇人之手，既属邦国殄瘁，不知稼穑艰难。"及其登基秉政，"寄情于文酒，昵近群小，耽荒为长夜之饮，嬖宠同艳妻之孽。危亡弗恤，上下相蒙，众叛亲离，临机不寤，自投于井，冀以苟生，视其以此求全，抑亦民斯下矣。"魏丞相曰：这样一个举止猥琐不堪的陈后主，连一个普通老百姓都不如呢！

其实，陈叔宝当初作为太子，继位时却经历了一场血光之灾。宣帝陈顼共有42个儿子，次子陈叔陵最为强悍，《陈书·始兴王叔陵传》说他"少机变，徇声名，强漂无所推曲。"这位皇次子性情酷虐，残忍苛暴，"夜常不卧，烧烛达晓，呼召宾客，说民间细事，戏谑无所不为。性不饮酒，唯多置肴馔，昼夜食啖而已"。太建九年（577），叔陵升任扬州刺史，都督扬、徐、东扬、南豫四州军事，"诸州镇闻其至，皆震恐股栗"，他虎踞四州，横行无忌，看哪个不顺眼，"必抵以大罪，重者至殊死，道路籍籍"。他嗜好"盗墓"，常游荡于阴森森的冢墓之间，遇到富豪或名人之墓，即令挖掘，"取其石志古器，并骸骨肘胫，持为玩弄，藏之库中"。他好色成魔，戕害良家妇女，"府内民间少妻处女，微有色貌者，并即逼纳"。他还是一个"表演艺术家"，每次入朝，便在车中或马上读书，做出一副手不释卷的模样，高声朗诵，"阳阳自若"，一旦打道回府，则原形毕露，恶歹如常。生母彭氏病逝，他为母守灵，状若哀痛彻骨，说是刺血抄写《涅槃经》，弄得血糊淋啦，暗中却大嚼美食，蹂躏美女，呼嗨喧淫，不亦乐乎。老爹宣帝驾崩，叔陵暗藏一把锉药刀，趁叔宝伏地嚎啕哀痛之机，抡刀便砍，正中脖颈，叔宝哀嚎一声，仆倒于地，其母柳敬言扑上来相救，也被砍了几刀，长沙王陈叔坚闻讯赶来，这才制服了狂如猎豹的叔陵，叔陵奔回王府，将七个如花似玉的爱妃沉井溺毙，率一群爪牙哇呀呀杀奔出来，被随后赶到的右卫将军萧摩诃麾下将士乱剑斩杀——经过这场血肉横飞的宫廷惨变，陈叔宝才颤巍巍爬上了皇帝宝座，史称"陈后主"，改元至德，论功行赏，封叔坚为骠骑将军，领扬州牧，萧摩柯为散骑常侍、车骑大将军，封绥远郡公……

应当说，陈后主即位之初，是心怀惶恐的，他说："朕以哀茕，嗣膺宝历，若涉巨川，罔知攸济，方赖群公，用匡寡薄。"他声称继位之后，就像泗渡滔滔长川一样，不晓得能否安然渡过？"缅思前德，永慕昔辰，对轩闼而哽心，顾扆筵而慓气。思所以仰遵遗构，俯励薄躬，陶铸九流，休息百姓。"他说自己追思先贤，顾念百姓，苦思冥想，"对轩闼而哽心，顾扆筵而慓气"。"轩闼"，宫门，借指皇宫城阙；扆筵，御座，借指宫廷豪筵。对着皇宫城阙而哽咽难抑，对着宫廷豪筵而噎气难消——他这份儿忧国忧民，似乎隐含着蓝天之寥廓与大地之深厚呢；然而，文辞美妙如斯，行为丑陋不堪，恰恰是后主为政之特色。

疏远贤臣，信用奸佞，历来是昏君的主要标志。终后主一朝，纵横朝堂的几大妖孽，是江总、司马申、施文庆、沈客卿、孔范等人。

登基之初，后主褫夺了拥立功臣陈叔坚的职权，由江总出任吏部尚书、参掌选事，执掌朝纲。江总是著名才子，七岁而孤，"有至性，笃行义，宽和温裕"，好学，善诗，尤擅五言七言，"然伤于浮艳，故为后主所爱幸"（《陈书·江总传》）。他身居高位，却不理朝政，整天饮酒赋诗，吟哦不辍，大权掌握在右卫将军兼中书舍人司马申之手。司马申乃宦海干吏，"指麾断决，无有滞留"，既能理事，又擅弄权，凡忤己者，踩之脚下；附己者，捧入云端。信威将军毛喜乃三朝老臣，德高望重，眼见朝政荒芜，屡次劝谏，触怒后主，司马申借刀杀人，要把毛喜交给仇家整死，幸得右卫将军傅縡援救，这才保住一条老命，被发配到永嘉郡当内史去了。毛喜刚走，傅縡即被诬下狱，于狱中上书，慨叹"东南王气自斯而尽"，后主览书大怒，令人转告老傅，若能改过，便可赦免，岂料老傅慨然回答："臣心如面，臣面可改，则臣心可改。"后主气得吹胡子瞪眼，严令治罪，不久赐死狱中。太市令章华饱读经史，文才富艳，因为出身农家，屡受排挤，然不改其忠贞之至，上书极谏，历数后主斑斑恶行，警示说："今疆场日蹙，隋军压境，陛下如不改弦易张，臣见麋鹿复游于姑苏台矣。"

姑苏台，亦称姑胥台，位于苏州城外西南之姑苏山上，即今灵岩山也。公元前505年吴王阖闾兴建，其子夫差续建，历时五年方成，台高300丈，宽84丈，宫殿摩天拿云，十分雄伟，筑有响屐廊、玩花池、琴台、吴王井等。吴王夫差在这里奢靡享乐，醉生梦死，最后被越王勾践所灭。章华以"夫差灭国"之惨痛历史教训告诫后主，惹得后主龙颜大怒，下令斩之！

至此，陈叔坚、毛喜、傅縡、章华等耿介之臣，或贬或杀，七零八落，朝臣噤若寒蝉，无人再发逆耳之言，满朝响彻马屁之声，叔宝肆意妄为，骄奢淫逸，无恶不作。孔贵妃的侍女张丽华姿色妖冶，"发长七尺，其光可鉴，性敏慧，有神彩，进止详华，每瞻视眄睐，光彩溢目,照映左右。"叔宝一见,惊为天人,封为贵妃,深得宠爱,日夜颠鸾倒凤,犹饥渴难耐,选美不止,身边佳丽环绕,龚、孔二贵妃,王、李两美人,张、薛二淑媛,及袁昭仪、何婕妤、江修容等,犹如孔雀开屏,争奇斗艳。《资治通鉴·长城公纪》载:至德二年(584),后主下令在光昭殿前大兴土木,筑起临春、结绮、望仙三阁,"各高数十丈,连延数十间,其窗、牖、壁带、县楣、栏、槛皆以沈、檀为之,饰以金玉,间以珠翠,外施珠帘,内有宝床、宝帐,其服玩瑰丽,近古所未有。每微风暂至,香闻数里。其下积石为山,引水为池,杂植奇花异卉。"后主自居临春阁,张贵妃居结绮阁,龚、孔两贵妃居望仙阁,三阁复道相通,往来飘忽,如入幽冥。后主与张贵妃整日在临春阁厮混,百官朝奏,一律由宦官蔡脱儿、李修度呈进,后主将贵妃抱在怀中,淫声浪语,共决可否,张贵妃由此干预朝政,决断杀伐,皆由己出,一时间势焰熏天,满朝官员纷纷趋之若鹜。后主选了一些风雅宫女在此侍奉,他与贵妃哼呀呼嗨罢了,便与一干轻薄文士宴游嬉戏,时称"狎客",《陈书·江总传》:"总当权宰,不持政务,但日与后主游宴后庭,共陈暄、孔范、王瑳等十余人,当时谓之狎客。"

这时候,后主周围麇聚了江总、施文庆、沈客卿、孔范、阳慧朗、徐析、史暨慧等佞幸之徒。湘州刺史施文庆与散骑常侍沈客卿沆瀣一气,狼狈为奸,隋军兵临长江,剑指京城,边镇守将报警表章纷纷涌来,两人却隐匿不报;群臣共议在京口(今江苏镇江)至采石矶(今安徽马鞍山市西南)沿江布防,两人百般阻挠,致使守备泡汤,国门洞开。孔范号称孔子第三十世孙,时任都官尚书,颇有文采,却沦为南朝跪舔第一高手。后主闻过则怒,大臣报喜不报忧,每有进谏者,孔范必以种种罪名斥退,然后曲为文饰,大唱赞歌,马屁连天。《资治通鉴》载,隋军大兵即将渡江,尚书仆射袁宪与骠骑大将军萧摩柯再三请求出兵抵御,江总施文庆孔范之流嬉笑如故,后主牛气冲天曰："王气在此。齐兵三来，周师再来，无不摧毁。彼何为者邪！"孔范在旁笑曰："长江天堑，古以为限隔南北，今日虏军岂能飞渡邪！"他说，将帅急欲邀功请赏，每每谎报军情，老夫我一直嫌官小，隋军若胆敢渡江送死，我肯定立下老大军功，一举官封太尉！这时，有人说北军死了一匹马，孔范说："此是我马，何为而死！"后主听罢，哈哈大笑，"故不为深备，奏伎、纵酒、赋诗不辍。"舞曲响起，张丽华边舞边歌《玉树后庭花》："丽宇芳林对高阁，新妆艳质本倾城。映户凝娇乍不进，出帷含态笑相迎。妖姬脸似花含露，玉树流光照后庭。花开花落不长久，落红满地归寂中"——后主的这首代表作，也成了历代传唱的"亡国之音"。

隋军在晋王杨广、元帅长史高颎统率下，渡过长江，逼近京城，后主这才慌了手脚，被迫应战，对萧摩柯说："公可为我一决。"并拿出金银财宝犒赏诸军。可是，危急关头，后主竟与萧摩柯老婆私通，导致老萧罢战，《南史·萧摩柯传》载："后主通于摩柯之妻，故摩柯虽领劲兵八千，初无战意。"使人御敌，淫人之妻，岂非自取灭亡耶？——隋军至，陈国灭，后主降，南陈宫廷一干奸佞之徒，受到了严厉惩罚，《隋书·炀帝纪》载："及陈平，执陈湘州刺史施文庆、散骑常侍沈客卿、市令阳慧朗、刑法监徐析、尚书都令史暨慧，以其邪佞，有害于民，斩之右阙下，以谢三吴。"后主宠妃张丽华的命运，可堪玩味，《隋书·高颎传》载，"晋王欲纳陈主宠妃张丽华"，遭到高颎反对，他说："武王灭殷，戮妲己。今平陈国，不宜取丽华。"下令斩之，惹得杨广老大不高兴，"王甚不悦"。

《南史·后主纪》载，后主降隋，押赴洛阳，文帝"给赐甚厚，数得引见，班同三品"。后主毫无愧悔之念，再三请求封一官号，隋文帝骂曰："叔宝全无心肝。"隋仁寿四年（604），后主病逝于洛阳，终年52岁，文帝追封其为大将军、长城县公，谥号炀，葬于洛阳北郊之邙山。

【史鉴君曰】

  静观后主陈叔宝一生施政，可谓劣迹斑斑。其言也谆谆，似乎深明大义；其行却龌龊，葬送锦绣江山。正如魏徵所言，他自幼长于深宫，锦衣玉食，不知稼穑之苦辛与创业之艰难，享乐纵逸，歌舞升平，在隋军大兵压境之际，依然歌舞不辍，淫乐不止，无异于坐以待毙，自取灭亡也。概括而言，其罪愆有三：其一，斥贤臣，亲佞幸，忠言逆耳进谏者，或戮或逐，钳百官之口如群羊；巧舌如簧跪舔者，飞黄腾达，兴风作浪，致使国运滑落，如巨石坠崖。其二，嗜美色，酿惨祸，贪婪女色，妖魅蚀骨，原是历代君王的"寡人之疾"，不足为怪，然而，让美女的红酥手拧断自个儿的脊骨，进而拧断千里江山，且无丝毫愧悔，堪称古今一"活宝"也。有史家说是什么"红颜祸水"，将灭国之责任推给娇弱女子，可谓歪嘴胡扯。其三，耽享乐，丧社稷，花天酒地，游嬉无度，即使隋军刀剑在头顶飞舞，索命秃鹫在上空嘶鸣，他依然奏伎纵酒，淫歌艳舞，可谓享乐至死也。近代史家蔡东藩批评说：陈后主"宠艳妃，嬖狎客，杀谏臣"，三恶兼具，及至隋军渡江，"尚委政宵小，恣情声色，可战不战，不可战而战，甚至敌临城下，犹奸通萧摩诃妻，如此淫肆，欲不亡得乎？"

  苏子曰："大江东去，浪淘尽，千古风流人物。"陈后主的轻贱身影，与其短命南陈一起，早已沉入了历史深渊里。自今视之，后主昏聩导致国绝身灭，实在是咎由自取，怨不得别个。然而，他在历史峡谷里忽悠晃动的愚昧蹒跚之身影，至今依然有着几丝"蝴蝶效应"，警示今之为政者，轻忽不得也。其一，树正念，办实事，乃为官之要义。为官者以正气正义立世，为人厚道，处事公正，踏实敬业，则业兴事成，百姓爱戴。其二，除贪念，去浮华，乃为官之本分。古语云：手莫伸，伸手必被捉。无论古今中外，贪蠹之徒鲜有好下场。如今反腐之风劲吹，大小老虎纷纷落马，只有自身清廉，勤谨自守，才是自全之道，也才能有所作为。其三，近贤人，远宵小，乃为官之正道。亲近贤达之人，善听不同声音，对马屁之声嗤之以鼻，对逆耳之言闻而作喜，则几近良政矣！其四，戒女色，止喧淫，乃为官之清规。吕洞宾诗曰："二八佳人体似酥，腰间仗剑斩愚夫。"虽然"红颜"未必"祸水"，但贪色误事乃至误国的事例，比比皆是。商纣王为妲己摆下"酒池肉林"，周幽王为褒姒"烽火戏诸侯"，导致江山倾颓，国除身死；陈后主怀拥张丽华"膝上办公"，大兵压境之际依然温香软玉抱满怀，其荒唐可笑，足可镜鉴后人也。至于如今某些贪官情妇成群，更是不争的事实，他们整日泡在"红颜祸水"之中，玉体横陈，日日生津，演绎出一出出丑剧，弄得身败名裂，颜面扫地，自是罪有应得。

（2017年6月28日）

孝文帝拓跋宏：使朝有不讳之音，
野无自蔽之响

——朝堂之上，要有不同的声音；漠野江湖，要发出自己的回响。

孝文帝拓跋宏（467~499），北魏第六位皇帝，后改名元宏，乃献文帝拓跋弘之长子，3岁立为太子，5岁受父皇禅让即帝位，太和十四年（490），23岁时亲政，强力推行了一系列汉化改革，史称"孝文汉化"，成为中国历史上著名的少数民族改革家。《魏书·孝文帝纪》载，"帝生而洁白，有异姿，襁褓岐嶷，长而渊裕仁孝，绰然有君人之表。"生而卓异，自幼雅好读书，手不释卷，读《五经》，览百家，善谈《庄》《老》，才藻富赡，好为文章。亲政之后，开明大度，诚恳仁义，他说："凡为人君，患于不均，不能推诚御物。苟能均诚，胡越之人亦可亲如兄弟。"他要求史官不违心，不粉饰："直书时事，无讳国恶。人君威福自己，史复不书，将何所惧？"在历数了孝文帝平生作为之后，魏收先生连声赞叹："高祖幼承洪绪，早著睿圣之风……及躬总大政，一日万机，十许年间，曾不暇给；殊途同归，百虑一致。至夫生民所难行，人伦之高迹，虽尊居黄屋，尽蹈之矣。加以雄才大略，爱奇好士，视下如伤，役己利物，亦无得而称之。其经纬天地，岂虚谥也！"

这样一位杰出的古代改革家，名声似乎不甚响亮，"孝文汉化"与"胡服骑射""商鞅变法""王安石变法"相比，知名度相距甚远，甚至比北宋早期昙花一现的"庆历新政"，还黯淡了许多。究其原因，大约有二：其一，北魏乃北朝少数民族政权，在人们心底，总潜伏着一股"外来者"的"非主流意识"；其二，北魏早期改革的主导者，实际上是文成帝拓跋濬的皇后文明冯太后，《魏书·文成文明皇后传》："自太后临朝专政，高祖雅性孝谨，不欲参决，事无巨细，一禀于太后。太后多智略，猜忍，能行大事，生杀赏罚，决之俄顷，多有不关高祖者。是以威福兼做，震动内外。"

北魏（386～534），是中国历史上第一个由少数民族在北方汉族地区建立的重要朝代。那时候，兀立江南的东晋王朝风雨飘摇，大军阀刘裕呼啸而起，封宋公，加九锡，缢杀晋安帝，闷死晋恭帝，兀自代晋自立，建立刘宋小朝廷，开启了南朝宋、齐、梁、陈之轮转兴替；在长江以北的黄河流域，则成为了匈奴、羯、鲜卑、氐、羌等五个主要少数民族的角斗场，五胡十六国如乱世洪流，搅得周天寒彻，经过半个世纪的血腥搏杀，鲜血漂杵，生灵涂炭，鲜卑族拓跋氏强势崛起，虎啸生风，吞灭异族，建立北魏王朝，从386年道武帝拓跋珪重建其先祖拓跋猗卢创建的代国，至534年权臣宇文泰诛杀孝武帝元修，北魏分裂为东魏与西魏，共历二十帝，享国148年。

据《魏书·序纪》记载，鲜卑人的发祥地，乃是一座缥缈的大鲜卑山，"国有大鲜卑山，因以为号，其后，世为君长，统幽都之北，广漠之野，畜牧迁徙，射猎为业，淳朴为俗，简易为化，不为文字，刻木纪契而已。"至于这座神秘的大鲜卑山究竟在哪里，千百年来，聚讼纷纭，并无定论，有说在大兴安岭群峰之中，有说在大兴安岭北麓，还有人认为是神话传说，不必穿凿今为何地。概括而言，鲜卑族拓跋氏世居北方大漠之上、峰壑之间，餐冰雪，吞野兽，上马杀

敌寇，下马饮烈酒，在冰天雪地的北疆所向无敌，颇具文韬武略的道武帝拓跋珪，"屈伸潜跃之际，驱率遗黎，奋其灵武，克剪方难"，16岁即以武力复兴故国，建立北魏，他倾心汉化，任用汉族士人，仿照汉族制度建立统治体系，并将国都从盛乐（今内蒙古和林格尔县北）迁至平城（今山西大同市），奠定了统治之基。也许是受魏晋汉族统治者的影响，拓跋珪玩命追求得道成仙，服用丹药，暴躁猜忌，导致精神崩溃，动辄手刃无辜；而他的行踪，只有其宠妃万人掌握，偏偏美艳绝伦的万人水性杨花，与其子拓跋绍私通，两人合谋，刺杀了睡梦中的道武帝。可怜39岁的北魏王朝开国之君，就这样化作了一缕冤魂！

　　随后登基的拓跋氏子孙，与其奠基人一样，寿命都很短暂，明元帝拓跋嗣纳贤任能，勤政爱民，却像其父皇一样乞求长生，痴迷丹药，32岁早亡；太武帝拓跋焘英武果毅，整顿吏治，开疆拓土，伐柔然，征山胡，降鄯善，逐吐谷，先后攻灭胡夏、北燕、北凉，统一中国北方，连年争战，诛戮杀伐，铸成了他的残忍暴戾，戕害功臣，最后却窝囊地死于大宦官宗爱之手；此后的隐王拓跋余，也被宗爱弑毙。两任皇帝都死于一个阉宦之手，实在可悲可叹！

　　宗爱（？～452），籍贯、出身不详，因犯罪被阉割，进入北魏掖庭，"天性险暴，行多非法"。太武帝拓跋焘率军南征，令太子拓跋晃监国，太子洞悉了宗爱的种种秽行，宗爱日夜惶恐，狗急跳墙，向皇上诬告太子，太武帝不分青红皂白，下令诛杀太子随从，太子百口莫辩，忧愤而死。后来，太武帝渐渐知晓太子无辜，十分悔恨，宗爱害怕事发被戮，乘太武帝醉酒之际，潜入寝殿，勒毙了他，随后拥立拓跋余为帝，宗爱窃据宰相，专权跋扈，肆行悖逆，拓跋余心有不甘，谋夺其权，引起宗爱嫉恨，永平二年（452）十月，他派人刺杀了拓跋余。宗爱连弑两帝，其暴虐残厉，犹如秦廷之阉宦赵高。文成帝拓跋濬即位，史称"有君人之度"，他诛杀宗爱，复兴佛教，建造了著名的云冈石窟，可惜福祚短暂，26岁即撒手尘寰。他的意外早亡，却把他的皇后冯氏推到了历史的前台。

和平六年（465）五月，文成帝死后第二天，年仅12岁的拓跋弘即位，是为献文帝，尊冯皇后为皇太后，临朝称制。献文帝是文成帝的长子，其生母李贵人在他被立为太子的太安二年（456），被赐自尽。北魏自道武帝拓跋珪开始，就实行一项野蛮制度：立子杀母。太子确立日，生母命绝时。历史上开此血腥先河的，是汉武帝刘彻。《资治通鉴·汉纪十四》载，公元前88年，武帝立少子刘弗陵为太子，即后来的汉昭帝，借故诛杀其生母钩弋夫人，人们惊得目瞪口呆，他淡定地说："往古国家所以乱，由主少母壮也。女主独居骄蹇，淫乱自恣，莫能禁也。汝不闻吕后邪！故不得不先去之也。"武帝汲取吕后乱国的教训，却是诛杀太子生母，无论如何有些偏执悖谬。这项残忍制度，在有汉一代，仅此一例，史入北魏，拓跋氏却全盘承袭过来，公元403年，道武帝拓跋珪立长子拓跋嗣为太子，同时赐死其母刘贵人，自此成为制度，且历代推行，弄得后宫嫔妃一个个心惊肉跳，害怕怀孕生下太子，招来杀身之祸。

献文帝拓跋弘被立为太子时，不足2岁，生母李贵人赐死后，冯皇后视如己出，悉心抚养，竭尽慈爱，十载有余，其间的母子亲情，深重如山。这份养育之恩，后来却成了太后绑架皇帝手脚的绳索，压垮皇帝脊梁骨的巨石！

史载，献文帝是个颇有作为的君王，亲政后外御强寇，清扫边患，内倡农耕，整肃纲纪，贬斥庸吏，提拔心腹，渐渐引起太后警觉。因为，皇帝整肃的铁拳，已经杵到了太后的软肋——她的宠臣近侍，一个个被贬斥，哭哭啼啼跑来告状，太后的脸色，渐渐由黄转绿，那双美丽的丹凤眼里，开始滋滋冒火，一次因桃色绯闻引起的诛杀，成了引爆太后怒火的导火索，太后强力反击，献文帝被迫禅位。

原来，文成帝驾崩时，冯太后年仅23岁，青春烈火熊熊燃烧，怎奈得后宫千重寂寞呀，便不断挑选花样美男侍寝，她的面首之一李弈，仪表堂堂，风流倜傥，深得宠爱，两人日夜颠鸾倒凤，欲死欲仙，献文帝恨之入骨，又无可奈何，后来终于寻了一个借口，将李弈与其兄李敷一起杀掉了。太后闻讯暴怒，想到这个从前言听计从的娃娃居然如此悖逆，心头怒火滋滋燃烧，祭出各种"花拳绣腿"，处处掣肘，逼迫献文帝于皇兴五年（471）八月禅位给5岁的儿子拓跋宏，自己做了太上皇。这一年，他只有18岁。对这件事，《魏书·天象志》的记载是：那年十一月，太白星冲撞"太微上将"，"是为内宫有忧逼之象"，第二年，"上迫于太后，传位太子"。

然而，这还不是献文帝的最后结局。承明元年（476）六月的一天，23岁的太上皇拓跋弘，被太后派人鸩杀于平城皇宫永安殿。为了让孝文帝拓跋宏早日登基，历史的脚步显得如此急促，惶遽，凌乱！

孝文帝继位后，冯太后被尊为太皇太后。孝文帝与其父献文帝有两点相同：其一，两人生母命运一样悲惨，都在儿子立为太子时被赐死；其二，两人都由冯太后抚养成人，早年笼罩在太后羽翼之下，这就注定他们面临着一个共同难题：对太后是否百分百忠诚？可以说，献文帝的禅位与早亡，即是对太后不忠的严重后果。对孝文帝的忠诚，太后起初也是将信将疑。《魏书·孝文帝纪》载："帝幼有至性，年四岁，显祖曾患痈，帝亲自吮脓。五岁受禅，悲泣不能自胜。显祖问帝，帝曰：'代亲之感，内切于心。'显祖甚叹异之。"孝文帝至情至孝，4岁即为父皇吮痈，5岁时代父即皇位，伤心不已，涕泪涟涟，他的举动，刺痛了太后，担心他太过聪敏，日后为父报仇，兀地起了废立之念，"文明太后以帝聪圣，后或不利于冯氏，将谋废帝。"幸亏众臣劝谏，方才作罢，随后便采取各种措施，以磨炼其忠心，"乃于寒月，单衣闭室，绝食三朝。"寒冬腊月，只穿一件单衣，幽闭陋室，饿饭三天，对一个几岁的娃娃皇帝，肯定刻骨铭心；"宦者先有谮帝于太后，太后大怒，杖帝数十。帝默然而受，不自申明。"太监进谗言，说小皇帝心怀不满，激怒太后，噼里啪啦一顿爆揍，小皇帝无辜受辱，默然承受。诸如此类，孝文帝"始终曾无纤介，惇睦九族，礼敬俱深"。一片痴心，终于赢得太后首肯，从此精心扶持，这才开启了"太和改制"之历史新剧。

所谓"太和改制"，是太和十四年（490）孝文帝亲政之前，北魏进行的一系列改革。"太和"是孝文帝年号。这一时期，太后一手遮天，对年轻皇帝玩弄的是"革命两手"：既支持，又限制；支持他的改革举措，限制他可能不利于自己的勃勃野心。而她自己，则尽情宣泄着沸腾在娇躯里的"革命激情"，《魏书·天象志》记载："三年八月，月犯太微。又群阴不制之象也。是时冯太后宣淫于朝，昵近小人而附益之，所费以巨万计，天子徒尸位而已。"对于这些，孝文帝始终心无芥蒂，无怨无悔，这年九月，冯太后病逝，孝文帝哀伤彻骨，大哭三日，他抽泣着对大臣们说："朕自幼承蒙太后抚育，慈严兼至，臣子之情，君父之道，无不谆谆教诲。"

概述"太和改制"之核心，就是"以三项制度为纲"，纲举目张：其一，实行"班禄制"，此前，作为游牧民族的北魏，文武百官不设俸禄，他们依靠掠夺与贪污获得财富，弄得官场腐烂不堪，"班禄制"之要害，是严厉惩治腐败官员，规定官员俸禄之外贪赃满一匹绢布者处死。施行数月，四十多个贪腐分子被处死刑，身兼秦、益二州刺史的李洪，是孝文帝的舅公，也因贪腐被赐死，引起天下震动。其二，实行"均田制"，规定凡15岁以上的男女，均可得到国家授予的土地，即"受田"，一时间举世欣欣，百姓增收，政府有利，善莫大焉。其三，实行"三长制"，北魏的地方政权，一直掌握在宗主豪强手里，他们横行乡里，蚕食国家，鱼肉百姓，打掉这些"土围子"，实行新的管理模式：以五家为一邻、五邻为一里、五里为一党，设立邻长、里长、党长，合称"三长"，以此夯牢统治基础，抑制地方恶霸，是基层管理的一大进步。

太和十四年（490）九月，冯太后辞世，孝文帝亲政，汉化步伐明显加快。他首先下令整饬吏治，仿照汉人官制，考核州郡官吏，以为升降之本。第二年即颁布律令，削减酷刑，废除车裂、腰斩，降低夷三族、夷五族之等级。随后，依次展开了四大改革步骤——迁都，易服，改姓，改口（语言）。

恍然回首，北魏先后两次迁都，第一次是皇始三年（398），北魏建立者道武帝拓跋珪将国都从盛乐迁至平城（今山西大同市）；第二次是太和十九年（495），孝文帝拓跋宏将都城由平城迁往洛阳。如果说，第一次迁都，标志着拓跋氏军事上的胜利；那么，第二次迁都，则标志着拓跋氏融入汉文化之宏愿全面开花。从道武帝拓跋珪开始，北魏历代统治者都倾心汉化，重用汉人，模仿汉制，太武帝拓跋焘甚至多次请求与南朝宋文帝刘义隆结为秦晋之好，可惜因为南朝当政者的傲慢与偏见，他的民族融合美梦未能实现。

迁都，历来是国家大事，要把鲜卑贵族连根拔起，驱赶他们离开盘踞上百年的平城老巢，谈何容易！孝文帝意志决绝，恩威并用，软硬兼施，拔钉子，削佞臣，不顾众人反对，率领三十万大军南下，佯装南伐，浩浩荡荡来到古都洛阳，利用将士疲惫之机，悍然宣布迁都洛阳！麾下众臣一个个大眼儿瞪小眼儿，瞅着皇上，不知所措；此时此刻的拓跋宏，思潮起伏，激情澎湃，一边吟诵"知我者谓我心忧，不知我者谓我何求"，一边断然下达各种命令——命令天下臣民脱下鲜卑服装，一律改穿汉族服装；禁止讲鲜卑语言，一律改说汉语；禁用鲜卑复姓，一律改用汉姓，将拓跋氏改为元氏，他率先改名元宏；同时下令兴办汉语学校，教育鲜卑少年儿童识汉字、说汉语，与此同时，各种改革法令法规相继出台，举国上下，刮起了飓风一般的汉化高潮。

孝文帝利用至高无上的皇权，全面推行汉化，兼收并蓄，本来是好事，然而，他像个饿了七天的流浪汉忽然看见了一个面包，只顾扑上去猛吞，却顾不得掸去面包上的灰尘。所谓"汉化"，其实是个循序渐进的融入过程，不可能一蹴而就，他的"兼收并蓄"，把一些落后甚至垃圾也吸纳了。譬如，他把腐朽没落的门阀制度照搬过来，将鲜卑贵族按照门第高低分为甲乙丙丁四等，把穆、陆、贺、刘、楼、于、嵇、尉八姓定为国姓，与汉族的崔、卢、李、郑相对应，其余贵族也各有门第等级，并按照等级来确定官职高低。这些衰朽枯藤，缠绕在鲜卑人心头，当然不会带来积极效果，反抗改革的浪潮，一波波涌起，那些反对改革的鲜卑贵族，利用人们的抗拒心理，屡次兴妖作怪，制造骚乱，连太子拓跋恂也卷了进去，企图发动叛乱，孝文帝异常震怒，下令将其鸩杀……

纵观孝文帝一生治业，犹如奇崛高山，兀立青史。他在《吊比干文》中感叹："夫天地之长远兮，嗟人生短多殃。往者予弗及兮，来者予不厌当……虽虚名空传于千载，讵何勋之可扬？奚若腾魂以远逝，飞足而归昌。"其情怀一如昆仑之月，光耀天下；其意志一如泰山之巅，摩天拿云。当年亲政之初，他就昭告天下苍生："朕纂承皇极，照临万方，思阐遐风，光被兆庶，使朝有不讳之音，野无自蔽之响，畴咨帝载，询及刍荛。自今已后，群官卿士，下及吏民，各听上书，直言极谏，勿有所隐。"——他宣布，要兼听天下之音，"使朝有不讳之音，野无自蔽之响"，朝堂之上，要有反对的声音；漠野江湖，也要发出属于自己的回响。正是这份江海一般广阔的胸襟，助推他走上了一条超越先辈、引领时代潮流的改革之路，将北魏王朝这艘航船，推向了浩荡东去的历史洪流之中；而他的生命之舟，却不可避免地被历史洪流淹没了。

太和二十二年（499）三月，寒风凛冽，孝文帝拓跋宏再一次率军南征，攻伐南齐。这是他实现自己统一大江南北之终极梦想的最后一次努力了。这些年来，长江对岸的锦绣河山，一直浮现在他的梦境里，可惜美梦醒来，旖旎的江南山水依然遥不可及，"白日光天兮无不曜，江左一隅独未照"，他遥望南天，兀自吟诵，一滴清泪，潸然滑过面颊。此前，他数次率军南征，均无功而返，本次出征，他希望马到成功！——大军进驻马圈（今河南邓州市东北），他下令广阳王拓跋嘉绕道敌后，鼓噪冲锋，前后夹击，一举击溃了南齐军队，当欢庆胜利的锣鼓敲响的时候，他却轰然病倒了，病情来势凶猛，急转直下，眼睁睁进入了垂危状态，身边的幕僚们手忙脚乱，大军急速踏上返程，走到谷塘原（邓州市东南），躺在御辇中的皇帝，已是气若游丝，枯灯将尽……这天黄昏，这位一直觊觎江南万里江山，不断发兵南侵的年轻皇帝，就在谷塘原行宫溘然长逝，撒手尘寰了，享年只有33岁。哀哉！惜哉！

【史鉴君曰】

　　追思孝文帝拓跋宏之为政事迹，并非为了徒然感叹一番，而是透过缭绕的历史云烟，窥见其缥缈的人生之路，来给今天一些有益的启迪。拓跋宏登上历史舞台之时，南北朝相峙已入常态，北魏也进入了发展中期，他上承鲜卑人之余烈，下启"去鲜卑化"之潮流，强力推行激进的汉化改革，初步实现了"孝文汉化"，为北魏王朝的发展，进而为中国历史的发展，注入了一股强劲之风，未必可歌可泣，却是可圈可点，必须点赞！

　　省察拓跋宏之人生历程，其可资借鉴者三：其一，事亲至纯至孝，接续先祖烈风。无论是对未尽其才的父皇拓跋弘，还是对才色妍艳的冯太后，拓跋宏都是忠孝兼具。4岁为父吮痈，难能可贵，亲情深重；5岁接班登基，涕泪涟涟，令人动容。对于自幼抚育自己的太后，他一生忠谨，逆来顺受，这既是时势所需，也是真情流露，忠孝两全，堪称楷模。其二，改革坚定不移，只手驿动群山。作为鲜卑人之后裔，既要忠于祖宗，又要"去鲜卑化"，看似悖谬异常，却是历史必然，作为时代推手，他祭起手中的皇权，大刀阔斧改革，意志如铁,果断决绝,终于登上了时代之巅。其三,既要继承先辈,更要超越乃祖。作为后之来者,继承先辈遗志,自是应有之义,而超越乃祖,卓然出尘,跃上时代潮头,则是一代雄杰的主要标志。北宋著名文学家欧阳修说:孝文帝拓跋宏"去夷即华,易姓建都,遂定天下之乱,然后修礼乐,兴制度而文之。考其渐积之基,其道德虽不及于三代,而其为功,何异王者之兴!"

(2017年2月5日)

隋文帝杨坚：以黎元在念，忧兆庶未康

——以百姓疾苦为念，念兹在兹；以民生困顿为忧，忧思千里。

隋文帝杨坚（541～604），弘农郡华阴（今陕西华阴市）人，据《隋书·高祖纪》载，杨坚先祖杨震乃东汉太尉，博览群书，正直奇崛，时称"关西孔子杨伯起"，其慧根绵延，至十三世孙杨忠再次跃出尘寰，他早年追随宇文泰麾下，先事西魏，后仕北周，屡立功勋，获赐鲜卑姓"普六茹氏"，官至柱国、大司空，封随国公。杨忠最大的历史功绩，就是生下了隋朝的缔造者——杨坚，死后追谥武元皇帝。杨坚鲜卑小字那罗延（金刚不坏），"性严重，有威容，外质木而内明敏，有大略"。他自幼承蒙祖荫，长大后继承老爹衣钵，以外戚身份倾覆北周，登基称帝，复汉制，绝胡俗，去鲜卑化，下令汉人一律恢复汉姓；他挥师南下，攻灭南朝最后一个小朝廷陈国，统一大江南北；又督师北上，击溃彪悍的突厥人，被赞"圣人可汗"；他改进官制，发展经济，强国富民，实现了彪炳史册的"开皇之治"。美国学者迈克尔·哈特1978年发表《影响人类历史进程的100名人排行榜》，杨坚名列第82位。

关于杨坚之出生，《隋书·高祖纪》的记载颇为神秘，说是西魏大统七年（541）六月初三夜，"皇妣吕氏"在冯翊（今陕西大荔县）般若寺生下杨坚，其时夜色朦胧，寺内"紫气充庭"，一个神色诡异的老尼对吕氏说："此儿所从来甚异，不可于俗间处之。"说罢，不容分说夺过孩子，带至城内一条陋巷一个幽秘处所亲自抚养，留下可怜的吕氏在月光下兀自发呆。一天，思儿心切的吕氏悄悄跑来，抱起儿子拥吻，"忽见头上角出，遍体鳞起"，心内大骇，双手一颤，孩子啪唧一声掉到地上，老尼一见，跺脚叹息："已惊我儿，致令晚得天下。"她说你这一摔呀，延迟了我儿登上龙位的步伐。据说，杨坚称帝后，当地人把这条巷子称为"龙窝巷"，延续至今。《隋书》描绘杨坚，"为人龙颔，额上有五柱入顶，目光外射，有文在手曰'王'。"及长，"长上短下，沈深严重。初入太学，虽至亲昵不敢狎也。"

概括这些记载，其一，杨坚乃天生龙种，头上长角，目光如电，遍体龙鳞，掌纹有"王"字，他后来登基称帝，实在是天命所归也。其二，杨坚相貌深沉，不苟言笑，略显呆滞，上长下短，身材比例失当，与其父杨忠的"身长七尺八寸，状貌瑰伟"（《周书·杨忠传》）相距甚远。其三，杨坚落身佛寺，身世可疑，其母吕氏小名苦桃，是济南一户穷苦人家的女儿，她如何与纨绔子弟杨忠相识交往，又因何流落般若寺，并在此生子，因史无记载，无从考证。遥想当时情形，吕氏在空寂的般若寺生下儿子，茫然四顾，只见月光凛冽，不闻亲人呵护，其凄惶悲凉之状，可想而知。《隋书》著者把这满目凄凉写成一篇神秘兮兮的"潜龙传奇"，可谓煞费苦心。其实，吕氏生下杨坚后，似乎就完成了"历史使命"，永远消失于历史尘烟里了；并且，因为她的早死，致使杨坚对外祖母家记忆模糊，吕氏家族在他称帝后星辉黯淡，为弥补这一缺憾，只好寻了母舅家两个远房亲戚来京城做官，因为两人实在不成器，最后只得打发回家了事。据著名学者陈寅恪先生考证，杨坚的先祖很可能就是山东寒族，其"弘农杨氏"身份，或许是攀龙附凤之伪托；日本汉学家布目潮沨则认为，官修隋室系谱并不靠谱，那时候胡汉混杂，脉绪混淆，杨坚很可能不是汉族苗裔呢。聚讼纷纭，莫衷一是，留待专家考证罢。

　　透过《隋书》上述记载，我们可以窥见史实之纷纭与史家之矛盾。就其史学姿态而言，《隋书》无疑是一部上乘之作。《隋书》是唐太宗李世民钦命纂修，共85卷，分为"纪传"与"史志"，"纪传"由魏徵主编，"史志"由长孙无忌监修。魏徵乃初唐名相，以刚正不阿、直言极谏闻名青史；长孙无忌是"玄武门之变"主要策划者，"贞观之治"的重要推手。《隋书》发扬了秉笔直书、不虚美、不掩恶之史学传统，品评人物直言无忌，点评史事切中肯綮，即使对九五之尊的皇帝陛下，也是出言刚厉，请看关于隋文帝的评论——"天性沉猜，素无学术，好为小数，不达大体"，"无宽仁之度，有刻薄之资"，"逮于暮年，持法尤峻，喜怒不常，过于杀戮"……言辞犀利耿直，堪称峻烈。尽管如此，书中也不乏谀媚之词，譬如说杨坚"头上角出，遍体鳞起"、手纹"王"字等，当属无稽之谈；而《房彦谦传》一篇，更是拍马屁之作，不过拍的不是皇帝，而是自己的同事，房彦谦在隋朝官至县令，并无勋业可传后世，只因为他是房玄龄之父，房玄龄与魏徵同为初唐宰相，便破格立传，不免为后世所讥。唉唉。即使是魏徵这样的一代英才，也难以跳出史家谀媚之窠臼呢！

　　如果说，杨坚发迹于北周，而隋朝之根基，则奠基于西魏。北魏末年，天下大乱，两大豪强左右风云，一个是盘踞朝廷的权臣高欢，一个是雄踞关中的鲜卑枭雄宇文泰。两个人野心勃勃，虎视眈眈，却无力吞并对方，于是各自扶植儿皇帝，建立自己的帝国——高欢与北魏末帝元修反目，双方兵戎相见，元修溃败西遁投奔宇文泰，高欢另立元善见为帝，定都邺城（今河北临漳县），史称东魏；宇文泰毒杀投奔自己的北魏末帝元修，另立元宝炬为帝，定都长安（今陕西西安市），史称西魏。随着末帝元修毙命，北魏彻底倾覆，东魏与西魏，两个鲜卑色彩浓烈的割据政权，耸立在中国北方大地上，时作虎狼嘶吼，意欲吞灭对方。

西魏文帝元宝炬虽然是西魏的开国皇帝，却不可避免地沦为了宇文泰手里的一只玩偶。宇文泰（507~556），字黑獭，代郡武川（今内蒙古武川西）人，西魏的建立者，北周的奠基人，《周书·文帝纪》说他"身长八尺，方颡广额，美须髯，长发委地，垂手过膝，背有黑子，宛转若龙盘之形"。西魏开国，元宝炬为帝，宇文泰自任太师、大冢宰（宰相），权倾天下，睥睨群伦，他生前却始终没有取代元氏皇族，即使551年元宝炬驾崩之后，依然扶立26岁的太子元钦继位，并把女儿嫁给他做皇后。这其实并非他多么忠于元氏皇族，而是为时局所迫作出的无奈选择。叵耐元钦太过愚憨，做梦都想诛杀一手遮天的岳丈大人，却苦于身边无人，竟荒唐地幻想联合岳父家的三个女婿，发动一场"四女婿政变"，干掉老泰山，结果可想而知——元钦随即被废，不久被毒杀。魏文帝元宝炬的第四子元廓随后继位，是为魏恭帝。这是西魏最后一任傀儡皇帝。

这时候，宇文泰正强力推行"胡化运动"，元廓改称拓跋廓，很多汉人奉命改为鲜卑姓氏，杨坚的老爹杨忠，正是在这场运动中获赐鲜卑姓"普六茹氏"。此后的宇文泰，依然常年征战，啸傲疆场，积劳成疾，魏恭帝三年（556）九月，一向骁勇的鲜卑老鹰宇文泰，轰然病倒于北伐途中的牵屯山（今宁夏固原县西），他料知病势凶猛，大限将至，急令侄儿宇文护赶到泾州（今甘肃泾川北）托孤，那时他已病入膏肓，气若游丝："吾形容若此，必是不济。诸子幼小，寇贼未宁。天下之事，属之于汝。宜勉力以成吾志。"宇文泰气喘吁吁，老泪纵横，宇文护握着叔父渐渐冰凉的手，哽咽难抑，"涕泣奉命"（《周书·晋荡公护》）。

这位"涕泣奉命"的宇文护，果然不负乃叔所托，随后导演了

"周魏易帜"这出历史大戏,宇文氏取代拓跋氏,北周取代西魏——557年正月,他逼迫魏恭帝拓跋廓禅位于16岁的宇文泰第三子宇文觉,西魏覆灭,北周崛起。宇文护就任大冢宰(宰相),封晋国公,操弄国政,拓跋廓降为宋公,不久被诛杀。

到了这年九月,宇文护露出豺狼本相,开始废立诛戮宇文兄弟:先是废杀孝闵帝宇文觉,拥立23岁的宇文泰庶长子宇文毓为帝;三年后,又毒杀宇文毓,改立17岁的宇文泰第四子宇文邕为帝,这就是颇具雄才大略的周武帝。宇文护做梦也没想到,这就是他为自己找到的掘墓人。正是这位被史家称为"聪敏有器质",沉毅果决、能断大事的年轻皇帝,诛杀了专横跋扈的宇文护,使北周这艘在史海里颠簸摇晃,几欲沉落的斑驳巨轮,得以重新扬帆起航。

历来皇帝诛杀权臣,亲自动手者极少,周武帝诛杀宇文护,却是亲自"操刀"。据《周书·晋荡公护》记载,建德元年(572)三月的一天,武帝约宇文护一起面见太后,武帝一边走,一边对他说,太后颇好饮酒,不利于健康,请老兄劝谏一下她老人家吧!说着从怀中掏出一篇《酒诰》,请他读给太后听。《酒诰》出自《尚书·周书》,是中国第一篇"禁酒令"。周朝初期,贵族酗酒成风,荒于政事,为刹住这股歪风,周公旦作了这篇言辞慷慨的禁酒令。宇文护来到太后寝宫,一本正经宣读起来:"惟天降命,肇我民,惟元祀。天降威,我民用大乱丧德,亦罔非酒惟行;越小大邦用丧,亦罔非酒惟辜……"

他读得很认真,很投入,只见眼前的太后频频点头,根本就忘记了身后还有一位皇帝——"未讫,帝以玉珽自后击之,护踣于地。"武帝抡起手里的玉笏,骤然一击,势如霹雳,太后目瞪口呆,宇文护应声倒地,被随后冲出来的侍卫乱刀砍死。这场谋杀权臣的战斗,如此轻巧,迅疾,若天光划过长空,微风拂过殿宇,至少说明了两点:一,宇文护目空一切,旁若无人,对年轻皇帝毫无防备,"老子一手遮天久矣，你能奈我何？"二，周武帝此前俯身尘埃里，委曲求全装可怜，居然十分成功，彻底解除了宇文护的戒备之心。

然而，英武果毅如周武帝，却立了个昏聩不堪的太子宇文赟，可谓"播下龙种，生出跳蚤"，无论是循循善诱，还是棍棒拷掠，宇文赟顽劣依旧，武帝百般无奈，几次欲废之，终究难舍骨肉之情，宣政元年（578）六月，36岁的周武帝英年早逝，19岁的宇文赟继位，是为周宣帝，他甫登帝位，便胡作非为，暴虐荒淫，滥施刑罚，导致人心丧尽，《周书·宣帝纪》历数其种种劣迹，批判说："卒使昏虐君临，奸回肆毒，善无小而必弃，恶无大而弗为。穷南山之简，未足书其过；尽东观之笔，不能记其罪。"——观其文字之狠辣，可谓切齿噬骨也！

观乎周宣帝宇文赟一生行迹，有两大奇葩传世：其一，青年禅位，弄妖作怪。大成元年（579）二月，20岁的宇文赟忽然心血来潮，禅位于6岁的太子宇文阐，自称天元皇帝，住处称"天台"，大臣朝见时，必须先吃斋三天。他弓身而退，将少不更事的宇文阐推上前台，是为"周静帝"，静帝因此成了北周的亡国之君。其二，"五后并立"，争奇斗艳。他嗜色成性，蹂躏百花，立了五个花枝招展的皇后，打破前赵皇帝刘聪"三后并立"的记录，其中天左大皇后尉迟炽繁、天元大皇后杨丽华，最为耀眼吸睛。

尉迟炽繁本是宣帝叔父、西阳公宇文温的妃子，貌美如花，他一见垂涎三尺，借故处死其夫，把她揽入怀中，肆意揉弄。艳若桃李的天元大皇后杨丽华，则是隋文帝杨坚的长女，她一生追随着昏聩的宣帝，亦步亦趋——宇文赟为太子，她是太子妃；宇文赟即帝位，她是皇后；宇文赟禅位自称天元皇帝，她被封为天元大皇后。正是这位天元大皇后杨丽华，成为了其父杨坚取代北周，开创大隋万里江山的关键因素。历史航船的拐弯处，兀立着一个女子的曼妙身影，划开了沉滞水流，导引了纷纭乱世的缥缈航向……

杨坚承蒙祖荫，官运亨通，15岁就被授予散骑常侍、车骑大将军，那是宇文泰当政的西魏时期；史入北周，因为老爹杨忠功高位显，他跃升骠骑大将军、大兴郡公；武帝宇文邕继位，19岁的杨坚出任随州刺史，受到柱国大将军独孤信青睐，将14岁的七女儿独孤伽罗嫁给他为妻，独孤大将军乃朝廷重臣，这次联姻极大地提升了他的政治地位。568年，杨忠辞世，杨坚继任随国公。到了宣帝宇文赟时期，杨坚长女杨丽华晋位皇后，他成为上柱国、大司马、大前疑（相当于宰相），宣帝外出时，由他主持朝廷日常事务。

大象二年（580）五月，21岁的太上皇宇文赟驾崩，7岁的静帝亲政，尊天元大皇后杨丽华为皇太后，其生母天大皇后朱满月为帝太后，杨坚被任命为假黄钺、左大丞相。静帝乃一介娃娃，如何执掌天下？百官一律听命于左大丞相杨坚。至此，杨坚开始掌控朝政，夺取天下，他先是设计诛杀了实力强悍的宇文氏诸王，扫除朝廷内外的反抗势力，大定元年（581）二月，周静帝被迫下诏宣布禅位，杨坚环顾左右，坚辞不受，群臣再三劝进，这才受命登基称帝，国号曰"隋"，改元开皇。降周静帝为介国公，食邑五千户，车马、旌旗、服饰、音乐，一如其旧，"上书不为表，答表不称臣"，似乎很是宽厚仁慈，可是仅仅一个月后，杨坚就派人诛杀了介国公，并假惺惺地隆重祭悼。末帝命运之悲惨，殊堪哀怜！观周静帝禅位诏书，文辞华美，文采翩然，直令人悲酸难禁——"相国隋王，睿圣自天，英华独秀，刑法与礼仪同运，文德共武功俱远。虞舜之大功二十，未足相比，姬发之合位三五，岂可足论……"

应当说，杨坚建立隋朝，结束中国近300年的分裂状态，实现了自秦汉以来的又一次大统一，其历史功勋，可谓大矣哉。甫登帝位，他即以强国富民为宗旨，多措并举纾解民困，轻徭薄赋稳定民生，他说："方今区宇一家，烟火万里，百姓乂安，四夷宾服，岂是人功，实乃天意。朕惟夙夜祗惧，将所以上嗣明灵，是以小心励己，日慎一日。以黎元在念，忧兆庶未康，以庶政为怀，虑一物失所。"文中"乂安"，乃太平安定之意；"祗惧"，喻小心谨慎之貌；"兆庶"，泛指亿万草民百姓。文帝这段话，大有不忘初心、牢记使命之旨意也。他的历史使命，就是追求天下太平，国家富庶，百姓安居乐业。新皇帝心思在民，沃野滋润春雨，泱泱华夏终于步入正常的发展轨道，掀开了"开皇之治"新篇章。

开皇二年（582），隋文帝与朝臣开始筹建新都。隋朝建国后，先是沿用汉代长安旧城，由于历经七百多年战乱，皇城颓败，宫阙残破，亟须营建新都。文帝亲自勘察了古都长安周边地形，发现这座古城北倚龙首原，南对终南山，另有渭、泾、沣、涝、潏、滈、浐、灞八条河流环绕周围，形成"八水绕长安"之势，正如司马相如《上林赋》所云："荡荡乎八川分流，相背而异态。"勘察归来，他兴奋地说："日往月来，唯天所以运序；山镇川流，唯地所以宣气。运序则寒暑无差，宣气则云雨有作，故能成天地之大德，育万物而为功。"

文帝对都城北部的龙首原情有独钟。他说这里"川原秀丽，卉物滋阜，卜食相土，宜建都邑"。相传秦朝末年，一条黑龙腾云驾雾从秦岭来到渭河之畔饮水，所经之处形成一条逶迤丘山，起伏跌宕，状如虬龙，由此得名。新都由著名鲜卑裔建筑大师宇文恺主持修建，他把龙首原以南六条高坡视为易经乾卦之六爻，以此为核心，规划新都总体架构。宇文恺堪称隋代建筑巨擘，史载他少有器局，好学博览，巧思宏丽，他领衔建造的新都规模宏大富丽，外城、宫城、皇城，城阙错落，嶙峋如云，面积达84.1平方公里，堪称当时世界第一城。由于杨坚在北周时曾被封为"大兴公"，新都命名为"大兴城"。公元618年，唐朝建立，易名为长安城，隋之"大兴城"与唐之"长安城"由此"合体"，奠定了今日西安市之鸿基。

自古以来，帝业之基在于江山形胜，更在于民心向背；而由乱世入治世，总需要一位擎天驾海的铁腕统治者。因为，积弊百年，沉重如山，没有移山填海之力，断难彻底铲除。从这个意义上说，创造了"开皇之治"的隋文帝杨坚，堪称是一位了不起的改革家。

概述文帝之改革，其一，终止"胡化"逆流，恢复汉文化根基。当初宇文泰建立西魏，倒行逆施，推行"胡化"，令汉人改为鲜卑姓氏，造成极大混乱，余毒蔓延至隋初，杨坚一登基，首先拨乱反正，下令废除这一弊政，戒胡俗，复汉姓，弘汉文，他自己带头恢复"杨"姓。其二，割除朽滥官制，开创后世政制先河。北周官制古今杂糅，汉胡胶结，既乱且滥，全国设211州、508郡、1124县，"民少官多，十羊九牧"，弊端丛生，杨坚强力推行官制改革，实行五省六部制，开唐代三省六部制之先河，其体例为以后各代所遵循。其三，改革苛虐法律，颁布实施《开皇律》。北周刑戮残虐，血腥唬人，《开皇律》废除枭首、车裂等酷刑，只保留律令五百条，刑罚分为死、流、徒、杖、笞五等，规定：只要不是图谋推翻杨氏政权，不得株连九族。其四，实行户籍制度，扩大财政来源。把百姓实行编户管理，五家为保，五保为闾，四闾为族，分置保长、闾正、族正，百姓不能逃税，官吏也不能随意增加苛捐杂税；其五，实行永业田、职分田与公廨田，确保官吏收入，减轻百姓负累，初步缓解了日益严重的阶级矛盾。其六，改铸"五铢钱"，实行货币统一、度量衡统一，稳定金融市场，促进了工商业繁荣。

如果说，这些改革举措，为"开皇之治"奠定了基础，那么，于开皇四年动工开凿的"广通渠"，则是一项功在千秋的水利工程。"广通渠"西起京城大兴城，东至潼关，长达三百余里，引渭河水注入黄河。渭河古称渭水，发源于甘肃渭源县之鸟鼠山，南有秦岭横亘，北有六盘山屏障，西为黄土丘陵，东为关中平原。"广通渠"竣工，大水浩浩东去，灌溉两岸，滋润漠野，百姓欢欣庆祝。后来，隋炀帝又相继开凿了通济渠、山阳渎、永济渠、江南河等水利工程，沟通南北，"广通渠"成为了世界上里程最长、工程最大的古代运河——京杭大运河的一个中间环节。

对于杨坚早年的励精图治，《隋书》颇为叹赏："上推以赤心，各展其用，不逾期月，克定三边，未及十年，平一四海。薄赋敛，轻刑罚，内修制度，外抚戎夷"；"二十年间，天下无事，区宇之内晏如也。"他的敬业勤政，也是天下传诵，"每旦听朝，日昃忘倦，居处服玩，务存节俭，令行禁止，上下化之。开皇、仁寿之间，丈夫不衣绫绮，而无金玉之饰，常服率多布帛，装带不过以铜铁骨角而已。"有时候，他乘御辇出巡，遇到拦路喊冤者，便下令停车，亲自询问；为了解民间疾苦，他经常派人微服访察各地，"吏治得失，人间疾苦，无不留意"。那年关中地区闹饥荒，他指派近臣深入到饥民家里，掀瓦罐，翻锅盖，看他们究竟吃啥。当近臣把饥民吃的豆屑杂糠窝窝呈上来时，他潸然泪下，"流涕以示群臣，深自咎责，为之撤膳，不御酒肉者殆将一期"。

开皇初年的隋文帝，励精图治，克勤克俭，勤政爱民，天下春风怡荡，欣欣向荣，霞辉万里。然而，像许多早年大有作为、晚年昏聩不堪的君王一样，文帝到了执政晚期，猜忌、暴虐、粗鄙、不学无术等等本色日渐暴露，致使朝政呈现出一派颓败之象，受到后人广泛批评。

文帝晚年恶政之一，就是猜忌苛虐，屠戮勋臣。猜忌自古如毒药，毒汁四溅，危害惨烈。杨坚以阴谋诡计夺得天下，日夜担心别人"照葫芦画瓢"，谋逆夺位，于是鹰视狼顾，嗜血诛戮，无论是开国功臣，还是治国能臣，纷纷被借故诛杀。刘昉是当初文帝称帝的主要推手，曾鼓动他说："公若为，当速为之；如不为，昉自为也。"意谓：你要想当皇帝呢，就赶快动手；你要不想当，我可就采取行动啦！这位当年的"同谋者"，后来却以谋反罪遭到诛杀，文帝还下诏历数其罪，说他经常拿自己的姓名"刘昉"造谣：姓是"卯金刀"，名是"一万日"，刘氏应为"万日天子"云云，可谓莫须有之罪也！上柱国王世积眼见文帝杀机凛凛，就以酒解愁，常常烂醉如泥，不与政事，希求保命，终究难逃一死；尚书右仆射虞庆则在灭齐战争中立有大功，或许正应了一句话：功高震主，后来以谋反罪被杀；高颎乃治国之才，文帝心腹之臣，因为卷入太子废立风波得罪，文帝开恩，未加刑戮，一撸到底，削职为民，最后被杨广杀死了；著名战将史万岁东征西讨，战功卓著，文帝怀疑他有阴谋，下令乱棍打死，血溅朝堂……

为树立自己的绝对权威，杨坚还公然把朝堂变成公堂，在御座旁放置着杖棒，称为"杀威棒"，对大臣稍不如意，或看哪个不顺眼，当场施以刑杖，有时一天要打好几人，噼里啪啦，哀嚎声声，血肉横飞，他还嫌打得不够狠，下令严惩行刑者。高颎等大臣苦苦劝谏，说"朝堂非杀人之所，殿庭非决罚之地"，他根本不屑一顾，照打不误。他还派人四处查访，但凡稍有过失者，一律大刑伺候。刑部侍郎辛亶迷信红裤子，说穿着它可以升官发财，有一次居然穿着红裤子上朝，杨坚一见大怒，说你这厮穿红辟邪，岂不是将朕当成"邪"么？立即下令推出去斩首。大理寺丞赵绰提出异议，文帝拍案怒喝："你可惜他，难道不可惜自己的脑袋吗？"鸿胪少卿陈延主管皇家国宾馆，只因庭院中发现马粪，杨坚便下令把宾馆主官打死，陈延也被打成重伤。以小过滥杀臣僚，尤其显得毒辣，令百官闻之觳觫，文帝却嗜杀依旧——将作寺丞因麦秸收上来晚了几天，武库令因武库庭院生了杂草，有官吏在巡视中接受了地方长官馈赠的马鞭、鹦鹉等，均被斩首。他还派人私底下四处行贿，一旦有官员接受，便马上处死，如此"钓鱼反腐"，可以说为后世之"引蛇出洞"开了恶例。《隋书》批评说："逮于暮年，持法尤峻，喜怒不常，过于杀戮"，"其草创元勋及有功诸将，诛夷罪退，罕有存者。"

历史地看，猜忌与杀戮，使文帝失去了许多栋梁之才，那么，不学无术与鄙视文化，则是他留给后世的最大笑柄，以至于魏徵在《隋书》中一再抨击他这一粗鄙行为，说他"素无学术""不悦诗书"，面目可憎。杨坚自己不学无术，便认为读书无用，学校更是多余，仁寿元年（601），悍然颁布"废学令"，勒令全国学校一律废除，只保留王公贵族子弟读书的国子监，众大臣再三劝阻，他依旧痴迷不悟，不肯收回成命。对天下读书人，他也极度藐视，譬如当初他要把北周宗室斩尽杀绝，名儒李德林引经据典加以劝阻，杨坚撇着嘴说："君读书人，不足平章此事。"他说，像你这样的一介书生，哪有资格讨论这等大事？其轻蔑与不屑，如刀似剑，严重地伤害了这位大才子的自尊。杨坚断然下令，尽诛北周皇族宇文氏，留下呆若木鸡的李德林，在那里徒然地顿足嗟叹……

仁寿四年（604）七月，正是盛暑时节，杨坚住进了仁寿宫之大宝殿。仁寿宫位于陕西省麟游县漆水河之南岸，东障童山，西临凤凰，距京城长安320里，是文帝的避暑离宫。这时候的他，已经病入膏肓，一如夕阳残照，黄泉路近了。在他恍恍惚惚的脑海里，晃动着两个身影，一个是婀娜多姿的宣华夫人陈氏，一个是渐露峥嵘的太子杨广。宣华夫人乃南朝陈宣帝之女，姿容曼妙，娇媚蚀骨，独孤皇后去世后备受宠爱；杨广乃杨坚次子，在他废除太子杨勇之后，继任太子。《隋书·宣华夫人传》载，这天凌晨，宣华夫人朦胧中回到文帝寝宫，心神不宁，似有泪痕，文帝惊问其故，她泫然曰："太子无礼。"杨坚闻言暴怒："畜生何足付大事，独孤诚误我！"于是下令传召废太子杨勇，结果——杨勇当然没有来，却来了杨广的鹰犬，文帝随后驾崩，享年64岁。关于他的死，《隋书·高祖纪》只有寥寥数字："丁未，崩于大宝殿，时年六十四。"在随后公布的遗诏里，文帝大肆赞颂太子杨广——"皇太子广，地居上嗣，仁孝著闻，以其行业，堪成朕志。但令内外群官，同心戮力，以此共治天下，朕虽瞑目，何所复恨……"

至于隋文帝之死的真相，已成千古之谜；尽管传说纷纭，指太子杨广弑父夺位，毕竟只是传说而已。但他对宣华夫人的贪恋，却记入了《隋书·后妃传》：

> 太子遣张衡入寝殿，遂令夫人及后宫同侍疾者，并出就别室……晡后，太子遣使者赍金合子，帖纸于际，亲署封字，以赐夫人。夫人见之惶恐，以为鸩毒，不敢发。使者促之，于是乃发，见合中有同心结数枚，诸宫人咸悦，相谓曰："得免死矣！"陈氏恚而却坐，不肯致谢。诸宫人共逼之，乃拜使者。其夜，太子烝焉。及炀帝嗣位之后，出居仙都宫。寻召入，岁余而终，时年二十九。帝深悼之，为制《神伤赋》。

【史鉴君曰】

隋文帝杨坚早年承祖辈之荫庇，擢拔尘寰，跃登高位，"始以外戚之尊，受托孤之任"，乘势而起，取代北周，建立大隋，强力扭转了中国历史的进程，开辟"开皇之治"新篇章，可谓居功至伟，辉映千古。他执政初期，割除积弊，铁腕治乱，举世欣悦；他勤政爱民，心系百姓，国强民富——这样一位引领国家由乱世入治世的古代君主，至今令人仰之弥高，心向往之。然而，像许多有为之君一样，杨坚也未能逃脱执政晚期昏庸无道之窠臼，"雅好符瑞，暗于大道"，独裁天下，猜忌百官，暴虐杀戮，"纵其寻斧，剪伐本枝"，无异于自毁长城，自掘坟墓；而他的不学无术，粗鄙浅陋，仇视知识与文化，禁毁学校，湮灭教育，更是遗患深重，受到后人严厉谴责，实在是咎由自取。隋朝二世而亡，并非炀帝一人之失，"迹其衰怠之源，稽其乱亡之兆，起自高祖，成于炀帝，所由来远矣，非一朝一夕。其不祀忽诸，未为不幸也"（《隋书·高祖纪》）。

洞照文帝一生勋业，笔者因有所感矣。其一，早期励精图治，晚期昏聩不堪，一人之兴衰，牵连着天下兴亡与百姓福祉，古今之为政者，能不凛然生寒乎！身居高位，登高望远，胸怀天下者感觉了责任重大，顿生肘生双翅、搏云击雨之叹，努力精进，造福社稷；而那些浅陋无知者，则感到了志得意满，不免忘乎所以，妄自尊大，一旦大错铸成，则悔之晚矣。时刻保持清醒的头脑，生命不息，奋斗不止，则善莫大焉。其二，猜忌犹如一把双刃剑，既可以杀人，也可以害己，无论是君臣之间，还是朋友之间、同志之间，甚至是夫妻之间，一旦陷入"互害模式"，其危害则惨烈入骨，反目成仇者有之，互撕互殴者有之，致使世界上戾气横生，道德溃败；戒除猜忌之心，增强彼此信任，重建道德高地，已经成为这个时代的一个严峻课题。其三，尊重知识，尊重人才，虽是老调重弹，依然需要"重锤敲击"，使之响彻寰宇。隋文帝以其粗陋无知嘲弄天下读书人，蔑视知识与文化，已然成为古今笑柄；当今之世，主流价值观严重倒错，世人纷纷成为权力与金钱的奴隶，千方百计追逐权力，不择手段追逐金钱，却对知识文化嗤之以鼻，对读书人不屑一顾，岂不是在步隋文帝之后尘，踏上一条覆灭之路乎？——戒之哉！戒之哉！

（2017年2月24日）

隋炀帝杨广：夙夜战兢，若临川谷

——我日夜战战兢兢，如临长河与深渊。

隋炀帝杨广（569~618），又名杨英，小字阿㦬，隋文帝杨坚与文献皇后独孤伽罗之次子，隋朝第二位皇帝，13岁立为晋王，兼并州（今山西太原）总管；19岁出任尚书令、行军元帅，与元帅长史高颎等挥师南下，攻灭南陈，统一中国；31岁取代其兄杨勇，登上太子宝座；仁寿四年（604）七月，64岁的隋文帝莫名死去，36岁的杨广随后继位，是为隋炀帝。他是中国历史上一位极具争议的帝王，众口嚣嚣，毁誉参半：其一，他开创科举，营建东都，疏浚永济渠，西巡张掖，开发西域，堪称大有作为，治功磊磊；其二，他骄纵奢靡，屡起宫室，征战不息，亲征吐谷浑，三征高句丽，致使民力枯竭，民变频仍，导致天下大乱，将老爹开创的"开皇之治"极速抛散，隋朝二世而亡，成为历史上的短命王朝之一，国祚只有38年。

《隋书·炀帝纪》开篇，对其早年多溢美之词："上美姿仪，少敏慧，高祖及后于诸子中特所钟爱"；"上好学，善属文，沉深严重，朝野瞩望"；"晋王眉上双骨隆起，贵不可言。"一天，文帝巡视晋王府邸，"见乐器弦多断绝，又有尘埃，若不用者，以为不好声伎，善之"。一次，杨广观猎，暴雨骤至，随从连忙拿来油衣，为之遮雨，岂料被他断然拒绝："士卒皆沾湿，我独衣此乎！"暴雨哗哗，箭雨横飞，杨广与士卒一起雨中观猎，洋洋自若。在率军攻灭南陈后，他下令严明军纪，"封府库，资财无所取，天下称贤"。他凯旋之后，擢升扬州总管、武侯大将军，率军西击突厥，再立新功，随后取代其兄杨勇，跃登太子之位，出任大兴县公，史臣赞曰："炀帝爰在弱龄，早有令闻，南平吴会，北却匈奴，昆弟之中，独著声绩。"

在《隋书》著者笔下，杨广的形象似乎很高大，颇具明君范儿，然而，其春秋笔法却随处可见，显示了强烈的批判姿态，其一，文帝视察晋王府，"善之"，著者评论说：晋王"尤自矫饰，当时称为仁孝"。他那些举动呀，不过是"矫饰"，弄虚作假，欺骗圣上，所谓"仁孝"，完全是骗人嘛。其二，那一年，杨广出任大兴县公，镇守新都大兴城，自是踌躇满志，文帝也自豪地说："吾以大兴公成帝业。"那天晚上，忽然天降灾异，"烈风大雪，地震山崩，民舍多坏，压死者百余口"——种种不祥之兆，岂不是苍天发出的警告么？

隋炀帝广为后人诟病的罪孽，一是心狠手辣，陷害太子杨勇，踏着兄长的鲜血夺嫡上位；二是诡诈奸险，谋害老爹杨坚，弑君篡位，留下千古骂名。其实，这两条，不过是历代宫廷斗争之延续，统治阶级内部为争夺皇位而血腥搏杀，所谓"狗咬狗"而已。

历史地看，太子杨勇之废，杨广所能做的只是推波助澜，其幕后的主要推手，则是兄弟俩的生母——独孤伽罗皇后。因为，自隋朝建立起，独孤皇后就暗弄皇权，左右文帝，时称"二圣"。独孤伽罗是北周大司马独孤信第七女，"伽罗"乃梵语，意为沉香木、奇楠香，为木中奇珍，芳香四溢，素有"沉檀龙麝"之说。以伽罗为之命名，彰显了老爸对女儿的爱怜。独孤伽罗姿色秀丽，颖慧冠世，14岁嫁给杨坚，从此成为其贤内助，周隋鼎革交替之际，她与杨坚一起运筹帷幄，夺取天下，杨坚登基称帝，她则晋位皇后。她与杨坚，堪称伉俪情深，龙凤共翔。《隋书·文献皇后传》载："高祖与后相得，誓无异生之子。后初亦柔顺恭孝，不失妇道。每谦卑自守，世以为贤。"两人情感深厚，恩爱日久，先后生了五个儿子：长子杨勇，次子杨广，三子杨俊，四子杨秀，五子杨谅。

对于自己"五子同母"，隋文帝颇为嘚瑟，他说："前世天子，溺于嬖幸，嫡庶分争，遂有废立，或至亡国；朕旁无姬侍，五子同母，可谓真兄弟也，岂有此忧邪！"（《资治通鉴·隋纪·高祖纪》）他说，前朝皇帝沉溺声色，妻妾成群，儿子一大堆，弄得嫡庶纷争，酿成亡国惨祸；朕只有皇后一人，五个儿子乃一母同胞，是真正的亲兄弟，哪有这个忧虑呢？然而，残酷的事实，无情地粉碎了文帝这份儿可怜的自豪——杨广后来夺位登基，文帝死因成谜，其余四兄弟纷纷倒毙，秦王杨俊早年病死，废太子杨勇被赐死，蜀王杨秀被禁锢，后遭杀害，汉王杨谅兵败被囚，幽禁致死。一母同胞，如此手足相残，悲哉！

其实，撩开笼罩在二人头上那层温情脉脉的虹彩，隋文帝与独孤皇后的夫妻生活，并非像戏文唱的那样，"如花美眷，似水流年"，而是充满了冷暴力，风波不断。《隋书·文献皇后传》的记载，颇堪玩味，先说她"颇仁爱，每闻大理决囚，未尝不流涕"；然而笔锋一转，批评她"性尤妒忌，后宫莫敢进御"。独孤皇后像一只斑斓雌虎，虎视眈眈踞守着皇帝的龙床，其他嫔妃哪敢靠近？文帝眼瞅着美艳嫔妃流口水，却不得亲幸，只有抓耳挠腮，呵呵苦笑。

相州总管尉迟迥谋反被诛，其孙女被收入掖庭，此女姿色艳丽，文帝偶尔一瞥，淫心大动，就在仁寿宫偷偷临幸了她。独孤皇后闻讯，恨得牙根儿直疼，乘文帝上朝之机，"阴杀之"，悄然掐灭了她的生命之花。文帝眼见美人凋谢，雷霆大怒，又无可奈何，飞身上马，单骑出走，"不由径路，入山谷间二十余里"。宰相高颎、内史令杨素等追上来扣马苦谏，文帝仰天长叹："吾贵为天子，而不得自由！"高颎说："陛下岂以一妇人而轻天下！"岂料，高颎这句劝慰之词，却为自己埋下了祸根，独孤皇后闻听高颎称自己是微不足道"一妇人"，怀恨在心，从此经常在文帝面前谗毁之，高颎后来失势，以至于被废为庶民，皆肇始于此也。其实，高颎说的"一妇人"，或许不是指独孤皇后，而是指被她虐杀的尉迟女，但她一口咬定高颎"指桑骂槐"，也是令人无语。

经过这次醋海翻波，淫风蝶浪，美人丧命，皇帝出奔，令人匪夷所思的是，文帝与独孤皇后之间居然愈加亲密了，皇后纵横朝堂，文帝言听计从，"上亦每事唯后言是用"。那时候，太子杨勇沉溺声色，惹怒老娘，自毁前程，"勇多内宠，昭训云氏，尤称嬖幸，礼匹于嫡。勇妃元氏无宠，尝遇心疾，二日而薨"（《隋书·房陵王勇传》）。杨勇宠幸美姬云氏，冷落正妃元氏，导致元氏罹患心疾，二日而亡，独孤皇后大为震怒，认为是杨勇联手云氏逼死了太子妃，于是大吹枕头风，谗毁太子杨勇。文帝在皇后忽悠下，起了废立之念，试探宰相高颎说："晋王（杨广）妃有神凭之，言王必有天下，若之何？"高颎一听，长跪不起："长幼有序，其可废乎！"文帝默然不语，"独孤皇后知颎不可夺，阴欲去之"（《隋书·高颎传》）。此后，独孤皇后祭出霹雳手段，导演了一出"鸠占鹊巢"之宫廷连续剧："由是讽上黜高颎，竟废太子，立晋王广，皆后之谋也"——斥退宰相高颎，废黜太子杨勇，扶立杨广上位，这一连串重大人事变动，竟全是出于独孤皇后之谋！

如果说，杨广踩着兄长的头颅跃登太子之位，主要仰赖母后的强力支持，那么，他逼凌父皇、夺位登基，则要依靠自己的诡诈手腕了。《隋书·高祖纪》载，仁寿四年（604）初春，文帝驾临仁寿宫。仁寿宫位于陕西麟游县，是文帝的避暑离宫，入唐后改称九成宫。这里东障童山，西临凤凰，溪壑萧森，松柏葱郁，大宝殿、丹霄殿、咸亨殿、排云殿，横陈罗列，巍峨入云；仁寿宫乃文帝寝宫，装饰简朴而绮丽。今次文帝驾临这里，龙体堪虞，异相频现，"夏四月乙卯，上不豫。六月庚申，大赦天下。有星入月中，数日而退。长人见于雁门。秋七月乙未，日青无光，八日乃复。"到了这年七月，文帝已病入膏肓，"卧于仁寿宫，与百僚辞诀，并握手唏嘘。丁未，崩于大宝殿，时年六十四。"

透过以上记载可以看出，文帝之死，应属于自然死亡。对此，《隋书·炀帝纪》只有一句话："四年七月，高祖崩，上即皇帝位于仁寿宫。"到了《隋书·宣华夫人传》中，则显露出杨广的狰狞嘴脸，他对父皇宠妃宣华夫人垂涎欲滴，图谋不轨，"初，上寝疾于仁寿宫也，夫人与皇太子同侍疾。平旦出更衣，为太子所逼，夫人拒之得免，归于上所。"文帝见爱妃颜色异常，惊问其故，夫人泫然欲涕，说太子无礼，文帝闻言大怒："畜生何足付大事，独孤诚误我！"

到了撒手尘寰之际，文帝才恍然明白，当初独孤皇后的废立之谋万分荒谬，可是晚了！他下令召长子杨勇，来到病榻前的，却是太子杨广的爪牙、司门侍郎张衡——"太子遣张衡入寝殿，遂令夫人及后宫同侍疾者，并出就别宫。俄而上崩。"内史令杨素是杨广的"谋逆同党"，《隋书·杨素传》载，文帝病危，杨素与兵部尚书柳述、黄门侍郎元岩等入阁侍疾，"时皇太子入居大宝殿，虑上有不讳，须预防拟，乃手自为书，封出问素"。杨素的回书，被阴差阳错送到了文帝手上，阴谋败露，文帝暴怒，杨广与杨素紧急戒严，调来东宫士兵包围皇帝寝宫，下令张衡进殿"侍疾"，"上以此日崩，由是颇有异论"。

以上记载，尽管指向了杨广"弑父夺位"，然而，扑朔迷离之间，刀光剑影闪烁，文帝究竟是病死，还是被张衡弑毙，已成千古之谜。炀帝继位，张衡受宠，官升御史大夫，烜赫一时，到了大业八年（612），张衡的噩运骤然降临，《资治通鉴·隋纪·炀帝纪》载：小妾告发他心怀怨望，谤讪朝政，炀帝下令赐死于家，张衡临死，仰天大呼："我为人作何等事，而望久活！"其临终遗言，是对弑君之罪的忏悔么？——天晓得。

然而，无论如何，既然历史选择了杨广，冥冥之中，总有其必然原因。杨广之为政，堪称"三有"：有雄才，有辉煌，有局限。只是，其兴也忽，其败也速，最后人死名灭，江山沦落，隋朝二世而亡。史家对炀帝历来十分峻厉，将他与商纣、夏桀之类暴君并列，大加挞伐，然而，追寻前尘，拂尽流沙，炀帝的历史治业，却历历可见，择其要者而述之。

其一，诛灭南陈，一统天下。尽管，隋军渡江灭陈之战，高颎是实际上的总指挥，杨素、贺若弼、韩擒虎等骁将是前线指挥官，杨广作为行军元帅，虽有"镀金"之嫌，其功绩也是显而易见的，尤其俘虏后主陈叔宝后，他下令封存库府，"资材无所取"，严惩南陈奸佞，"天下称贤"，亦是自然。当然，他想顺便把后主宠妃张丽华揽入怀中，也是其好色本性的自然流露也。

其二，改革政制，修订法律。炀帝继位，先改官制，设五省、三台、五监、十六府等，改州、县为郡县，消除"民少官多，十羊九牧"之弊。同时下令修订法律，"以高祖禁网深刻，又敕修律令，除十恶之条"，颁行《大业律》，"五刑之内，降从轻典者，二百余条"。这次修法，旨在减省苛虐，宽松天下，后世盛行的《唐律》，就是《开皇律》与《大业律》的修订版。

其三，迁都洛阳，复兴古都。隋都大兴城位于大西北，渭水蜿蜒，泥沙俱下，漕运困难，大业元年（605），炀帝下令营建东都，《元和郡县图志》载："仁寿四年，炀帝诏杨素营东京，大业二年，新都成，遂徙居，今洛阳宫是也。"新建的洛阳城，南对龙门，北倚邙山，瀍河、洛水纵贯其间，外城、宫城、皇城，鳞次栉比，规模宏大，山清水秀，景色宜人，成为全国经济文化之中心。

其四，倡行进士科，开创科举制。炀帝下令恢复文帝时取消的国子监、太学、四门学、州县学，纠正了文帝鄙弃文化之弊。《隋书·儒林传序》载："炀帝即位，复开庠序，国子郡县之学，盛于开皇之初。""庠序"，学校，泛指学校或教育事业。与此同时，倡行进士科，大力推进科举制，采取分科考试选拔人才方法，削弱大家士族特权，选拔草根英华上位。他说："诸郡学业该通，才艺优洽，膂力骠壮，超群等伦，在官勤奋，堪理政事，立性正直，不避强御，四科举人。"应当说，科举制的确立，绵延千载，盛行不衰，从唐宋到明清，其余波荡漾至今，直到"文革"后期拨乱反正，恢复高考制度，人们依然可以透过历史的炫光，恍见炀帝当年开创科举的影子。

其五，整理典籍，弘扬国学。炀帝数十年孜孜以求，罗织人才，整理典籍，但凡经术、地理、医药、占卜、兵、农，以及蒱博（游戏赌博）、飞鹰走狗等百科杂学，均搜集成书，共有130部、17000多卷。编纂《长洲玉镜》400卷、《区宇图志》1200卷。长安皇宫嘉则殿里有历代图书37万卷，炀帝命精编为3.7万卷，置于洛阳修文殿，同时誊抄副本50部，分置两京宫城官衙；在洛阳观文殿修建庞大书库，藏书以甲乙丙丁为目，分统经史子集四类，开后世"四部分类法"之先河。皇帝好书不辍，臣僚撰著成风，内史侍郎裴矩奉敕前往张掖公干，公务之暇遍访西域风情，"依其本国服饰仪形，王及庶人，各显容止，即丹青模写，为《西域图记》，共成三卷"（《隋书·裴矩传》）。

其六，攻灭吐谷浑，镇抚台湾岛。吐谷浑汗国盘踞在青海、河西一带，多次随突厥入寇中原，大业四年（608），炀帝令许国公宇文述奇袭吐谷，犹如铁帚扫荡，使其"故地皆空"。第二年，炀帝御驾亲征，围剿吐谷残部，迫使其部落十万人投降，隋军乘胜追击至青海湖畔，占领其汗廷伏俟城，设置鄯善、且末、西海、河源四郡。伏俟城俗称"铁卜加古城"，遗址位于青海省海南藏族自治州共和县石乃亥乡铁卜加村之西南。"伏俟"是鲜卑语，意为"王者之城"。汉廷皇帝抵达遥远的"铁卜加古城"，这是中国历史上的第一次，也是唯一的一次。至此，帝国疆域东起辽河，西至敦煌，北抵大漠，南至交趾（今越南北部），广袤无极，《资治通鉴》赞曰："是时天下凡有郡一百九十，县一千二百五十，户八百五十万有奇。东西九千三百里，南北万四千八百一十五里。隋氏之盛，极于此矣！"

宝岛台湾，三国时称为夷洲，隋时称为流求，大业初年，炀帝派羽骑尉朱宽两次出使流求，"入海求访异俗"，可惜成效甚微。大业六年（610），炀帝重拳出击，派遣虎贲郎将陈稜、朝请大夫张镇州统兵万余，泛海抵达流求，恩威并重，予以招抚，流求王负隅顽抗，"遣兵逆战"，被诛杀，流求岛被一举荡平。有趣的是，岛民看见隋军舰船，以为是商旅来临，都争着去做买卖，这是大陆与台湾岛最早有通商贸易的记录。

如果说，隋文帝励精图治，开创"开皇之治"，那么，杨广继位后大展雄才，绽开"大业繁花"，并非过誉；而他举全国之力开凿"隋唐大运河"，则是一项弊在当代、功在千秋的伟大事业了。

历史地看，文帝、炀帝父子，堪称"治河模范"。开皇四年（584），文帝下令疏浚漕渠，开凿"广通渠"；大业元年（604），炀帝甫登帝位，就下令开凿阳渠故道、汴渠故道为"通济渠"；大业四年（608），又征发河北百万民工，疏浚汉代屯氏河、大河故渎，及曹操所开白沟为"永济渠"；大业六年（610），疏浚春秋吴运河、秦丹徒水道、南朝运河为"江南河"——至此，横贯南北的"隋唐大运河"横空出世，以东都洛阳为中心，南至会稽（杭州），北到涿郡（北京），全长2700公里，流经浙江、江苏、安徽、河南、山东、河北、北京七省市，通达黄河、淮河、长江、钱塘江、海河五大水系。这是中国古代南北水路交通大动脉，也是世界上开凿最早、规模最大的运河，炀帝的"治水伟业"，堪称空前绝后矣！

隋炀帝如此雄才大略，屡创奇迹，理应开创一代盛世，然而，恰恰相反，他从仁寿四年（604）继位，到大业十四年（618）被叛军缢杀，十四年间，从兴盛到衰败，从威震八方到土崩瓦解，不过是转瞬之间。炀帝悲惨弃世，隋朝二世而亡，究竟为什么呢？梳理史书记载，可以略窥端倪。隋炀帝执政早期，大展雄才，经纬天地，勋业磊磊，到了晚期，则昏庸残暴，众叛亲离，自取灭亡。有人说，《隋书》著者乃初唐学者，魏徵等修史强调"以史为鉴"，抹黑前朝，贬损炀帝，不过是为李渊篡隋寻找"历史依据"；还有人说，隋朝过早殒灭，责任不在炀帝，而是豪门政治惹的祸。此说甚谬也！此前的南北朝时期，出了一连串草根帝王，譬如宋武帝刘裕、齐高帝萧道成，都属于寒门庶族，没啥文化的土包子，在他们的强力挤压之下，豪门世族逐渐式微；史入隋朝，文帝下令废除"九品中正制"，铲除豪门政治之根基，炀帝厉行科举制，草根英才不断擢升，所谓豪门士族，哪里还会威胁到至高无上的皇权呢？

其实说到底，隋朝未能长治久安的罪魁祸首，就是隋炀帝自己。虽然，他的复杂人格与形象，至今模糊不清。综合炀帝在史册里的"形象"，可以用三句话来概括：雄才大略伴着穷奢极欲，大有作为伴着目空一切，才华横溢伴着醉生梦死。炀帝的擎江驾海之才是毋庸置疑的，其历史作为亦应厘清，涂抹在他身上的斑斑污迹也应拭去，他的各项宏大创举，比之秦皇汉武、唐宗宋祖，毫不逊色；然而，他的雄才大略与好大喜功、穷奢极欲、醉生梦死连在一起，就铸成了无可挽回的倾覆之源。他大兴土木，广起宫室，奢靡富丽，穷竭资财，弄得民怨沸腾；他铁腕治水，穷尽民力凿运河，役使百姓通南北，虽然造福后代，却是祸患当世；他穷兵黩武，征西域，伐高丽，虎啸万里，气吞八荒，却劳民伤财，苛虐百姓，导致天下大乱；他刚愎自用，拒谏饰非，信用奸佞，却又胆怯如鼠，面对乱军汹涌，不敢直面现实，耽在江都（扬州）苟活，醉生梦死……

史载，炀帝文采纵横，妙句迭出，《隋书·经籍志》收录《炀帝集》55卷，《全隋诗》录其诗40多首，《江陵女歌》《夏日临江》

《春江花月夜》《野望》《饮马长城窟》均为诗歌佳作，其《春江花月夜》颇夺唐人神韵，足以秒杀张若虚："暮江平不动，春花满正开。流波将月去，潮水带星来。"一代君王，才华如斯，却又嫉贤妒能，戕害著名诗人薛道衡、王胄等人，《资治通鉴·隋纪·炀帝纪》载："帝善属文，不欲人出其右"，薛道衡死了，炀帝咬牙说：哼！你还能作"空梁落燕泥"否？王胄死了，炀帝一边背诵其诗句"庭草无人随意绿"，一边诅咒：老子看你还能随意绿不！

炀帝堪称古代超级"驴友"，年年出巡，曾三幸江都，两巡塞北，三游涿郡，每次出游，都声势喧天，大起楼船，大造离宫，靡费亿万。大业元年（604）八月，炀帝携夫人萧后第一次临幸江都，其所乘龙舟分为四层，高45尺，长200丈，设有120个房间，有正殿、内殿、东西朝堂，一律饰以金玉，雕梁画栋；萧后所乘"翔螭舟"，规格略小，装饰无异；随行船只数千艘，名曰：漾彩、朱鸟、苍螭、白虎、玄武、飞羽、青凫、陵波、玄坛、黄篾，等；随行诸王、百官、后妃、宫女达十万人，船队迤逦江面，长达二百余里，所经州县，五百里内都要贡献美食佳肴。为了夯实帝业，炀帝无节制地奴役百姓，仁寿五年（605），下令营建东都洛阳，役使百姓二百多万人；自大业元年（604）至大业六年（610），下令开发各段运河，先后调发河南、淮北、淮南、河北、江南诸郡百姓三百多万人。十余年间，全国征发苦役不少于一千万人次，许多人惨死工地，出现了"天下死于役"之惨象。炀帝却不顾百姓死活，在各地大修离宫别馆，其中著名的有显仁宫、江都宫、临江宫、晋阳宫、西苑等。西苑位于洛阳西郊，方圆二百余里，苑内开凿人工湖，碧波荡漾，湖畔殿宇巍峨，绮绝天下，炀帝经常乘着夜色，携美姬，歌雅韵，泛舟湖上，喧呼弄酒，大醉滔滔……

炀帝如此作为，无异于自掘坟墓，被天下人唾弃是必然的。大业七年（611）之后，各地民变蜂起，愈演愈烈，渐成燎原之势，齐郡邹平（今山东邹平县）人王薄、东郡韦城（今河南滑县）人翟让、扶风平陵（今陕西咸阳）人窦建德、齐州章丘（今山东济南）人杜伏威、京兆长安（今陕西西安）人李密、饶州鄱阳（今江西鄱阳）人林仕弘等隋末英豪，纷纷揭竿而起，大业十三年（617）五月，炀帝表兄李渊在晋阳（太原）起兵，同年十一月攻入长安，拥立年仅13岁的炀帝之孙杨侑为帝，遥尊杨广为太上皇。

这时候，眼见江山倾覆，帝业崩摧，炀帝似乎已经丧失了斗志，龟缩在江都离宫里，越发荒淫昏乱了，《资治通鉴·唐纪·高祖纪》载："隋炀帝至江都，荒淫益甚，宫中为百余房，各盛供张，实以美人，日令一房为主人。江都郡丞赵元楷掌供酒馔，帝与萧后及幸姬历就宴饮，酒卮不离口，从姬千余人亦常醉。然帝见天下危乱，意亦扰扰不自安，退朝则幅巾短衣，策杖步游，遍历台馆，非夜不止，汲汲顾景，唯恐不足。"有一天，炀帝揽镜自照，指着自个儿的脑袋对萧后说："好头颈，谁当斫之！"萧后惊问其故，他怃然一声惨笑："贵贱苦乐，更迭为之，亦复何伤！"

炀帝为之叹息的那颗"好头颅"，不是为义军所戮，也不是为乱民所斫，而是被自己的随身护卫骁果军将领扼颈缢杀！大业十四年（618）三月，炀帝见天下大乱，万念俱灰，准备迁都丹阳（今江苏丹阳市），酿成一场兵变，兵变的主谋，就是骁果军统帅、虎贲中郎将司马德戡，与宇文化及的二弟宇文智及。

关于司马德戡其人，《隋书》本传说他是其母和氏与桑门释粲和尚的私生子，自幼孤苦，靠帮人屠猪宰狗谋生，成年后进入隋朝官场，迅速蹿升，官居大都督、鹰扬郎将，大业三年（607），成为执掌骁果军的虎贲中郎将。骁果军是隋文帝杨坚创建的一支皇家御林军，士兵配置汗血马，装备骑枪和马刀，身穿血色明光铠甲，头戴赤金豹头盔，左臂刺有血鹰标记。作为这样一支御林军的统帅，司马德戡在炀帝心中的地位，可想而知。然而，有时候，最坚固的铜墙铁壁，最易从内部攻破；最可靠的柱石之臣，最易在危急时刻背叛。古今中外，概莫能外。

大业十二年（616），炀帝第三次临幸江都，司马德戡率骁果军随行护驾，大业十四年（618）三月，炀帝下令迁都，骁果军将士家眷都在北方，思家心切，军心骚动，司马德戡与麾下相约出逃，北归故乡，当此时也，他还没有弑君之念。宇文智及闻讯，建议"乘此机会起大事"，一语点醒梦中人！司马德戡与宇文智及密谋划策，决定由宇文智及之兄、右屯卫将军宇文化及出任首领，兴兵举事，夺取天下，至此，剧情急转直下——骁果军骤然哗变，半夜闯入内宫，面对血淋淋的刀剑，炀帝问："今夜之变，何人主谋？"司马德戡回答："普天同怨，何止一人？"炀帝默然无语。他12岁的爱子赵王杨杲，在旁嚎啕大哭，被当场斩杀，血溅帝衣。白刃在前，逼近颈项，炀帝大呼："天子之死，何用刀剑？取鸩酒来！"被拒绝，炀帝只得解下颈上练巾，交给行刑军卒，可怜威风凛凛不可一世的隋炀帝，随后被缢杀，享年50岁。

【史鉴君曰】

在中国历史上，如隋炀帝一样被历史误读的君主，并不多见。贴在他脸上的"昏君""暴君"之标签，如遮天雾霾，抹杀了他的历史功绩。世人皆知其昏聩不堪，致使国破身灭，而忽略其峰岭作为，与不凡功业。如今检视青史，霍然发现，炀帝的丰功伟业，堪称与日月同辉也。他修订法律，简省刑戮，开启后世完善法制之清流；厉行科举，网罗英才，开创后代选拔人才之"通衢"；营建洛阳，构筑古都，弥漫千年兴衰之尘烟；整理典籍，传承国学，绽开中华文化灿烂之繁花；兴兵开边，驱逐强寇，构建帝国辽阔疆域，赢得四方来朝；开凿大运河，滋润天地，沟通南北，造福千秋万代——如此勋业磊磊，足可以比肩中国历史上任何盛世帝王矣。美籍汉史学家费正清先生在《中国：传统与变迁》一书中指出："在隋文帝和隋炀帝的统治下，中国又迎来了第二个辉煌的帝国时期。大一统的政权在中国重新建立起来，长城重新得到修缮，政府开凿了大运河（这为后来几百年间的繁华提供了可能），建造了宏伟的宫殿，中华帝国终于得以重振雄风。"

然而，历史上如隋炀帝一般功业如此辉煌，败落如此迅捷的君主，也不多见。强秦二世而亡，缘于"沙丘宫政变"，中书令赵高逞其虎狼之心，丞相李斯弄其势利之心，二世胡亥践登帝位，胡作非为，秦国最后尽入赵高之罗网，欲不速亡，可乎？隋文帝选择杨广接班，虽然临终反悔，历经波澜，留下"弑君"疑案，毕竟青史如铁，不可改易，姑且谓之"历史的选择"吧！——杨广变身炀帝，其勃兴如迅雷经天，其败亡如乱流泄地，治业之辉煌与覆亡之急骤，这样的历史悖论，令古今许多人疑惑深重。省察之，慎思之，于纷纭青史之间，隐约窥见几许脉绪也。其一，好大喜功，滥施民力，弄得天下多艰，埋下覆亡之祸。无论是举兵征伐四方，还是大起楼台宫殿，炀帝历来不计代价，不惜血本，铺排连天，靡费惊人，搞得国库空虚，民不聊生，即如开凿大运河这样的"利民工程"，也导致无数百姓命丧工地，所谓"弊在当世，造福千秋"，不过是一声沉痛的历史叹息。一个失去民心支撑的王朝，与一个万民唾骂的皇帝，妄想长治久安，岂非白日做梦？其二，妄自尊大，目空一切，搞得满朝尽为马屁精，最后沦为孤家寡人。炀帝自视天马行空，横绝四海，睥睨万世，天下芸芸百姓，不过是草芥砂砾，满朝衮衮诸公，不过是豚犬鹦鹉，天下乱起，炀帝束手无策，只如鸵鸟一样，潜在江都离宫苟活，眼睁睁看着野火毕毕剥剥燃烧，锦绣江山化为灰烬，堂堂天子也成了一碟王朝祭品。其三，贪婪暴戾，荒淫无度，导致朝纲崩摧，帝基晃摇。自古帝王，贪婪暴戾乃是自戕之剑，荒淫无度乃是自焚之火，因此而亡国丧命者多矣！炀帝二者兼具，覆灭亦属自然。《隋书》著者批评说：

炀帝"淫荒无度，法令滋章，教绝四维，刑参五虐，锄诛骨肉，屠剿忠良，受赏者莫见其功，为戮者不知其罪。"措辞峻厉，不亦宜乎？

清太祖爱新觉罗·努尔哈赤说："从来国家之败亡也，非财用不足也，皆骄纵所致耳。若夏桀、商纣、秦始皇、隋炀帝、金完颜亮，咸贪财好色，沉湎于酒，昼夜宴乐，不修国政，遂致身死国亡。"（《清太祖高皇帝圣训》）应当说，清太祖将秦始皇、隋炀帝与夏桀、商纣并列，并不公平；毕竟，前二者是大有作为的一代君主，后二者是昏聩糜烂的乱世煞星。然而，他总结的历史教训，却是颇有道理的。这位清代大政治家，头脑是无比清醒的啊！

（2017年7月21日）

下卷

臣之鉴

伊尹：惟天无亲，克敬惟亲

——只有敬畏天地与百姓，全心全意，克敬克诚，才能取得臣民拥戴与皇天眷顾。

伊尹（前1649～前1549），夏末商初著名政治家、思想家，姓伊，名挚，传说生于空桑。《列子·天瑞》云："伊尹生乎空桑。"《吕氏春秋·本味》载："有侁氏女子采桑，得婴儿于空桑之中，献之其君。"

空桑乃上古地名，属于上古九州之一的古兖州，包括今河南东部、安徽北部、山东兖州等地。据古籍记载，这一地域时有神秘之光闪烁，孔子、伊尹、力牧（黄帝之相）、羲和（天文世家）、颛顼（黄帝之孙）、轩辕氏、神农氏等，据说都生于此地，可谓星辰罗列，熠熠生辉。伊尹一生，作为商王朝丞相五十余年，历事商汤、外丙、仲壬、太甲、沃丁五代国君，呕心沥血，功勋卓著。沃丁八年（前1562年），伊尹辞世，终年100岁，葬于河南虞城县，其墓地位于虞城西南之魏堌堆村。伊尹生前写过许多文字，《汉书》录有《伊尹》51篇、《伊尹说》27篇，可惜早已亡佚。清代学者马国翰辑录的《玉函山房辑佚书》有《伊尹》一卷。1973年，长沙马王堆三号汉墓出土帛书也有伊尹的文字64行。

考察伊尹的一生行迹，却是一曲跌宕起伏的"励志之歌"。《墨子·尚贤》篇中，三次谈到了伊尹："汤举伊尹于庖厨之中，授之政，其谋得"（上篇）；"伊挚，有莘氏女之私臣，亲为庖人"（中篇）；"昔伊尹为有莘氏女师仆，使为庖人。汤得而举之，立为三公，使接天下之政，治天下之民"（下篇）。综合分析墨子先生这三句话，其一，伊尹生于庖厨，精于烹调之术；其二，伊尹曾为贵族子弟做家教，看上去蛮斯文，身份不过是奴隶；其三，商汤擢拔伊尹于庖厨之中，使之成为古之贤相，万古流芳。在甲骨文中，就有大乙（商汤）与伊尹一起参加祭祀活动的记载，可以说，伊尹是中国唯一一个见之于甲骨文记载的教师。

相传，伊尹的生身父母，均在有莘国王府供职。有莘国，亦称有侁国，位于今河南省商丘市民权县一带。伊尹之父是有莘国王的厨师，烹调技艺精湛；其母是有莘国王的采桑女，两人同为国王家奴，日久生情，颠鸾倒凤，也是顺乎自然的。母亲在他出生的前夜，梦见一神人，告之曰："臼出水而东走，毋顾。"意谓：一旦石臼出水，要往东跑，千万不要回头。次日清晨，她眼见石臼内水涌滔滔，大惊，于是招呼四邻，落荒而走，俄而回头一看，身后已是一片汪洋，因为违背了"毋顾"之神谕，其身体瞬间化为一棵枝叶斑驳的大桑树，其子裹在其中。一个采桑女踩着凌波微步，涉水出来采摘桑叶，在大桑树的树洞里发现了一个哇哇啼哭的婴儿，连忙带回来献给国君，国君命家中厨师好生抚养——这便是伊尹的来历了。

如此神乎其神的来历，自然是神通广大。伊尹自幼颖悟卓绝，聪慧好学，躬耕于阡陌僻野，潜心精研尧舜之术，既熟稔烹调技艺，又深谙治国之道。商汤闻其高名，几次派人带着玉帛、皮草、骏马等重礼，前往有莘国去诚聘，叵耐老伊深谙拿捏之道，只是笑脸相迎，就是不答应前往。关于商汤诚聘伊尹的故事，以及伊尹心理的前后变化,《孟子·万章上》有一段精彩描述——

> 孟子曰:伊尹耕于有莘之野,而乐尧舜之道焉。非其义也,非其道也,禄之以天下,弗顾也;系马千驷,弗视也。非其义也,非其道也,一介不以与人,一介不以取诸人。汤使人以币聘之,嚣嚣然曰:"我何以汤之聘币为哉!我岂若处畎亩之中,由是以乐尧舜之道哉?"汤三使往聘之,既而幡然改曰:"与我处畎亩之中,由是以乐尧舜之道,吾岂若使是君为尧舜之君哉!吾岂若使是民为尧舜之民哉!吾岂若于吾身亲见之哉!天之生此民也,使先知觉后知,使先觉觉后觉也。予,天民之先觉者也;予将以斯道觉斯民也,非予觉之,而谁也?"

亚圣孟轲这段描述,极具神采。伊尹耕于"有莘之野",研磨尧舜之道,探究"义"与"道"之精髓。四野茫茫,稼禾俯仰,天地流光,日月惚恍。"非其义也,非其道也","一介不以与人,一介不以取诸人",譬如非义非道之物什,虽一丝一缕,一点一滴,吾不取也,也不与人。时光永在流逝,野马尘埃,大江奔腾;而那些吉光片羽,一时一刻,一分一秒,却犹如定格,恒定不移。此中玄妙之真义,蕴含天与地,春与秋,悲与喜……

商汤听闻伊尹高名,派人带着金钱财帛去礼聘,岂料他仰头望天,傲然说道:我要这些劳什子干吗呢?我在田野之上,垄亩之中,赏天光,接地气,研天理,摩尧舜,何其乐哉!

商汤碰了一鼻子灰,并不气馁,"三使往聘之",开了三顾聘高贤之先河。面对商汤的"诚聘",伊尹的姿态,开始转换,其变幻之理,却是中国知识分子一脉相传的"君子之道":"穷则独善其身,达则兼济天下。"穷窘时节,他独善其身,固守"畎亩之中",

研摩大道，俯仰自适，与天地偕老。然而，骏马奔腾，聘使三往，他的理念，也随着马尾巴扬起的红尘翩然而改，忽然想到了"兼济天下"——"吾岂若使是君为尧舜之君哉！吾岂若使是民为尧舜之民哉！吾岂若于吾身亲见之哉！"三声感叹，急促递进，显露出蹙迫急切的改天换地之志：与其自己悄悄研摩尧舜之道，何如让国王成为尧舜之君哉？何如让天下人成为尧舜之民哉？何如辅佐君王亲自创建这番宏伟大业哉？

于是，商汤在伊水河畔筑起一座突兀山丘，名曰"三聘台"，为伊尹举行隆重的礼聘仪式。可是，有莘国王却出来阻挠，拒绝伊尹离境，商汤无奈，只好通过"和亲"方式，娶了有莘国王之女为妃，伊尹这才以陪嫁奴隶身份，走进了商朝宫廷，商汤拜之为师，伊尹从此开始了帝王之师生涯，"以尧舜之道要汤"，以尧舜之道教诲商汤。

在伊尹的辅佐下，商汤发动著名的"鸣条之战"，击溃夏桀，建立商朝，伊尹出任丞相，运用"以鼎调羹""调和五味"等烹调理论治天下，调理风雨，仿佛老子"治大国若烹小鲜"也。他整饬吏治，净化官场，视民如伤，施惠百姓，使商朝初年政通人和，经济发展，百业兴旺，国力迅速增强。然而，商汤驾崩之后，由于长子太丁早死，由次子外丙继位，是为商哀王，在位三年便告崩逝，其弟仲壬继任，是为商懿王，两年后辞世。两任国王接连早逝，导致政局一度混乱，辅政老臣伊尹临危不乱，扶立太甲继位，才算稳住了局势。太甲是商汤的嫡长孙，商汤长子太丁之子，商朝第四位君主。他继位之初，伊尹深感责任重大，呕心沥血撰写了《尹训》《肆命》《祖后》诸文，教导他遵循祖制，弘扬祖业。

太甲继位前两年，还算循规蹈矩，国家渐趋稳定，国势渐显起色，可是到了第三年，他开始夜郎自大起来，威福自专，奢靡享乐，暴虐百姓，导致朝政昏乱，怨声载道。伊尹百般劝谏，太甲置若罔闻，我行我素，为了挽救危局，伊尹痛下决心，将他放逐到商汤墓地附近的桐宫（今商丘市虞城县北），自己摄政当国，史称"伊尹放太甲"。太甲"桐宫悔过"之后，伊尹将他迎回，重登王位，励精图治，终成一代明君。伊尹又作《太甲训》三篇、《咸有一德》一篇，以褒扬太甲，亚圣孟轲尊太甲为商朝"圣君"之一。《史记·殷本纪》对这件事的记载是："帝太甲居桐宫三年，悔过自责，反善。于是伊尹乃迎帝太甲而授之政。帝太甲修德，诸侯咸归殷，百姓以宁。伊尹嘉之，乃作《太甲训》三篇，褒帝太甲，称'太宗'。"

太史公笔下这一出君臣从分到和、共襄盛业之连续剧，到了《竹书纪年》里，则是另外一出血腥惨烈景象，其文曰："伊尹放太甲于桐而自立也。太甲潜出自桐，杀伊尹。乃立其子伊陟、伊奋，命复其父之田宅而中分之。"

由于古本《竹书纪年》在宋朝就已散佚，现代人看到的都是清人与今人的辑录本。《竹书纪年》之记载，意译一下，大体如下：伊尹放逐太甲，自立为王，几年后，太甲潜回，杀掉伊尹，改立其子伊陟、伊奋继承衣钵。

因为此记载过于凶悍血腥，且不符合伊尹古之贤臣形象，人们对这条记载，一直将信将疑。然而，其一，《竹书纪年》是古代史官的第一手文字资料，实在没有编造的必要，也找不出编造的理由；其二，古本《竹书纪年》因为不大符合儒经教义，历来为儒家所轻，宋朝是个推重儒学的历史时期，《竹书纪年》恰恰在宋朝佚失，让人不免心生疑惑。

西晋著名统率兼著名学者杜预先生，研究比较了《史记》与《竹书纪年》关于太甲"桐宫悔过"的不同记载，大发感慨，说这件事"与《尚书》叙说大甲事乖异，不知老叟之伏生，或致昏忘，将此古书亦当时杂记，未足以取审也。"因为司马迁著《史记》，曾取材于《尚书》，《尚书》关于此事的记述，与《史记》略同。杜预因此怀疑，西汉初年的藏书家伏生老先生在发掘整理壁藏之《尚书》时，记忆可能发生了混乱，将古书典籍当成了当时杂记，也没有详加校勘，致使后世出现了截然相反的记载。——究竟如何，难以厘清，姑且存疑吧。

考察伊尹为政之理念，足以垂范后世者有五。其一曰：以身则天下，以贤理国政。伊尹本名伊挚，商朝初建，商汤封之为"尹"，西晋史学家皇甫谧注释《史记·殷本纪》云："尹，正也，谓汤使之正天下。"所谓"正天下"，就是要以身作则，作当世之楷模，师范天下。古语云：其身正，不令而行；其身不正，令而不行。商汤立志灭夏桀，开宏业，必须做到登高一呼，天下影从，这就需要德薄云天，万众归一。伊尹对他处处严格要求，悉心辅佐，褒奖其优点，批评其不足，从一点一滴做起，树立一代明君形象。有一次，两人论及为政得失，商汤说："人视水见形，视民知治不。"他说，你在水里照一下，就会瞧见自己的形象；你在民间问一声，就会知道为政之得失。伊尹闻言，竖起大拇指点赞："明哉！言能听，道乃进。君国子民，为善者皆在王宫。勉哉，勉哉！"

其二曰：以德治天下，以理服人心。他说："七世之庙可以观德，万夫之长可以观政。"后世尊祀七庙、万民诚心悦服，乃观察一个君王是否实行德政的参照物。伊尹当初在《太甲训》中训诫太甲曰："天作孽，犹可违；自作孽，不可逭。"他说，老天爷降下的灾难，还可以想法子躲避，自己造下的罪孽，那绝对是无处可逃的。《太甲训》虽已散佚，因载于古籍《尚书》，至今流传，其强大的震慑力，足以警醒后世。他还申诰太甲："天难堪，命靡常；常厥德，保厥位。厥德匪常，九有以亡。漫神虐民，皇天弗保。"他说，天威难测，命运多舛，身为君王，只有修其德政，才能江山永固；如果轻慢祖先与神灵，苛虐百姓，老天爷也不会保佑你啊。君王要"惟亲厥德，终始维一"，要始终如一地提升自身道德修养，使自己"时乃日新"，不断进步。

其三曰：以贤才秉国政，以铁腕刹邪风。伊尹强调"任官惟贤材，左右惟其人"，主张尊重、任用贤良之士，大力推行"贤人政治"，德配其位，才襄其为，让无才无德的庸人下岗，让德才兼备的贤者上位，如此才能期待风正气清，举国欣欣。他在《伊训》中提出要狠煞"三风"："敢有恒舞于宫，酣歌于室，时谓巫风。敢有殉于货色，恒于游畋，时谓淫风。敢有侮圣言，逆忠直，远耆德，比顽童，时谓乱风。"他指出，巫风、淫风、乱风，历来为败家、祸国之源，"惟兹三风十愆，卿士有一于身，家必丧；邦君有一于身，国必亡。""三风"盛行，害民辱国，为患深重，必须采取坚决措施，强力扫除。

其四曰：以天地为神，以百姓为亲。人生在世，必须有所敬畏，有所忌惮，只有敬天畏民，才能顺天理，节私欲，有所为，有所不为。伊尹说："惟天无亲，克敬惟亲。"他说，皇天在上啊，举头三尺有神明，只有敬畏天地与百姓，尽心尽力，克敬克诚，"若升高，必自下，若陟遐，必自迩。无轻民事，惟艰；无安厥位，惟危。"只有如履薄冰，恪尽职守，心系百姓，才能取得臣民拥戴与皇天眷顾。他说，你若不敬顺天命，必然招来灾难，"惟上帝不常，作善降之百祥，作不善降之百殃。"

其五曰：以治病救人为宗旨，以天下兴亡为皈依。伊尹放逐太甲，尽管版本不同，其教诲提携后辈之初衷，还是值得肯定的。他对太甲耳提面命，叮咛嘱咐，谈人生福祸，论为政得失，说天地玄黄，绘治国宏业，其赤心沥沥滴血，其良言句句入耳，其道理滴滴穿石，恒久流传。他对太甲的放逐，一不是为了篡位，二不是为了扬己，而是为了治病救人，促使太甲闭门悔过，重新焕发雄心壮志。俗话说，君子之过也，如日月之蚀。太甲作为商汤之嫡孙，毕竟帝王血胤纯正，良知良心未泯，天赋使命尚在，放逐三载，一如熔炉冶炼，无论是炎夏苦雨，还是寒冬如铁，他一如既往，潜心修炼，犹如凤凰涅檗，直至最后满血归来，成为商王朝的一代明君，这不就是对伊尹的最大褒奖么？

《墨子·贵义喻》记载了一则逸闻，很有意思，说商汤当初去拜见伊尹，让彭氏之子彭三儿给自己驾车，马车咕辚辚走到半路上，彭三儿好奇地问："大王，您要到何处去呀？"汤曰："去见伊尹。"岂料彭三儿闻言，嘴角一撇："伊尹，天下之贱人也。若君欲见之，亦令召问焉，彼受赐矣！"在彭三儿看来，伊尹不过是一个贱人，大王您想见他，命令他前来，就已经是对他的好大恩典了。汤曰："非汝所知也。今有药于此，食之，则耳加聪，目加明，则吾必说而强食之。今夫伊尹之于我国也，譬之良医善药也，而子不欲我见伊尹，是子不欲吾善也！"

商汤发怒说，伊尹好比一剂千载难得的治国良药，而你却不想让我见伊尹，你这不是成心毁我吗？于是令他下车走人，滚！

（2017年7月29日）

箕子：舆马宫室之渐自此始，不可振也

——车马宫室等豪奢侈靡，也必将从这里开始，国家振兴无望了。

箕子，名胥余，殷商末期人，生卒年不详，乃商王文丁之子，帝乙之弟，纣王叔父，官至太师，因封于箕（今山西太谷东北），爵为子，故称箕子，是商末著名政治家、哲学家，哲思深邃，贤明通透，与比干、微子齐名，被孔夫子誉为"殷末三仁"，在商周政权交替之际的历史大动荡中，因其道不得行，其志不得遂，乃飘然远行，去之朝鲜，建立"箕子朝鲜"，其流风遗韵，至今犹存。《史记·宋微子列传》："于是武王乃封箕子于朝鲜而不臣也"；《汉书·地理志》："殷道衰，箕子去之朝鲜，教其民以礼义，田蚕织作。"

商朝末年，乱象纷呈，烟云迷离。箕子的老爹文丁先生，是商朝第二十九任君主，在位11年。那时候，商朝犹如一位蹒跚老者，踉跄于嶙峋山梁之上，而作为商朝诸侯国的周国，却如朝阳初升，霞光霍霍。文丁放低身段，施行怀柔，封周侯季历为"牧师"，执掌西部征伐，季历大展拳脚，一如秋风扫落叶，先后灭掉程（今陕西咸阳）、义渠（今宁夏固原）、鬼方（今陇山与渭水流域）、余吾戎（今山西长治西北）、始呼戎（今山西南部）、翳徒戎（今山西南部）等地，声威大振，文丁恐惧，以封赏之名将他骗到殷都（今河南安阳西北），封为"方伯"，号称"周西伯"，予以囚禁，季历绝食而死，史称"文丁杀季历"。

文丁去世，其长子帝乙继位，在位26年，他在位期间，商朝日趋没落，他的应对之策，一是和亲，将美丽端庄的小妹妹嫁给季历之子姬昌，以笼络周人。姬昌就是后来的周文王，对这场盛大婚姻，《诗经·大雅》颂曰："天监在下，有命既集，文王初载，天作之合。"成语"天作之合"，由此而来也。二是迁都，帝乙末年，迁都于沫邑，即朝歌（今河南淇县）。公元前1076年，帝乙辞世，其子帝辛继位，这就是商王朝的最后掘墓人——商纣王。

纣王继位时，商朝一如腐朽之枯木，嘎巴作响，摇摇欲坠。纣王（前1105～前1046），名辛，据《吕氏春秋》载，纣王即位，实属阴差阳错。原来，帝乙生有三子，长子微子，次子微仲，三子帝辛，三人乃一母同胞，但出生时母亲的身份却有很大差别，老大、老二出生时，其母是王妃，兄弟俩属于"庶子"；等到老三出生时，其母已升为王后，老三成为"嫡子"，老母鸡变成金凤凰，一跃成为名正言顺的"帝国接班人"。帝乙驾崩，帝辛继位，是为商纣王。"纣"乃谥号，意在谴责他"残义损善"也。

当年，商王文丁生三子：长子帝乙、次子比干、三子箕子。帝乙之子纣王继位，比干、箕子荣升王叔。他们对王朝兴衰的关注，肯定是超乎寻常的。纣王在位29年（前1075～前1046），客观地说，其执政早年，还是颇有作为的，譬如，重视农桑，推动了农业生产的发展与生产力的提高；对外屡次用兵，把商朝势力扩展到了山东、安徽、江苏、浙江、福建沿海等地。然而，像历代腐朽统治者一样，纣王晚期，昏聩不堪，无恶不作，《史记·殷本纪》中关于纣王的记载，也十分有趣，太史公先是表扬他"资辨捷疾，闻见甚敏；材力过人，手格猛兽"，似乎浑身正能量,岂料笔锋一转,说他"智足以拒谏,言足以饰非","好酒淫乐,嬖于妇人",与宠妃妲己嬉戏天下——"于是使师涓作新淫声,北里之舞,靡靡之乐。厚赋税以实鹿台之钱,而盈钜桥之粟。益收狗马奇物,充仞宫室。益广沙丘苑台,多取野兽蜚鸟置其中。慢于鬼神。大聚乐戏于沙丘,以酒为池,县肉为林,使男女裸相逐其间,为长夜之饮。"成语"酒池肉林",由此生焉。

纣王的堕落,究竟从哪里开始的呢?据箕子观察,正是一双"象箸",即象牙筷子,成为了纣王倾覆之滥觞。《史记·宋微子世家》载,一天,箕子觑见继位不久的纣王用象牙筷子吃饭,立刻满面阴云,叹息不已,别人问他咋了,他说:"彼为象箸,必为玉杯;为玉杯,则必思远方珍怪之物而御之矣。舆马宫室之渐自此始,不可振也。"意译一下,就是:纣王现在制作象牙筷子,将来必定制作玉杯,还一定想把远方的稀世珍宝占为己有,车马宫室的奢侈豪华,也必将从这里开始,国家振兴无望了!

箕子能通过一双象牙筷子,预见到纣王将来的丑恶行径,其强悍的逻辑力量,令人感到一种冥冥之中的恐怖。韩非子读了这则故事,说"纣为象箸而箕子怖",他为什么那么恐怖呢?因为,"象箸必不盛羹于土簋,则必犀玉之杯,玉杯象箸必不盛菽藿,则必旄象豹胎,旄象豹胎必不衣短褐,而舍茅茨之下,则必锦衣九重,高台广室也。称此以求,则天下不足矣。"(《韩非子·说林上》)从一双小小的象牙筷子,觑见了"犀玉之杯""旄象豹胎""锦衣九重""高台广室",以至于"天下不足",如此恐怖的堕落情景,韩非子拊膺而叹息:"圣人见微以知萌,见端以知末,故见象箸而怖,知天下不足也。"

后来的历史事实,确如箕子所言,纣王始作"北里之舞,靡靡之音","以酒为池,悬肉为林",骄奢淫逸,无恶不作。那时候,九侯、鄂侯、姬昌号称"商朝三公",极受国人尊崇。九侯之女颇有颜色,身材婀娜,妩媚动人,被逼进宫,然其女不好淫乐,纣王大怒,

"杀之,而醢九侯",令人把九侯剁成了肉酱。鄂侯闻报,怒发冲冠,与纣王"争之强,辩之疾",于是纣"并脯鄂侯",叫人把鄂侯制成了肉干。两位德高望重的当朝大佬,转眼被残酷虐杀,举国震恐。

对于纣王急速堕落,箕子看在眼里,急在心头,作为长辈,他当然不能坐视,"纣为淫泆,箕子谏,不听。"有人劝他赶紧离开避祸,他说:"为人臣谏不听而去,是彰君之恶而自说于民,吾不忍为也。"他不愿"彰君之恶"而取悦于民,既然回天无术,"乃被发佯狂而为奴",披头散发,装疯卖傻,呼呼喝喝离开国都,跑到箕山隐蔽起来,"鼓琴以自悲"。箕山,即今山西陵川县棋子山。纣王闻知箕子行踪,令人抓捕,囚禁在今河南西华县城东南的"箕子台",亦称"箕子读书台",箕子在这里构思出"洪范九畴"之玄思。

箕子的二哥比干,因封于比邑(今山东淄博),名干,史称"比干",当初受长兄帝乙嘱托,辅佐纣王,主张发展农业,提倡冶炼铸造,惟愿富国强兵。他见箕子佯狂为奴,流浪山川,批评说:"君有过而不以死争,则百姓何辜!"他说,箕子你眼瞅着君王胡作非为,却不以死抗争,国家崩乱,倒霉的不是老百姓吗?——于是,比干冒死进谏,纣王悍然怒怼王叔:"吾闻圣人之心有七窍,信有诸乎?"当场下令拿刀来,杀死比干,"刳视其心",将他的心脏剖开,看看有没有七窍。箕子听到兄长惨死的消息,悲从中来,哼唱《箕子操》以为悼念:"嗟嗟纣为无道杀比干。嗟重复嗟。独奈何。漆身为厉。被发以佯狂。今奈宗庙何。天乎天哉!欲负石自投河。嗟复嗟奈社稷何……"

商灭周兴,天翻地覆。天地万象,各有归宿。《尚书·微子》载,纣王长兄微子,见王弟顽固不化,"终不可谏",心急如焚,像热锅上的蚂蚁一般,乃向叔父箕子讨教:"我其发出狂?吾家耄逊于荒?今尔无指告,予颠隮,若之何其?"他说:老叔,我快要发狂啦!请您老指教,我是外出逃亡呢?还是避居荒野呢?求您给我指条明路,国家眼看就要灭亡了，我可咋办啊？箕子淡淡地说："商今其有灾，我兴受其败；商其沦丧，我罔为臣仆。"他说，故国如果灭亡了，我会坦然接受，不会作新朝的臣仆。此后，叔侄二人各奔天涯路。周武王的军队攻入商都朝歌，微子浮出江湖，手持祭器来到武王军营投降，"肉袒面缚，左牵羊，右把茅，膝行而前以告。""肉袒"，脱衣露体，愿受责罚；"面缚"，两手反缚，面向胜者，表示顺从归降。从此，微子成为新朝大臣，武王封之商丘，建立宋国，史称"宋微子"。

而箕子的选择，则意味深长。《史记·宋微子世家》载，周武王灭掉商朝之后，跑到箕山寻访箕子，请教治国之道，他说："於乎！维天阴定下民，相和其居，我不知其常伦所序。"武王连连叹息，唉唉！苍天无语，安定百姓，让他们安居乐业，我却不晓得上天安定天下的伦常与秩序，可悲啊！箕子侃侃说出一番话来，却是著名的"洪范九畴"，史称"箕子明夷"。

所谓"洪范九畴"，乃是箕子通过鲧禹父子治水的成功与失败，受到上天启示，"天乃锡禹鸿范九等"，总结出为君必须遵循的九大法则，涉及天、地、人复杂而微妙之关系，堪称古代治国理政之圭臬也。剔除其中的"封建糟粕"，他提出的一系列为政原则，至今仍具有强烈的现实意义。譬如，"敬用五事"：态度要恭谨，说话要和顺，认识要清醒，听事要聪辨，思虑要通达。当权者谨记这"五事"，何至于昏庸无道，荼毒天下？"农用八政"：严格管理民食、财货、祭祀、建筑、教育、司法、宾客、军务，这八项要务，件件关系国计民生，万万轻忽不得也！"飨用五福，威用六极"，就是要把握倡导与惩戒之导向：通过寿、宁、富、好德、善终之"五福"，劝人向善；通过病、愁、穷、恶、夭折、懦弱之"六极"，诫人作恶……

武王听罢，十分钦佩，恭请他出山，共襄盛业，箕子沉默以对，武王也不勉强，封之朝鲜。随后，箕子一行人从山东胶州湾渡海，飘然入朝，建立"箕子朝鲜"。与之同行者，有殷商贵族景如松、琴应、南宫修、康侯、鲁启等人。《后汉书·东夷列传》载："昔箕子违衰殷之运，避地朝鲜，始其国俗未有闻也，及施八条之约，使人知禁，遂乃邑无淫盗，门不夜扃，回顽薄之俗，就宽略之法，行数百千年。"

据当代著名金史学家张博泉先生考证，箕子在朝鲜施行的"八条之约"，即：禁杀、禁伤、禁盗、禁部相侵犯、禁邑落相侵犯、禁同姓婚、禁淫、禁忌。唐代诗人柳宗元《箕子碑》总结"大人之道"有三：一曰正蒙难，二曰法授圣，三曰化及民。他说："殷有仁人曰箕子，实具兹道以立于世，故孔子述六经之旨，尤殷勤焉。"所谓"正蒙难"，指箕子在隐居时期惦念故国，心忧天下；"法授圣"，说他面对武王讨教倾心相与，传之洪范九畴秘籍；"化及民"，谓他在朝鲜以德化民，泽润天地。在箕子卓有成效的治理下，朝鲜社会风气迅速好转，"邑无淫盗，门不夜扃"，近乎路不拾遗，夜不闭户，成了一个传说中的东方"君子之国"。

自古以来，思想家的一个重要特征，就是见微知著。当一个国家、一个民族衰象初显之时，尽管表面上金碧辉煌，"烈火烹油，鲜花着锦"，其实却是外强中干，牛皮连天，"金玉其外，败絮其中"——这也就是"纣为象箸而箕子怖"留给后世的启迪。近代学人王国维《殷周制度论》指出："夫商之季世，纪纲之废，道德之堕极矣。"他说，商朝的灭亡，决非纣王一人之过，而是整个国家民族道德沦丧的必然结果；一个社会，世风日下，人心不古，不知道德为何物了，焉能不败亡耶？

史载，箕子52岁那年，从"箕子朝鲜"都城平壤回到中原，前往周朝都城镐京（今陕西西安市），朝见周武王姬发，"过故殷墟，感宫室毁坏，生禾黍，箕子伤之，欲哭则不可，欲泣为其近妇人，乃作《麦秀》之诗以歌咏之。"其诗曰："麦秀渐渐兮，禾黍油油。彼狡童兮，不与我好兮！"诗中的"狡童"，当指纣王，其恨铁不成钢之意，尽在其中矣。唉唉！你这个可恨的捣蛋鬼啊，当初不听长辈之言，才落得这般悲惨下场啊！路人闻之，纷纷流涕。

回想当初箕子的预言，证之纣王的残暴行径，以及此后世事之惨变，箕子的历史眼光，堪称洞幽烛微矣。他那令人色变的"箕子逻辑"，拟公式如下：象牙筷子——玉杯——稀世珍宝——国运衰败。小小一双象牙筷子，与国家兴亡紧紧相连，充分显示了箕子强烈的"忧患意识"。他的这个"逻辑"，证之后世历朝历代的许多人与事，有着一种颠扑不破的准确性与正确性。

所谓"箕子逻辑"，通俗地说，便是：有了屋子，想有炕；娶了老婆，想有儿；有了儿子，想有天地。这是一种发展意识呢，还是人的一种贪婪本性？许多贪官污吏，也是由小到大，一步一步走向堕落的；而这个由小到大的堕落过程，正是"箕子逻辑"之演绎。即使是今天，箕子那条无情的"逻辑链条"，依然还在咔咔转动，吞噬着贪婪者的生命。许多官员的贪污受贿，往往是从一瓶酒、一条烟开始，进而吞江咽海，财源滚滚，成千上万。如今，贪污几十万、数百万、上千万、过亿万的腐败分子，尽管抓了一批又一批，但人们普遍相信，没有抓住的贪官污吏，依然很多；还有很多潜伏很深的腐败分子，正按照箕子先生几千年前总结的那条"箕子逻辑"，在一步步跌入深渊里！

纵观古今事，难定悬悬心。逻辑的力量，何其如此之强大耶？如何推翻箕子先生那条古老的"逻辑"，使宇宙澄清，"莺歌燕舞"，应是今人的课题。俗话说，前人栽树，后人乘凉；笔者云：前人出题，后人解答。一道难题，总有不同的解法，但万变不离其宗——防微杜渐。一双象牙筷子，虽嫌奢侈，但纣王用之，也不算太过分；但从此开始的堕落，却是如此触目惊心。因此，从小事做起，处处、时时、事事严格要求自己，便是我们今天治贪的良方。不贪小利，才能保持大节；不慕浮华，才能兢兢业业。"箕子逻辑"，既是古训，也是警钟。山川辽阔，古训依依，警钟长鸣！

（2017年8月19日）

召公：天地百物皆将取焉，何可专也

——天地间之万物人人有份儿，哪能让一个人独吞呢。

召公，周朝世袭官爵，其始祖乃西周初年著名贤臣召公姬奭。姬奭，生卒年不详，姬姓，名奭，西周宗室，与周武王姬发、武王之弟周公旦同辈。

公元前1046年，周武王在姜子牙、周公旦、召公奭辅佐下，亲率战车三百乘，虎贲三千人，步兵数万人，浩荡东征，讨伐商纣王帝辛，与商朝军队在牧野（今河南新乡市北部）展开决战，史称"牧野之战"。这是中国历史上以少胜多、以弱胜强的经典战例。经此一役，天地易色，乾坤倒转，殷商覆灭，周朝崛起。周公旦手持大钺，姬奭手持小钺，左右夹辅着器宇轩昂的姬发登上王位，祭祀天地，宣告周朝正式建立，史称"西周"。此后，周武王实行分封制，大封功臣与宗室，总计分封71个诸侯国，将周公旦封于鲁（今山东省西南部），建立鲁国；姬奭封于蓟（今北京市西南），建立燕国。姬奭没有前往蓟地，而是派长子姬克主政燕国，自己留在都城镐京（今陕西西安）辅政，武王将京畿之地召邑（今陕西岐山西南）赐封给姬奭，故称召公、召伯、召公奭。

公元前1043年，周武王去世，其子姬诵继位，是为周成王，由周公旦摄政，召公出任太保。周公旦是西周初年杰出政治家，被尊为"元圣"，《尚书·大传》概括其一生功绩曰："一年救乱，二年克殷，三年践奄，四年建侯卫，五年营成周，六年制礼乐，七年致政成王。"——"救乱"，治理动乱；"克殷"，灭亡殷商；"践奄"，迁都于"奄"。"奄"，通"匽"，即"郾"，河南郾城（今河南漯河市郾城区古城村一带），殷商古都之一。"建侯卫"，实行分封制；"营成周"，营建成周（洛阳）新都；"制礼乐"，制作礼乐，维护分封制形成的等级制度。周公的历史功绩，可谓大矣！

召公与周公旦一起夹辅武王，身膺太保之职，可谓实至名归。太保乃西周官名，与太师、太傅合称"三公"，其职责是监护、辅弼国君。此后，召公与周公旦分陕而治，陕地以西由召公主管，陕地以东由周公旦主管。

召公治理陕西，堪称勋业卓著。《史记·燕召公世家》载："召公之治西方，甚得兆民和。召公巡行乡邑，有棠树，决狱政事其下，自侯伯至庶人各得其所，无失职者。"召公治理属国期间，经常深入基层，"巡行乡邑"，在甘棠树下休息，与百姓一起议政，百姓感其德政，爱惜此树，不忍砍伐。与召公盛名相连的这棵甘棠树遗址，据说在今陕西省岐山县刘家塬中学校园内。《诗经·甘棠》咏之曰："蔽芾甘棠，勿翦勿伐，召伯所茇。蔽芾甘棠，勿翦勿败，召伯所憩。蔽芾甘棠，勿翦勿拜，召伯所说。"可谓一咏三叹，荡气回肠——亲爱的甘棠树呀！莫要砍伐，召伯曾住树下；莫要修剪，召伯曾歇树下；莫要擢拔，召伯曾徘徊树下！成语"甘棠遗爱""甘棠之思"，说的就是这件事，太史公赞曰："召公奭可谓仁矣！甘棠且思之，况其人乎？"

那时候，周公旦与召公奭，这两位德高望重的辅政老臣，犹如国之两翼，负载着西周王朝，缓缓飞翔，历武王、成王、康王三朝，进入了福祚绵延达四十余载的"成康之治"时期。"成康之治"是中国历史上记载最早的"太平盛世"，礼乐笙歌，稼禾荡漾，河流纵横，百姓安居乐业，四方纷纷来朝，《史记·周本纪》赞曰："成康之际，天下安宁，刑措四十余年不用。"四十多年不动用刑罚，可见天下安宁康乐，一派勃勃生机。那时候周公墓木已拱，召公躬逢盛世，披肝沥胆，尽心辅佐，赢得福荫后世，"召公"也成为了西周显赫官爵，他的后裔承其衣钵，世代相传。

当年，召公封于燕，并未前往就国，派其子姬克出任燕国国君，自己留在朝廷担任太保，如此一来，其后裔就分成了两大支脉：一支为燕国血胤，世代为君，传承"燕召风云"；一支留在朝廷，世为公卿，演绎"宗周蝶变"。西周王朝经过九代传承，进入了周厉王姬胡时期；而燕国君主传承却十分奇特，九世传承无名无谥，几为空白，直到传至九世燕惠侯，才算重新浮出江湖，不过，燕惠侯也是有谥无名，好不怪哉！这时候，朝廷一脉之召公继承者，就是历史上颇有名气的召虎，又称召伯虎、召穆公。召穆公是西周晚期名将、贤臣，出任大宗伯，主掌"建邦之天神、人鬼、地示之礼，以佐王建保邦国"（《周礼·春官》）。

召公如此位高权重，却也抵不过君王一句话。《史记·周本纪》载，周厉王残虐暴戾，穷奢极欲，极力推行两大弊政，一是垄断山泽，与民争利；二是堵塞言路，道路以目。他宠信"好专利而不知大难"的荣夷公与虢公长父等佞臣，封山占水，垄断山林川泽，禁止百姓采樵渔猎，断绝百姓生计，残虐苛酷，人神共愤。召公回想先王振兴周朝之往事，百般感慨涌上心头，他觐见厉王，进行了一番苦口婆心的劝谏："夫利，百物之所生也，天地之所载也，而有专之，其害多矣。"他认为，天下的财利是天地自然拥有的，如果谁想独吞，那危害是极大的；试想天地间自然万物，"天高悬日月，地厚载苍生"，万物属于自然，自然养育万物；而人们赖以生存的财利，怎么可以为少数人所"专而有之"呢？

"天地百物皆将取焉，何可专也？"——召公继续教导厉王：天地间的万物，谁都应得到一份儿，哪能让一个人独吞呢？的确，人生于天地之间，就应当拥有与生俱来的一方蓝天、一把黄土、一缕空气，以及那些野草黄花等等。这可谓人们的基本"生存权"。倘若将这些统统剥夺，将天下财利统统抢到自己手中，哪怕你是至尊至上的"王"，也肯定是行不通的啊！如此行政，必然会导致天下动荡，"王"自己也要呜呼哀哉。"夫王人者，将导利而布之上下者也。使神人百物无不得极，犹日怵惕惧怨之来也。"他说，陛下身为国君，应当开发各种财利分发给普天之下的人，使神、人、万物都能得到所应得的一份儿。即使这样，还要每日小心警惕，恐怕招来天怒人怨呢！

概括而言，召公的话很简单，就是：身为国君，就应当千方百计绞尽脑汁儿"为民造福"。虽然，其"为民造福"的目的，是为了继续做"王人者"，维护其统治地位；但这对百姓而言，当然也是福音。可是，厉王根本听不进召公的话，继续大肆搜刮民脂民膏，使天下百姓处于水深火热之中，"匹夫专利，犹谓之盗，王而行之，其归鲜矣"。在此，召公已经怒气冲天了。他说，一般人贪占财利，尚且被人称为强盗；你如果也这么做，那归服你的人就很少啦；还有一句狠话，召公没说出口：天下没人归服，你这个"王"不完蛋才是怪事儿呢！

召公的这番"财利论"，可谓言简意赅，言近旨远。昏庸的周厉王对此充耳不闻，继续胡作非为，找来卫国巫人，组成"弭谤敢死队"，对那些非议朝政者，一律格杀勿论，一时间天下人噤若寒蝉，"王益严，国人莫敢言，道路以目"。他沾沾自喜地对召公说："吾能弭谤矣！"对此，召公嗤之以鼻："防民之口，甚于防川。川壅而溃，伤人必多，民亦如之。是故为川者决之使导，为民者宣之使言……民之有口也，犹土之有山川也，财用于是乎出；犹其有原隰衍沃也，衣食于是乎生。口之宣言也，善败于是乎兴。行善而备败，所以阜财用衣食者也。夫民虑之于心而宣之于口，成而行之。若雍其口，其与能几何？"

至此，周厉王把自己搞成了孤家寡人，四面楚歌，百姓扯旗造反，围攻厉王，他逃到彘地，不久惨死于此。他的迅速倒台，可谓咎由自取也。对此，用不着一丁点儿遗憾。令人遗憾的是，许多后人并不汲取厉王的惨痛教训，更不听取召公的教诲。宁肯为盗，也要"专利"，贪婪之状，可恶可憎。中国历代历朝，都有一些贪官污吏，鱼肉百姓，割剥人民，为了追逐财利，不惜采用一切卑鄙无耻的手段，活活描画出了一幅"贪官争利图"。召公泉下有知，不知该多么痛心地叹口气，说："厉王之阴魂，犹在人间徜徉也！"

令人痛心的是，直到今天，依然不少贪官污吏见利忘义，贪赃枉法，腐化堕落，成为周厉王一样的"专利者"。他们之受到党纪国法的严惩，是不可避免的。在本文将要结束的此时此刻，笔者忽然听到一个遥远、苍凉、深沉的声音，我想，这大约是召公的谆谆教诲——"夫利，百物之所生也，天地之所载也，而有专之，其害多矣！"

（2017年7月31日）

管仲：夫霸王之所始也，以人为本

——要开创王霸大业，就必须牢记以人为本。

管仲（约前723～前645），姬姓，管氏，字仲，名夷吾，慎邑颍上（今安徽颍上县）人，春秋时期著名政治家、军事家，被誉为"圣人之师""华夏第一相"。他在齐国为相多年，政绩显赫，"连五家之兵，设轻重鱼盐之利，以赡贫穷，禄贤能，齐人皆悦"。在他强有力的辅佐之下，齐桓公小白才得以"尊王攘夷"，"九合诸侯，一匡天下"，成为春秋时期第一个霸主。回想那个绮霞灿烂的辉煌时代，齐国国富民强，如日中天，政通人和，百业并举，难怪孔夫子有一次对弟子子贡大发感慨云："微管仲，吾其被发左衽矣。"（《论语·宪问篇》）。"被发"，头发散乱；"左衽"，衣襟向左掩。"被发左衽"，古代指中原地区之外少数民族装束，意指沦为野蛮人。孔夫子说，假如没有管仲，我们早就成为"被发左衽"的野蛮人啦！

然而，英雄了得如管仲先生，其早年岁月，却也是坎壈窘迫，屡遭挫折，困顿不堪，若不是发小儿鲍叔牙不离不弃，倾心力挺，恐怕早就完蛋了。管仲的老爹管庄乃齐国大夫，可惜家道早已中落，生计堪虞，他早年混迹江湖，见惯各色嘴脸，谙熟人情世故，只是处处不走运,经商赔得一塌糊涂,当兵屡次临阵脱逃,削尖脑袋想谋个一官半职,只如猴子捞月而已。世人嗤嗤讪笑,他却登高望远,但见鸿鹄之飞,横绝沧海,黄鹤之舞,炫若彩虹。唉唉!斯世也,形如岩雀,志若长云,何时腾飞,且待鲍叔牙提携也!

鲍叔牙,春秋时期齐国大夫,管仲的"发小",管仲早年落魄时,鲍叔牙经常慷慨解囊接济他,鲍叔牙对出仕当官不感兴趣,在管仲劝说下,才辅助公子小白夺得国君之位,成了威风八面的齐桓公。桓公想任用鲍叔牙为相,叔牙拒绝,并推荐管仲出任齐相。管仲心里对叔牙的感激之情,一如滔滔江水,汹涌澎湃。《史记·管晏列传》记述了管仲的一席肺腑之言:"吾始困时,尝与鲍叔贾,分财利多自与,鲍叔不以我为贪,知我贫也。吾尝为鲍叔谋事而更穷困,鲍叔不以我为愚,知时有不利也。吾尝三仕三见逐于君,鲍叔不以我为不肖,知我不遭时也。公子纠败,召忽死之,吾幽囚受辱,鲍叔不以我为无耻,知我不羞小节而耻功名不显于天下也。生我者父母,知我者鲍子也。"两人合伙经商,中饱私囊,可谓恶劣,鲍叔牙却说他为贫困所逼;帮人办事愈办愈糟糕,堪称愚蠢,鲍叔牙却说他运气不顺;屡次见逐于君王,惶惶然一如丧家之犬,鲍叔牙却说他时机未到;主公惨败,同伙儿丧命,自己身陷囹圄,鲍叔牙却说他志在扬名天下——鲍叔牙之于管仲,可谓不计前嫌、无怨无悔、鞠躬尽瘁,难怪管仲感叹:"生我者父母,知我者鲍子也。"

其实,管仲早年,与齐桓公小白还有着"一箭之仇"。那是齐僖公三十三年(前698),号称"春秋三小霸"之一的齐僖公驾崩,留下三个儿子:太子诸儿、公子纠、公子小白。太子诸儿继位,是为齐襄公。当时,管仲、鲍叔牙已是齐国政坛显宦,管仲辅佐公子纠,鲍叔牙辅助公子小白。齐襄公荒淫无道,昏庸无能,滥杀无辜,与其异母妹文姜通奸乱伦,还派人诛杀妹夫鲁桓公,天下震恐,人人自危。公子纠在管仲、召忽二人辅佐之下逃往鲁国,公子小白由鲍叔牙协助逃往莒国。齐襄公十二年（前686），齐国大乱，流亡在外的公子纠与公子小白，争先恐后回国夺位。鲍叔牙亲自为小白驾车，日夜兼程赶往齐国边界，管仲则率领三十乘兵车做前锋，赶赴莒国通往齐国的路上予以截击，在即墨城外三十里处，管仲与小白的车队迎面相撞，管仲张弓搭箭，一声大吼，唰——一箭射中小白的铜制衣带钩，小白顺势倒下诈死，骗过管仲，这才得以快马加鞭直入京城临淄，继位登基，是为齐桓公。这件事，史称"射钩之恨"。

桓公初立，发兵攻打鲁国，发誓要消灭管仲，鲍叔牙对他说："君且欲霸王，非管夷吾不可。"大王您要想称霸天下，非管夷吾辅助不可！桓公一听，嗒然无语，当即决定设计迎回管仲，"厚礼以为大夫，任政"。管仲进入齐宫，与桓公畅聊三天三夜，桓公尔后斋戒三日，拜管仲为相，呼之为"仲父"。

就这样，管仲带着鲜血淋漓的"一箭之仇"，做了齐桓公的辅政大臣，真可谓：沉舟侧畔，一苇独航；血海之中，一相崛起。鲍叔牙之慧眼识珠，虽历百折而不悔；齐桓公之襟怀摩天，虽利箭穿甲而不疑；管夷吾之衷心事君，呕心沥血铸成其王霸之业，千载以下，犹令人为之心折也！

作为中国古代声名卓著的政治家，管仲第一个提出了"以人为本"的执政理念，他说："夫霸王之所始也，以人为本。本理则国固，本乱则国危"（《管子·霸言》）。要开创王霸大业，就必须以人为本。这是成事之根本。那时候，周室衰微，诸侯争霸，要想成就非凡霸业，必须具备非凡之思想。管仲观古鉴今，洞幽烛微，牢牢抓住"民本"这一改天换地之"擎天巨环"，辅佐齐桓公小白开始了霸王生涯。他指出："仓廪实而知礼节，衣食足而知荣辱，上服度则六亲固"（《管子·牧民》）。他说，家底殷实了才讲究礼节，肚子吃饱了才追求荣辱，国君的作为合乎"法度"了，江山才会稳固。这些铮铮作响的大实话，可谓千古名言。他告诫小白："下令如流水之源，令顺民心。"他强调，国君下达的政令，就像流水之源，只有顺应天下百姓的意愿，才能源远流长。"俗之所欲，因而予之；俗之所否，因而去之。"此处之"俗"，意为"通俗"，代指普天之下的老百姓。百姓想要得到的，就千方百计给予他们；百姓反对的，就审时度势予以废除。总而言之，其为政的出发点与落脚点，就是——老百姓拥护与否！

在"以人为本"理念的指导下，管仲先后推行了一系列改革：其一，政治改革，就是彻底整顿国家行政管理系统，"叁其国而伍其鄙"，所谓"叁其国"，就是把"国"划分成二十一乡，工商乡六个、士（农）乡十五个；"伍其鄙"，就是规定三十家为一邑，设一司官；十邑为一卒，设一卒帅；十卒为一乡，设一乡帅；三乡为一县，设一县帅；十县为一属，设一大夫。将全国乡村分为"五属"，分别由五个大夫管理。通过大规模体制改革，以达到"定民之居、成民之事"的目标，使士、农、工、商各就其业。其二，经济改革，就是多措并举，发展经济，实行"相地而衰征"的土地税收政策，根据土地优劣、年景丰歉来征收赋税，使赋税负担趋于合理；开放工商业，发展渔业、盐业，推行国家食盐专卖，"轻重鱼盐之利，以赡贫穷"，积财通货，"遂滋民，与无财"，利用渔业盐业赚来的大把钱财，帮助那些贫穷百姓。其三，人才制度改革，就是不拘一格选贤任能，"德义未明于朝者，则不可加于尊位；功力未见于国者，则不可授以重禄；临事不信于民者，则不可使任大官"（《管子·立政》）。在任命官员时，以为政之得失而决定取舍，强调重用那些真正为百姓排忧解难的廉吏，对夸夸其谈大搞"面子工程"的庸官，坚决唾弃之；对民间"慈孝""聪慧""拳勇"出众者，由乡长推荐，优秀者晋升，直至升为上卿助理。这项选贤制度，成为后世科举制度之雏形。

在管仲的悉心辅佐之下，齐国迅速崛起，东征西讨，四方宾服，霸形初现，《史记·齐太公世家》载："唯独齐为中国会盟，而桓公能宣其德，故诸侯宾会。"在这种莺歌燕舞的形势下，齐桓公小白日见骄奢，他公然宣称："寡人南伐至召陵（今属河南漯河市），望熊山（即今湖北神农架）；北伐山戎（匈奴分支，生活在燕山一带）、离支（今河北迁安县东）、孤竹（今辽宁龙城地区）；西伐大夏（今新疆和田），涉流沙；束马悬车登太行，至卑耳山（位于今山西平陆县西北）而还。诸侯莫违寡人。"最后一句，无疑是公然挑衅：哈哈！诸位大王，哪个敢不服？快来送死！

就在齐桓公不可一世的浪笑声中，管仲的身体却一天天衰弱下去，并日渐危笃。公元前645年，管仲病危，齐桓公一听，如雷轰顶，赶来探视。君臣相对于病榻前，追想这些年来创业的艰辛，彼此感慨不已。桓公问管仲身后谁可为相？管仲眘眬着眼回答说："知臣莫若君。"紧接着，君臣二人作了如下一席对话：

公曰："易牙如何？"

对曰："杀子以适君，非人情，不可。"

（易牙是齐桓公的近侍，御用庖厨，烹饪技艺高超，号称"厨师之祖"，甚得桓公欢心。有一天，桓公说还没尝过蒸婴儿是什么滋味，易牙就把自己的儿子蒸熟了，献给桓公吃。管仲认为：爱儿子是人的天性，可是易牙却蒸死了自己的儿子。一个连自己儿子都不爱的人，又怎么能真心爱桓公呢？）

公曰："开方如何？"

对曰："背亲以适君，非人情，难近。"

（公子开方是卫国人，卫懿公的庶长子，卫懿公耽于荒淫逸乐，醉心养鹤，致使朝政荒芜，齐桓公出兵伐卫，卫军溃败，卫懿公派开方带了金帛五车，前往进献桓公，乞求罢兵讲和，岂料开方见齐国强盛，竟一去不返，发愿为齐国效

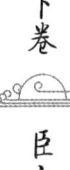

劳，成为齐桓公宠臣，在桓公身边供职十五年，齐卫两国近在咫尺，开方却从未回卫国探视过自己的亲人。管仲认为：开方背弃旧主，媚事新君，且十五年不回国看望自己的亲人，违背人之常情。一个连自己亲人都不爱的人，能真心爱桓公吗？）

公曰："竖刁如何？"

对曰："自宫以适君，非人情，难亲。"

（齐桓公好色，后宫美人很多，但他心怀忧虑，怕侍臣染指，竖刁闻讯，便自行阉割净身入宫，为桓公管理后宫事务。管仲认为：珍爱自己的身体乃人之本性，可是竖刁竟自宫而事桓公。一个连自己的身体都不爱惜的人，能真正爱桓公吗？）

管仲的这番"临终嘱咐"，可谓人之将死，其言也真，极深刻地揭示了易牙、开方、竖刁三人的"非人情"，指出了这三个人的危害，让齐桓公提高警惕。可悲的是，管仲死后，"而桓公不用管仲言，卒近用三子，三子专权"。

当初，齐桓公有如花宠妃三人，均未生育；香艳姬妾六人，皆开花结果：长卫姬生无诡，少卫姬生惠公元，郑姬生孝公昭，葛瀛生昭公潘，密姬生懿公商人，宋华子生公子雍。公元前643年冬天，管仲辞世，桓公病重，这几个虎视眈眈的公子，便纠集爪牙展开了夺位大战。易牙、竖刁、开方等人见时机一到，便沆瀣一气，专权谋乱，"易牙入，与竖刁因内宠杀群吏，而立公子无诡为君。"

这时节，雪花飘飞，寒冷彻骨。他们将齐桓公困在冰窖似的宫中，用高墙堵塞宫门，不许任何人出入。有一个宫女从宫墙的洞穴钻进桓公宫室，危在旦夕的桓公骨瘦如柴，瑟瑟发抖，一见宫女，老泪纵横，说他要吃饭，宫女说她无法弄到；桓公又说他要喝水，宫女又说她无法弄到；桓公问因何如此？宫女告诉他：易牙等人作乱，堵住了宫门，连大街上都十多天没有行人了。桓公听了，几乎昏厥，他流涕呜咽道：管仲的识见，真是深远啊。若是死人还能相见，我又有何脸面与他相见于九泉之下？

于是，桓公用破衣襟裹住脸，一蹬腿，死了。赫赫英名，一代霸主，就这样死于几个奸邪小人之手。但由于战乱，桓公死后，连尸首都没有归丧，"桓公尸在床上六十七日，尸虫出于户"。惨不忍睹啊！

桓公临死，才认识到管仲识见之深远，虽然已经太迟，但毕竟"死得明白"，同时也给后人以强烈警醒。其实，管仲的"人情论"，从根本上说只有一条，那就是：人之为人，皆有人情；做事做人，不合于人情常理，必有可疑之处，就应当引起警惕。易牙、竖刁、开方之流，虽已魂飞魄散，灰飞烟灭，但具有他们那样潜质的人物，恐怕依然现在。在某些高官显宦周围，常常环绕着一些"特殊人物"：有的拍马奉迎，脸孔笑成一朵花，口角流出两缕蜜，秃头捧成美发，缺点吹成优雅；有的请客送礼，高级香烟袅袅不绝，高级美酒成摞成垛，好色者，香艳美女玉体横陈；好利者，金屋别墅，金碧辉煌，金钱滚滚，排山倒海……何其爱之深、爱之切如斯也？然而我说：人家所爱的，只是你头上的"乌纱"，手中的"权柄"，一旦你失去这两样，人家便会"弃之如粪土"了。桓公的结局，已经可悲可叹，后人安能不汲取他的惨痛教训耶？

因此我还要说：对于过分甜蜜的言辞，要省察之所以如此甜蜜的原因；对于过分殷勤的举动，要思考之所以如此殷勤的意义；因为，最真诚的言语，是最简单、最实在的；最美好的举动，是最自然、最质朴的。

（2017年8月2日）

子产：我闻为忠善以损怨，不闻作威以防怨

——为政者只有行于忠善，才能减少怨恨；依靠威权堵塞怨言，防不胜防啊！

子产（？~前522），春秋时期郑国人，杰出的政治家、思想家，姬姓，名侨，字子产。其父乃郑穆公姬兰之子姬发，字子国，又称公子发。郑穆公在位22年，先后与楚国、晋国结盟，以免遭遇亡国之险，并与楚国联手，讨伐宋国，击溃宋军，从中渔利。郑穆公子孙繁盛，两个儿子公子夷、公子坚先后继位，是为郑灵公与郑襄公，另外七个儿子，子罕、子驷、子丰、子游、子印、子国、子良，皆强悍有力，其后裔成为七个势力强大的世族，史称"七穆"。子产老爹子国跻身"七穆"之列，贵振天下，荣宠无比。不过，子产对此似乎没有一点光荣与自豪，遗世而独立，其言行常常引人侧目。

《左传·襄公八年》载，公元前565年，子国与侄子子耳率军入侵蔡国，俘虏了蔡国司马公子燮，郑国人兴高采烈，纷纷弹冠相庆，只有子产面露忧戚之色，说："小国无文德，而有武功，祸莫大焉。"他说，一个小国，不修文德，却崇尚武功，是肇祸之源啊！老爹子国怒火冲天，臭骂道："毛孩子懂个屁？国王圣明，正卿英明，你胡说

八道，不怕掉脑袋么？"

郑国是春秋时期第一个强势崛起的诸侯国，其第三任君主郑庄公，号称"春秋三小霸"之首。所谓"三小霸"，分别是：郑庄公姬寤生、齐僖公姜禄甫、楚武王芈通。郑庄公颇有雄才，功业辉煌，在位期间，分别击败过周、虢、卫、蔡、陈联军，以及宋、陈、蔡、卫、鲁等国联军，使郑国称霸中原，"天下诸侯，莫非郑党"。可惜其后继者譬如郑昭公、郑厉公、郑穆公、郑釐公等，耽于权斗，互相撕咬绞杀，弄得国家血雨腥风，国势日渐衰微，而周围列强，如南之楚国、北之晋国、东之齐国，则纷纷跃起，时作虎狼咆哮，角斗竞逐，郑国时常沦为列强的角斗场；而郑国的内乱，也愈演愈烈。

《史记·郑世家》载，釐公五年（前655），郑相子驷毒杀釐公，扶立年仅5岁的姬嘉即位，是为郑简公。当此时也，"诸公子谋欲诛相子驷，子驷觉之，反尽诛公子。"这一轮血腥搏杀，丞相子驷取得大胜，诸公子统统被戮，三年之后，子驷野心膨胀，欲废黜郑简公，自立为王，司徒子孔派廷尉将其诛杀，面对子驷血淋淋的尸体，子孔没有丝毫怵惕之念，野心腾空而起，打算步其后尘，自个儿登基为王，子产告诫他说："子驷为不可，诛之，今又效之，是乱无时息也。"他警告说，子驷要篡夺王位，遭到您的杀戮，如今您又要效仿他，这是要别人效仿你，举刀杀掉篡位者吗？一语点醒梦中人！子孔顿时打消了篡位之念，从此效忠郑简公，"子孔从之而相郑简公"。子产危急时刻的一句话，阻止了郑国的一场动乱。

关于丞相子驷之死，《左传》与《史记》的记载，却有很大不同。《左传·襄公十年》载："子驷当国，子国为司马，子耳为司空，子孔为司徒。冬十月戊辰，尉止、司臣、侯晋、堵女父、子师仆帅贼以入，晨攻执政于西宫之朝，杀子驷、子国、子耳，劫郑伯以如北宫。"这段文字，记载的是简公三年（前563）冬天，郑国爆发的一场大动乱。叛乱分子于深夜潜入都城新郑（今河南新郑市）王宫，

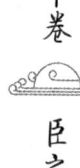

杀死丞相子驷、司马子国、司空子耳，劫持了郑简公。子产的老爹子国，死于这场屠杀，子产顾不得悲痛，与郑穆公之孙公孙虿、子驷之子公孙夏等人一起，迅速率兵平息叛乱。随后，郑简公任命子孔为丞相。这位侥幸躲过叛乱者屠刀的子孔先生，一旦掌权，立刻变脸，逼令朝臣宣誓忠诚，并签订效忠盟书，引起众人哗然，子孔恼羞成怒，欲屠戮违命者，被子产断然阻止，并请他焚书止乱。子孔对此颇为愤愤："为书以定国，众怒而焚之，是众为政也，国不亦难乎？"他说，我为稳定局势而让大家签订盟书，大家一说不高兴就要烧毁，究竟是谁在执政呢？当这个丞相，也太难了吧？子产说："专欲无成，犯众兴祸，子必从之。"他说，独裁没有好结果，犯了众怒更会遭殃，你必须听从劝告，焚书以止乱，避免局势进一步恶化。子孔无语。于是，"乃焚书于仓门之外，众而后定。"

郑简公十二年（前554），"简公怒相子孔专国权，诛之，而以子产为卿"（《史记·郑世家》）。至此，弄权误国的子孔被诛灭，子产晋位正卿，开始执掌国政。概括子产之为政，一言以蔽之，曰："必以德。"他说："为政必以德，毋忘所以立。"自古以来，德政犹如漫漫天雨，滋润天地与民心，所谓"德薄天地"，浩浩乎不可止息也！

子产执政之核心，就是厉行改革，以改革为纲，纲举目张。其一，实行"田洫之制"，削减贵戚特权。所谓"田洫"，孔颖达释曰："为田造洫，故称田洫。"贵戚世家滥占土地，恃强凌弱，鱼肉百姓，必须制止。这项改革之要害，就是限制贵族滥占土地，划定公卿与士庶的土地边界，对私田按地亩课税。其二，实行"丘赋之制"，减轻百姓劳役。《左传·昭公四年》："郑子产作丘赋。"杜预释曰："丘，十六井，当出马一匹，牛三头。"当时一方里为井，十六井为丘。所谓"丘赋"，即是以"丘"，也就是土地亩数，作为征发牲畜的计量单位，依据土地与人口数量交纳军赋，减轻贫苦百姓的负担。其三，铸法律于铜鼎，昭宽猛之准则。《左传·昭公六年》："三月，郑人铸刑书。"那是公元前536年三月，子产令人浇铸一尊"法鼎"，引起轰动，杜预释曰："铸刑书于鼎，以为国之常法。"这是中国历史上第一次正式公布"成文法"，所谓"铸鼎释法"，昭告天下。这一创举，彻底否定了"刑不可知，则威不可测"之忽悠大法。同时，子产提出"宽猛相济"的执法原则，以强化道德教化之"宽柔"，与严刑峻法之"刚猛"相结合，"以宽化民，以猛慑民"，软硬兼施，事半而功倍矣！其四，网罗天下高士，务使人尽其才。《左传·襄公三十一年》："子产之从政也，择能而使之。"作为执政，子产善于慧眼识珠，辨识各类人才：冯简子先生，处大事而清醒，临危局而善断；游吉先生，形貌端严，且富有文采；公孙挥先生，能洞悉四方诸侯之谋略，且能言善辩；裨谌先生，富于智谋，善于拨弄纷纭乱局——这些当世之才士，子产一律加以提拔重用，有力地推动了郑国"革命事业"向前发展……

作为一代改革家，子产面临着巨大阻力，甚至有生命之虞，他早已置之度外。《左传·昭公四年》载，子产推行"丘赋之制"，受到那些既得利益者诽谤，有人威胁说：他老爹死于动乱，他如今这么干，不考虑自己的安危吗？子产断然回答："苟利社稷，死生以之。且吾闻为善者不改其度，故能有济也。民不可逞，度不可改。"他说，我听说做好事者不改变其法度，才能成功。刁民不可放纵，法度不可改变。清人林则徐名句"苟利国家生死以，岂因祸福避趋之"，正是来自子产当初的铮铮誓言。

如果说，子产的逐项政治举措，引领了属于他的时代，为后世政治家治理国家点亮了一盏"明灯"，那么，他关于"不毁乡校"的宏论，则敲响了一记亘古长鸣的"警世钟"。且看《左传·襄公三十一年》之记载："郑人游于乡校，以论执政。然明谓子产曰：'毁乡校，何如？'子产曰：'何为？夫人朝夕退而游焉，以议执政之善否。其所善者，吾则行之；其所恶者，吾则改之。是吾师也，若之何毁之？我闻为忠善以损怨，不闻作威以防怨。岂不遽止？然犹防川也：大决所犯，伤人必多，吾不克救也；不如小决使道，不如吾闻而药之也。'"

那时候，"郑人游于乡校，以论执政。"所谓"乡校"，就是古代乡间的公共场所，是人们聚会议事的地方。老百姓闲暇时节凑在一起，七嘴八舌，指斥时弊，抒胸中之臆气，论天下之兴亡。这些言论，当然有不少是指斥执政当局的，亦即"毁谤之言"，这就引起了统治阶级的不满，郑国大夫然明对此尤为"义愤"，他建议子产当机立断"毁乡校"，取消百姓发表议论的阵地，不许他们乱发议论，毁谤朝政。子产断然拒绝了他的提议，并发表了著名的"不毁乡校论"。

概乎言之，其要点有二：第一，他主张把那些"乡校议论"当作为政之"良师"，"其所善者，吾则行之；其所恶者，吾则改之。是吾师也，若之何毁之？"在此，子产是把老百姓的好恶当作衡量执政者善否的标准：凡是老百姓喜欢的，就继续贯彻执行；凡是老百姓憎恶的，就坚决加以改正。此即所谓"坚持群众路线"也！第二，他主张把那些"乡校议论"当作苦口之"良药"，认真听取，以检验执政之得失，纠正失误与错误。他说，为政者只有行于忠善，才能减少人们的怨恨；而依靠威权堵住众人之"口"，犹如"防川"一样，防不胜防啊，一旦爆发，"大决所犯，伤人必多，吾不克救也"！——子产的这番宏论，可谓言简意赅，足警后世矣！然明听罢，惭愧地说：我如今才明白了您的威望究竟从何而来，如此行政，实在是郑国之福啊！

在两千多年前，暗无天日的封建社会，允许人们随意议论"执政之善否"，这对统治者来说，就已经十分不易了；而子产身居卿相之高位，力主保留"乡校"，倾听百姓呼声，关心百姓疾苦，把他们的议论当作"良师"与"良药"，并且因此而调整其统治政策。这样高明的见解，在遥远的古代，实在是凤毛麟角，难能可贵。郑国在子产的英明领导下，犹如一条沉浮在战国乱流中的航船，载沉载浮，度过了一段风调雨顺的和平岁月。郑简公十九年（前561），简公感于子产之德，"封子产以六邑"，以表彰他的功绩，子产反复谦让，最后"受其三邑"。

这时候，由于统治集团内部权斗日趋剧烈，剑拔弩张，郑国隐隐然潜伏着一场新的危机。这年，江南吴国使者季札先生前来拜访子产，季札是著名贤者，品德高尚，识见深远，为了让贤不做国王，不惜跑到舜过山（位于常州与江阴交界处）隐居种田。他告诫子产，"郑之执政者侈"，恐怕大难将至，先生应该早做准备。子产频频点头，心头涌起万般无奈，感觉了个人力量之渺小，实在难以长时期独臂擎起江山之倾颓。不久，郑国内乱再起，"诸公子争宠相杀，又欲杀子产"，这一轮的宫廷绞杀，像以往一样残酷，公子王孙纷纷人头落地，当滴血屠刀在子产头顶挥舞时，有人出来阻止说："子产仁人，郑所以存者子产也，勿杀！"虽然安然度过了这次生命危机，但人之生，必有死，子产当然也不例外。公元前522年，子产辞世，"郑人皆哭泣，悲之如亡亲戚"，就连孔夫子听说子产死了，也为之下泪，连连叹息说："古之遗爱也！"（《左传·昭公二十年》）

郑国执政子产先生因为行仁政，创宏业，且海纳百川，"不毁乡校"，而被著之竹帛，恒远流传。今日重温子产先生那一席关于保留乡校的泠泠话语，依然滴沥如新，震响耳畔。岁月的长河冲走了泥沙，却为后人留下了亮闪闪的珠贝。可惜的是，许多封建统治者根本不相信子产"那一套"，习惯于"防民之心，堵民之口"，结果到头来，"大决所犯，不克救也"，江山陆沉，大厦崩摧，他们自己也被淹没在人民群众愤怒的汪洋大海里了——这种种可悲之情形，在中国历史上，不断地重复上演着，悲夫！

俱往矣！历史发展到今天，郑国的"乡校"早已无影无踪了，但子产先生的那一席滚烫话语，一如珠玉晶莹，熠熠生辉。君不见，有

些人总是高高在上,"当官做老爷",傲视天下,睥睨苍生,根本不关心百姓疾苦,更不愿听取百姓呼声;也有人习惯于颂歌盈耳,颂词连篇,听不得任何批评意见,闻过则怒,一触即跳,根本想不到自己有什么过失;还有人一听到反对之声,就千方百计打击报复,必欲除之而后快,根本忘记了还有"兼听则明"这回事情。试问,我们的胸襟、气度,难道还不如两千多年前的封建官僚子产先生吗?

(2017年8月6日)

范蠡：持满者与天，定倾者与人

——功德圆满者，效法天道，盈而不溢；扶危立倾者，崇尚谦卑，躬身事人。

范蠡（前536～前448），字少伯，自号"鸱夷子皮"，楚国宛地三户邑（今河南南阳）人，春秋末期著名政治家、军事家、经济学家，富有远见卓识，惯于世海弄险，扶助越王勾践忍辱复国，创造"卧薪尝胆"之神话，此后携美女西施飘然隐去，泛舟江湖，再造商海奇迹，成为富甲天下的"陶朱公"；偶有著述，时发妙语，著有《范蠡》两篇，可惜失传；被后人尊为"南阳五圣"第二：谋圣姜子牙、商圣范蠡、科圣张衡、医圣张仲景、智圣诸葛亮，皆为历代稀世之明珠。

范蠡的始祖，乃春秋时期晋国上卿范武子，武子当年悠游宦海，屡挫强敌，修订法度，史称"纳谏不忘其师，言身不失其友"。尽管远祖如此辉煌，范蠡的身世却堪称黯淡，他生于布衣之家，长于垄亩之间，饱尝谋生之艰与世道之险，虽然满腹经纶，胸藏峰棱，智识超群，颇有圣人之姿，因为身世微贱，一直寂寂无闻，只能委身草野，狂放不羁，倜傥不群，成为乡人眼里的一个狷介狂人。《越绝书·卷七》载：范蠡

"自谓衰贱,未尝世禄,故自菲薄。饮食则甘天下之无味;居则安天下之贱位。复披发佯狂,不与于世。"——范蠡"故自菲薄",食无味,居贱位,"被发佯狂",装疯卖傻,可谓乡间奇葩也。

追忆往昔,范蠡之所以名震后世,端赖当初的伯乐文种先生青睐。文种,巴州白沙(今重庆白沙镇)人,幼有大志,颇富韬略,范蠡落拓乡间时,他已是宛县(今南阳宛城区)县令,其为政秘籍是"六无":"利之无害,成之无败,生之无杀,与之无夺,乐之无苦,喜之无怒。"他听说城南三户里范公村的范蠡怀拥奇才,奇崛傲世,便前往登门拜访,岂料却吃了闭门羹;第二天他又来了,范家柴扉依旧紧闭;第三天,文种又来了,两扇柴门依然关着,中间还横了一截树枝当"锁",只听得院内树上的麻雀喳喳乱叫。他对范家邻居说:"请告诉老范,我会天天来,直到见到他为止!"范蠡闻言,大为感动,立刻开门迎客,两人把酒言欢,从此成为尘世知音。这个"文种三请范蠡"故事,于史虽无据,于世却有情,后来两人一起投奔越王勾践,辅佐勾践成就了王霸之业。

公元前496年,越王允常崩逝,国家政局陷入动荡。允常是越国霸业的开创者,在位期间与吴王阖闾龙争虎斗,角逐霸权,两国结成世仇。他遽然辞世,其子勾践继位,吴王阖闾乘机起兵伐越,勾践被迫率兵抵御,双方在槜李(今浙江嘉兴市西)展开激战,史称"槜李之战"。或许是因为乘人之危,皇天不佑,吴王阖闾气势汹汹而来,却遭遇惨败,自己也丢了性命。阖闾临死,叮嘱其子夫差:"必毋忘越。"夫差继位,发誓为老父报仇雪恨。

公元前494年,勾践探知夫差日夜练兵,锻造武器,意欲吞灭越国,就想来个先发制人,"越欲先吴未发往伐之",一举歼灭吴军,遭到范蠡反对,他说:"臣闻兵者凶器也,战者逆德也,争者事之末也。阴谋逆德,好用凶器,试身于所末,上帝禁之,行者不利。"范蠡将"战"与"德"相连,其实是在讨论战争之正义与否,不义之战,遑论胜利耶?孟子说"春秋无义战",只是泛泛而论,义与不义,谁能说得清?勾践拒绝范蠡之议,坚持出兵伐吴,吴王夫差闻讯,"悉发精兵击越",双方在夫椒(今江苏太湖之洞庭山)决战,史称"夫椒之战",勾践遭遇惨败,尸横遍野,仅剩五千余人,仓皇逃入会稽山中,"吴王追而围之",勾践全军覆灭、国破身亡的命运,就在眼前!

走投无路的勾践,遥望着会稽山之香炉峰,痛感生无可恋,他喘息着对范蠡说:"当初愧不听先生之言,以致遭此惨败,如今咋整啊?"范蠡透过渺渺峰巅,似乎望见了云空中一只孤鹤,在乌云中缓缓飞翔,瞬间顿悟:"持满者与天,定倾者与人,节事者以地。卑辞厚礼以遗之,不许,而身与之市。"他说,功德圆满者,效法天道,盈而不溢;扶危立倾者,崇尚谦卑,躬身事人;洞达事理者,遵循世道,因地制宜。他要勾践奉上重金厚礼,以打动夫差,实在不行,就卖身与他,为奴为仆,先苟活性命再说吧!当然,还有一句话,范蠡没说出口:留得青山在,何愁没柴烧嘛!

公元前492年,勾践拜范蠡为上大夫,两人辞别众臣,前往吴国都城姑苏(今苏州市),为吴王夫差当奴仆,文种则留守越国都城会稽(今浙江绍兴),主持国政。此前,勾践欲带文种随行,范蠡说:"四封之内,百姓之事,蠡不如种也。四封之外,敌国之制,立断之事,种亦不如蠡也。"(《国语·越语下》)他说的还算客观。处理内政,梳理百姓,他的确不如文种;打理外交,制敌善友,软硬兼施,文种还真不如老范。

去国之际,勾践痛哭流涕,众臣唏嘘不止。到了吴宫,夫差让两人住进老爹阖闾大墓旁边一间石屋。这里是吴王的马圈。勾践实际上就是马夫,负责饲养吴王的御马。石屋里潮湿阴暗,霉迹斑斑,饥鼠绕床;屋外杂草丛生,百虫奔窜,驴鸣马嘶。漫漫长夜,漆黑如墨,范蠡鼓励勾践:"忍以持志,因而砺坚,君后勿悲,臣与共勉!"日夜轮转,江山陆沉。两人铡草,筛草,拌料,喂马,清理马圈,洗涤马槽,每当夫差乘车出行,勾践必须在车驾两厢奔跑,照料几匹膘肥体壮的御马,呵斥、唾骂、凌辱,一如家常便饭。漫漫三年光阴,犹如抻长千载之瀑布,冲撞折磨着二人的神经。《吴越春秋·卷四》载:吴王夫差令人劝说范蠡,请他离开勾践,到吴国高就,并许以高官厚禄,范蠡回答说:"臣闻亡国之臣,不敢语政,败军之将,不敢语勇。臣在越不忠不信,今越王不奉大王命号,用兵与大王相持,至令获罪,君臣俱降,蒙大王鸿恩,得君臣相保,愿得入备扫除,出给趋走,臣之愿也!"他说,亡国之臣,哪里敢论谈治理天下;败军之将,哪里敢谈论克敌制胜;越王不听大王号令,导致获罪,若承蒙大王恩典,早日放还,微臣将感恩不尽!

其实,勾践、范蠡君臣来到吴宫为奴,换得吴国退兵,越国社稷存续,苟延残喘,至于期满能够否顺利归国,只有天晓得。当初,吴国大军压境之际,勾践派文种前往吴国"媾和",跪求吴王"高抬贵手",留一条生路,"勾践请为臣,妻为妾"。夫差心有不忍,正要应允,遭到大臣伍子胥强烈反对,他说,越国是老天爷赐给吴国的礼物,不乘机取之才是傻瓜呢!勾践闻讯,欲孤注一掷,"触战以死",文种说,吴国太宰伯嚭乃贪墨之徒,"可诱以利",于是带了财货宝器美女,偷偷送到伯嚭府上,伯嚭先生喜滋滋收下,便带着文种来见吴王,二人一唱一和,连番忽悠,吴王接受"媾和之议",伍子胥又出来反对:"今不灭越,后必悔之。勾践贤君,种、蠡良臣,若反国,将为乱。"对于伍子胥的警告,夫差置之不理。此后,伯嚭屡进谗言,称伍子胥心怀怨望,意欲谋反,昏庸的夫差派人赐给伍子胥一把"属镂之剑",令其自尽,将绝之际,伍子胥愧恨交加,对门客发誓说:"抉吾眼悬吴东门之上,以观越寇之入灭吴也。"

忠心耿耿的伍子胥之惨死,与心怀复国大志的勾践之苟活,如两道"无影神剑",直指吴王夫差的脑门儿,其覆灭命运,就此注定。

三年之后，勾践归国，演绎"卧薪尝胆"之神剧，范蠡与文种呕心沥血，制定兴越灭吴"七术"，极尽机谋与权诈，其中最致命的一条，就是"美人计"，向吴王赠送一对绝世姊妹花——西施与郑旦，使之贪恋美色，荒废政事。至此，西施浮出江湖，走入吴王宫殿，为实施"兴越灭吴"之大计，而奋勇献身。

为了实施"美人计"，范蠡制定了"两步走"战略：第一步，遴选天下美女，组成"蚀骨红粉团"；第二步，对红粉团实行"魔鬼训练"，授以礼仪，习以歌舞，辅以"房中之术"，务求妖媚蚀骨。为了寻找绝世美女，范蠡跋山涉水，走遍全国，明察暗访，千挑万选，寻得八名姿态婀娜娇不胜衣的江南美女，其中来自浙江绍兴诸暨苎萝山浣纱溪畔的一对姊妹花——西施与郑旦，最为耀眼。

西施，亦称西子，本名施夷光，传说春秋末期生于诸暨苎萝山下的苎萝村，其父卖柴，其母浣纱，因家住村西，故称"西施"。她天生丽质，貌若天仙，增之半分则嫌腴，减之半分则嫌瘦，因为常在村西那条小溪中浣纱，故称浣纱溪，溪中鱼儿一见她来，为其美貌所惊，纷纷下沉，故有"沉鱼"之说。那天，范蠡来到浣纱溪旁，觑见西施正在溪边浣纱，水光潋滟，山色空蒙，西施面如春月，肤如凝脂，裙裾随风飞扬，长发缭绕春情……范蠡一瞬间看得呆了，惊为天下第一美女。郑旦与西施同村，身姿轻盈，性情刚烈，柔情似水，貌若西施，有"浣纱双姝"之称。两人同时入选"蚀骨红粉团"，经过三年刻苦练习，犹如两支"蚀骨利剑"，被送入吴王宫中，以自己的如花笑靥、如荑娇躯，来承受社稷存亡之重负、国家危亡之倾颓，吁！当八个绝色美女被送上吴王夫差的御榻时，范蠡心头滴沥的，究竟是滴滴鲜血，还是滔滔悲酸？

史载，吴王夫差一见西施与郑旦，立刻惊得神魂颠倒，将西施安置于姑苏台，把郑旦安置于吴宫。姑苏台亦称姑胥台，位于苏州城外西南之姑苏山上，台高三百丈，宽八十四丈，台上筑有规模宏大的馆

娃宫、响屐廊、浣花池、琴台、灵馆、吴王井等，四周百花环绕，百鸟啾啾。西施在这里与吴王夫差缠绵悱恻，花天酒地，逍遥享乐，李白《乌栖曲》"姑苏台上乌栖时，吴王宫里醉西施"之句，歌咏的就是这件事，吴王只恨良宵苦短，欢乐无尽，"东方渐高奈乐何！"

姑苏台上，夫差与西施整日缠在一起；吴王宫里，郑旦被晾在了一边。她郁郁不得志，心神憔悴，很快便香消玉殒了，夫差为之悲哀洒泪，葬于台州黄茅山。郑旦之死，堪称"为国捐躯"，有人说她的早逝是因为"妒西施之宠"，显然属于无稽之谈也。

如果说，范蠡指望西施灭掉夫差，倾覆吴国，也就错得南辕北辙了。战败之后，越国犹如滚石跌落谷底，要想复兴，必须慎之又慎。他辅佐勾践，实行了一系列改革新政。其一，夯实基础，繁荣经济，实行"农末俱利"的价格政策与"平粜齐物"的经济主张，"劝农桑、务积谷"，"农末兼营、平粜各物"，顺应天时播五谷，丰衣足食节民力。其二，施行善政，稳定社会，凡民之所好，大力推广；民之所恶，坚决去之。有人生病，登门慰问；有人去世，帮办丧事；对食不果腹的贫苦百姓，一律免除徭役。其三，重建都城，维国之本，范蠡主持重建了两座"迷彩之城"，一座小城如丘山，喻越人志不在高；一座大城留残缺，面向吴国不筑墙，喻不设防也，以此迷惑夫差，弛其心志。其四，不懈强军，增强战力，他说，审备慎守，以待不虞，备设守固，必可应难。他悄悄组建了一支敢死队，以为将来灭吴先锋……

公元前476年春，"吴王北会诸侯于黄池，吴国精兵从王，唯独老弱与太子留守。"古黄池遗址位于河南封丘县城南，"黄池之会"是春秋末年重大历史事件。当时，吴王夫差所向披靡，西破楚，北败徐、齐、鲁，成为东南一霸，决意进军西北，与晋定公姬午约会于黄池。《国语·吴语》载，吴军"万人以为方阵，皆白裳、白旗、素甲、白羽之矰，望之如荼。左军亦如之，皆赤裳，赤旂，丹甲，朱羽之矰，望之如火。"正当吴王踌躇满志、登高一呼之际,越国军队倾巢而出,向吴国发动突袭,"乃发习流二千人,教士四万人,君子六千人,诸御千人",一举击溃吴国守军,诛杀吴太子,吴王闻讯,下令封锁消息,坚持完成与中原诸侯的歃血盟誓仪式,一边派人向越王勾践求和。四年之后,越国再次伐吴,吴军崩溃惨败,吴王夫差逃到姑苏台上,派大夫公孙雄"肉袒膝行而前",请求越王仿照当初"会稽赦勾践"故事,放一条生路,勾践心怀凄恻,范蠡凛然说道:"会稽之事,天以越赐吴,吴不取。今天以吴赐越,越其可逆天乎?"

勾践还在磨叽,范蠡已经下令击鼓进兵,公孙雄大哭而去,勾践心有不忍,派人对夫差说:我会妥善安置,令百家供养大王。夫差长叹一声:"吾老矣,不能事君王!"遂自杀。临终之际,他恍然想起当年伍子胥的警告,以及自己对伍子胥的残杀,愧悔无极,乃蒙面而死:"吾无面以见子胥也!"

当初,吴王夫差握有改写历史之千载良机,却因为心怀悲悯,拒绝伍子胥劝谏,留下后患,致身死国灭;越王勾践同样心怀悲悯,只是听取范蠡之言,斩草除根,终于成就霸业。是非成败转头空,毕竟成败是曾经。古今之鉴,令人心神动荡矣;更加令人心神动荡的,却是范蠡功成身退的选择。

那时候,勾践平定吴国,一统江南,越兵横行天下,"诸侯毕贺,号称霸王"。正当勾践志得意满、雄霸诸侯之际,却猛然发现,范蠡已经消失了。他像一片江上白云,飘然而去,并给曾经的同事文种写了一封信:"飞鸟尽,良弓藏;狡兔死,走狗烹。越王为人长颈鸟喙,可与共患难,不可以共乐。子何不去?"字里行间,斑斑如血。成语"鸟尽弓藏""兔死狗烹",由此而来也。范蠡深知,自己功高震主,智多惑主,能助其削平万里江山,却不能助其消灭万千烦恼,因为,君王烦恼之根源,就是臣下智慧弥天、雄才超群啊!远离之,高飞之,高蹈尘海,卓然不群,悠游江湖,且乐人生,岂不快哉!

可是，文种先生参不透其中的奥秘，流连于高官厚禄，迷离于滚滚红尘，没有听从范蠡的劝告，终日郁郁，终于病倒了，只得称病不朝。有人进谗言说，范蠡跑了，文种心怀叵测，或将作乱，勾践听罢，恍惚一瞬，犹豫片刻，一咬牙，一跺脚，赐文种一把"属镂之剑"，说："子教寡人伐吴七术，寡人用其三而败吴，其四在子，子为我从先王试之。"这位功勋赫赫的老臣文种先生，仰天长叹，泪如雨下，挥剑自杀，享年63岁。文种死后，其子文伯孟带着老母和家眷沿江而上，回到巴州白沙老家，将息度日，后因范蠡资助而成为富商巨贾，后人称之为"何伯子"。

就在勾践霸业告成，大摆酒宴的那个夜晚，范蠡悄悄携了西施，浴着月色，悄然而去，坐上一叶小舟，婉转穿过护城河，直向太湖而去。临行之前，他留书辞别勾践："臣闻主忧臣劳，主辱臣死。昔者君王辱于会稽，所以不死，为此事也。今既已雪耻，臣请从会稽之诛。"勾践回复说："孤将与子分国而有之。不然，将加诛于子。"勾践杀机毕露，范蠡淡然以对："君行令，臣行意。"而此时，他与西施，早已抵达太湖之畔，在太湖之北的五里湖边，搭了几间草房，隐姓埋名，住了下来。为了躲避勾践的追杀，范蠡化名"鸱夷子皮"。"鸱夷子皮"是古代牛皮酒器，用以名之，喻"酒囊饭袋"之意也。迷惑，调侃，自嘲，不屑，尽在其中矣！

此后，范蠡与西施驿动三迁，"在越为范蠡，在齐为鸱夷子，在吴为陶朱公"（《太平广记·神仙传》），最后定居西湖之畔，饱览旖旎风光，西湖从此有了"西子湖"之美誉。李商隐诗曰："永忆江湖归白发，欲回天地入扁舟"，抒发了岁月红颜易老、江湖天地永存之叹，令人唏嘘之余，不免莞尔一笑。有时候，范蠡与西施泛舟湖上，见清风徐来，水波不兴，诗情逸飞，不免追忆往昔。齐国岁月，两人结庐海边，戮力耕作，捕鱼晒盐，累积万贯家产，仗义疏财，造福乡梓，广受称颂，齐王拜为相国，他喟然感叹："居官至于卿相,治家累积千金,对一介布衣而言,已至极致。久受尊名,恐非吉兆。"再次急流勇退,归还相印,散尽家财,迁居至陶邑(今菏泽定陶区)。这里风光霁月,东邻齐、鲁,西接秦、郑,北通晋、燕,南连楚、越,号称"天下之中",商贾云集,范蠡在此重操旧业,商海弄潮,寥寥数年,又成巨富,自号"陶朱公"。世人誉之曰:"忠以为国;智以保身;商以致富,成名天下。"信哉斯言!

太史公司马迁在《史记·越王勾践世家》中,浓墨重彩抒写范蠡故事,赞曰:"范蠡三徙,成名于天下,非苟去而已,所止必成名。"三国学人刘邵《人物志》品评范蠡,说他"思通道化,策谋奇妙",实乃道术中之神人也!至于范蠡与西施的浪漫故事,因为传说色彩颇浓,众说虽纷纭,于史却无据;然而,拥有如此迷离旖旎之传说,已足以令无数后之来者艳羡煞也!

(2017年8月12日)

商鞅：且夫有高人之行者，固见非于世

——不肯循规蹈矩按照世俗行事的人，肯定就会遭到嚣嚣众口非议。

商鞅（约前395～前338），战国时期著名政治家、改革家，法家学派重要代表人物，卫国宗室之后裔，亦称卫鞅、公孙鞅。身为卫国宗室血胤，卫鞅早年却流落魏国，充任魏相公叔痤的中庶子，即侍从官，形如跟班儿，籍籍无名，将息度日，后来投奔志欲吞天的秦孝公嬴渠梁，从此踏上了一条荆棘密布的"改革之路"；后因率兵击溃魏军，获封于商，号为商君，史称"商鞅"。他相秦十年，强力改革，富国强兵，傲视群雄，史称"商鞅变法"。他像一匹高速奔腾的火车头，将秦国导入快速发展轨道，却将自身置于危险境地，公元前338年，秦孝公驾崩，秦惠文王嬴驷继位，太傅公子虔诬其"谋反"，惠文王脸色一变，下令抓捕，走投无路之际，商鞅率麾下负隅顽抗，兵败被俘，处以车裂之刑，悲夫！

如此功勋卓著命运惨烈的划时代改革家，其早年岁月却犹如孤鹜远翔，缥缈难寻。《史记·商君列传》只说他是"卫之诸庶孽公子"，"其族本姬姓也"，其余即告阙如。作为一代精英，其颖悟超迈，雄才弥天，自是不言而喻；他刻苦自励，"少好刑名之学"，专研以法治国。所谓"刑名之学"，是以法家重要创始人申不害为代表的学派，主张君权至上，以"术"彰法，循名责实，慎赏明罚。其传世之作《商君书》，激情四射，雄辩滔滔，论变法之"理"，订变法之"则"，宏观梳理，微观剖析，至今仍有借鉴意义。

第一个发现商鞅怀拥绝代才华的，是其恩主公叔痤。公叔先生在魏国为相多年，谙熟权术，当初为确保相位，排挤军事家吴起，致其远走楚国；病危之际举荐商鞅，落得荐贤美名。公元前361年，公叔痤病重，魏惠王亲往问病，并请教谁能安邦治国？公叔曰："痤之中庶子公孙鞅，年虽少，有奇才，愿王举国而听之。"惠王默然不应；公叔先生眼珠儿一转，屏退左右说："王既不听用鞅，必杀之，勿令出境。"惠王含糊其词，转身而去。国王一走，公叔痤连忙把商鞅招来，细说前后，令他赶紧逃跑避祸，岂料商鞅淡定地说，魏王既不听先生之言任用我，怎么会听先生之言而杀我呢？惠王回朝，撇着嘴对诸臣说："公叔病甚，悲乎，欲令寡人以国听公孙鞅，岂不悖哉！"

公叔先生堪称政治家之典范矣！其嘴脸一夕三变，权术之机展露无遗。尽管如此，其荐贤之举，依然值得肯定；一个不甚完美的伯乐，毕竟也充溢着爱才之情嘛。前361年，公叔痤病死，商鞅洒泪祭悼，第二年就离开魏国，奔往秦国去了。当时，秦国正值新旧交替，62岁的秦献公辞世，21岁的秦孝公继位。年轻的孝公一如初生牛犊，雄心勃勃，"有席卷天下、包举宇内、囊括四海之意，并吞八荒之心"（贾谊《过秦论》），然而他面对的，却是国势羸弱、诸侯鄙视之现实，连权力早被架空的周显王姬扁，都懒得搭理秦国，孝公对此无比愤慨："诸侯卑秦，丑莫大焉。"于是他悍然颁布求贤令："寡人思念先君之意，常痛于心。宾客群臣有能出奇计强秦者，吾且尊官，与之分土。"

正在魏国徘徊的商鞅闻讯，快马加鞭，赶来应征，通过宠臣景监先生求见孝公。这位景监先生，堪称是商鞅遇到的第二位伯乐，其身份颇为神秘，神龙见首不见尾，生卒年不详，也不知系何方人氏，只知道他姓芈，景氏，名监，曾任副将、国尉、上大夫，有人说他是后宫太监，有人说他是秦王密探，在孝公面前极受恩宠，炙手可热。至于商鞅是如何搭识景监，并得到赏识的，不得而知。商鞅在景监的大力举荐下，演绎了一出摇曳多姿的"四见孝公"之连续剧：一见孝公，大谈"帝道"，听上去攀云追月，不过空话而已，孝公"时时睡，弗听"；二见孝公，改论"王道"，似乎上天可御闪电，下海可擒蛟龙，孝公冷淡依然；三见孝公，言及"霸道"，孝公终于露出笑脸，感到"可与语矣"；四见孝公，"以强国之术说君"，孝公"不自知膝之前于席也"，两人促膝长谈，"语数日不厌"。景监先生对此颇感奇怪，说你凭啥忽悠了大王？商鞅嘿然一笑：不过是强国之术嘛！

公元前356年至公元前350年，商鞅扶摇直上，先后被任命为左庶长、大良造。左庶长为非王族大臣首领，大良造又称大上造，为朝廷最高官员，类乎宰相。商鞅集军政大权于一身，自上而下，厉行改革。正当他热血沸腾，吹响改革集结号之际，孝公却"恐天下议己"，引起动乱，犹豫徘徊起来，召集大良造商鞅、太师甘龙、左司空杜挚等人廷议，商鞅昂然说道："疑行无名，疑事无功。且夫有高人之行者，固见非于世；有独知之虑者，必见敖于民。愚者暗于成事，智者见于未萌。民不可与虑始而可与乐成。论至德者不和于俗，成大功者不谋于众。"孝公点头称善，甘龙却说："圣人不易民而教，智者不变法而治。"杜挚随声附和："利不百，不变法；功不十，不易器。"商鞅望着两位抱残守缺的朝廷大佬，怒怼曰："治世不一道，便国不法古。故汤武不循古而王，夏殷不易礼而亡。反古者不可非，而循礼者不足多。"孝公听罢，曰："善。"于是，"卒定变法之令"。

此后，商鞅开始实施大刀阔斧的改革："令民为什五，而相牧司连坐。不告奸者腰斩，告奸者与斩敌首同赏，匿奸者与降敌同罚。民有二男以上不分异者，倍其赋。有军功者，各以率受上爵；为私斗者，各以轻重被刑大小。僇力本业，耕织致粟帛多者复其身。"商鞅多措并举，多管齐下，一口气改革了国家的户籍、爵位、土地诸项制度，奖励军功，鼓励耕战；废井田制，设郡县制；废除世卿世禄制，实行军功爵制度……暮气沉沉的老大秦国，一时间议论哗然，人们惊讶、错愕、唉骂，不一而足，商鞅不为所动，铁腕推行。为取信于民，他下令在都城市场南门竖起一根三丈巨木，公开悬赏："谁能将此木移至北门，奖励十金。"人们纷纷围观，将信将疑；当赏格提高到五十金时，人群里兀地跳出一条莽汉，将巨木扛起就走，监督官当场兑现五十金，并宣布："令出必行，绝无诳语！"围观民众一片沉寂，始信朝廷变法之决心，坚如磐石。

正当变法如火如荼走向纵深之际，太子嬴驷触犯新法，商鞅冷脸说："法之不行，自上犯之。"太子乃储君，不能加刑，乃下令刑太傅公子虔，黥太师公孙贾，引起朝野轰动，于是"法大用，秦人治"。几年后，太傅公子虔再一次触犯新法，商鞅不顾太子苦苦求情，下令施以"劓刑"，即割鼻之刑，从此与公子虔成为仇雠。变法十年，"秦民大悦，道不拾遗，山无盗贼，家给人足。民勇于公战，怯于私斗，乡邑大治"，国家日益强盛，在战国七雄中渐渐鹤立鸡群起来。

公元前340年，商鞅奉孝公之命，率军讨伐魏国，魏惠王令公子卬率军迎敌，两军在关中河西地区（今山西、陕西之间黄河南段以西）展开决战，是为"河西之战"。商鞅与公子卬是老朋友，写信诈称相会结盟，乐饮罢兵。天真的公子卬不知有诈，应约前来，当场被擒，商鞅大破魏军，魏惠王被迫割河西之地以求和。到了这时候，魏惠王才恍然想起了当年公叔痤的警告，恨恨地说："寡人恨不用公叔痤之言也。"虽然胜之不武，商鞅却因功受封于商邑（今陕西丹凤县），号为商君。

前338年，秦孝公病危，秦国政局动荡，《战国策·秦第一》云：孝公"疾且不起，欲传商君，辞不受。"是否史实，不得而知。43岁的孝公驾崩，19岁的太子嬴驷继位，是为秦惠文王，身居变法之巅的商鞅，一下子跌入险境。秦国贵族赵良眼见商鞅积怨太深，前景不妙，前往劝说："仆闻之曰：'非其位而居之曰贪位，非其名而有之曰贪名。'"贪位贪名，贪婪之极也！赵良之言，尖锐犀利，商鞅口称拜师，却是言不由衷；赵良以秦穆公时的贤相、五羖大夫百里奚为例，以驳难商鞅："五羖大夫之相秦也，劳不坐乘，暑不张盖，行于国中，不从车乘，不操干戈，功名藏于库府，德行施于后世。五羖大夫死，秦国男女流涕，童子不歌谣，舂者不相杵。"而商君您呢？每当出行，车驾富丽堂皇，浩浩荡荡，护卫武士挺枪执戟，耀武扬威，"君之危若朝露，尚将欲延年益寿乎？"噼里啪啦一顿痛贬，弄得商鞅哑口无言，赵良劝他早作打算，急流勇退，到荒僻之地做一田家翁，"归十五都，灌园于鄙"，耕作于田园之中，"养老存孤，敬父兄，序有功，尊有德，可以少安"。可惜商鞅到了危急关头，依然贪恋荣华富贵，"商君弗从"。

这时候，曾被商鞅处以割鼻之刑的太傅公子虔乘机报复，上书惠文王，诬告商鞅谋反，惠文王不问青红皂白，下令拘捕，商鞅连夜潜逃，逃至边关，欲宿客舍，但无证件，店家怕遭"连坐"，不敢收留；逃往魏国，魏人恨他当初诈赚魏军，骂他是贼，不肯收留。一代改革大师，危急时刻被自己制定的严苛法令逼得走投无路，叫天天不应，唤地地不灵，孤注一掷"谋反"，犹如螳臂当车，最后惨遭车裂。如此悲惨结局，令太史公司马迁连声感叹："商君，其天资刻薄之人也。余尝读商君开塞耕战书，与其人行事相类。卒受恶名于秦，可以也夫！"二十年前，我读《史记》，在《商君列传》书页上，留下了八个红字："如对商君，迷惘无言。"

彪炳史册的"商鞅变法"，无疑取得了极大成功，使黯弱的秦国一跃成为七国之雄，然而，商鞅个人的命运，却很悲惨，最后跌落进自己编织的法网里，受到了世上最惨烈的酷刑。商鞅变法的极大成功与商鞅个人命运的极其悲惨，情与理如此相悖，势与事如此相违，崇高理想与残酷现实如此南辕北辙，实在令人深思。究其根源，大致有三：其一，商鞅依法治国，理念当然不错，但他所谓的法制在执行过程中，确实产生了严重偏差，有些法令过于严苛，过于峻烈，甚至达到了刻薄寡恩、暴虐残忍的程度。譬如，他下令实行连坐之法，株连无辜，弄得人人自危；他大肆增加肉刑，推行大辟、凿顶、抽肋、镬烹等酷刑，实行恐怖统治，所谓变法露出了青面獠牙的邪恶嘴脸，引起天下人的恐慌与愤恨，杜甫《述古》诗云："舜举十六相，身尊道何高。秦时任商鞅，法令如牛毛。"苛虐如斯，焉能不殃及自身？其二，商鞅不畏强权，不避危险，敢于刑上大夫，严惩触犯法律的太傅、太师等权贵，为国法树起威严，却为自己树立了死敌。他下令废除世卿世禄制度，实行论功行赏，剥夺了贵族阶级的世袭特权，为国家清扫了一大批冗官贪吏，却为自己招来了极深的怨恨。其三，商鞅变法是一场自上而下的强力革命，全社会缺乏应有的改革基础，在统治集团内部，阻力还很强大，公子虔之流顽固派一直在兴风作浪。变法之成败，商鞅之安危，全系于秦孝公一人，其脆弱与危险，是显而易见的。孝公在，商鞅安；孝公崩，商鞅诛——这种不幸结局，实在是不可避免的历史悲剧啊。

　　幸运的是，秦惠文王并非糊涂平庸之辈，他在车裂商鞅之后，并未统统废除商鞅倡导的新法，而是继续加以贯彻落实，与此同时，他审时度势，任用贤能，使秦国版图不断向外拓展，并于公元前325年改"公"称"王"，改元"更元"，成为秦国"第一王"。由此看来，惠文王车裂商鞅，一方面是为了取悦自己的老师公子虔等人，有公报私仇之嫌；另一方面，也是为了矫枉过正，抚平商鞅推行的苛酷峻法激起的巨大民愤，同时尽量争取顽固保守派的支持，至少不要成为改革的巨大阻力。——由此可见，秦国之崛起与商鞅之被诛，时也，势也，命也！

（2017年8月23日）

蔺相如：先国家之急而后私仇也

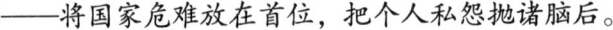

——将国家危难放在首位，把个人私怨抛诸脑后。

蔺相如，战国时代赵国上卿，著名政治家、外交家，关于他的生卒年与出生地，《史记·廉颇蔺相如列传》仅有如下简单记载："蔺相如者，赵人也，为赵宦者令缪贤舍人。"太史公的语焉不详，使蔺相如的籍贯、墓葬、后裔等，都成了不解之谜。关于相如故里，目前至少有四个版本：其一，河北邯郸说。《邯郸县志·地理志》载：蔺相如故宅在邯郸县城西南二十里，"今其地名蔺家河"。其二，河北曲阳说。据《魏书·地形志》载，定州中山郡辖七县，其中新市县（即曲阳县）"有蔺相如冢"；曲阳县西汉时称"上曲阳县"，北魏太平年间改称"新市县"。其三，河南安阳说。据《安阳县志》载："相村在水冶西南，战国时蔺相如故里，有碑文可考。世传蔺相如生于渐平岗村，后移此村，因以相名。"其四，山西古县说。古县蔺子坪村有蔺相如墓，墓前有一通石碑，碑文刻有"赵上卿蔺相如墓"字迹。以上各地"相如故里"之说，虽各有说辞，似乎凿凿有据，其实均缺乏令世人信服的实证，致使蔺相如的桑梓之地，始终难以定论。

蔺相如出身低微，早年"为赵宦者令缪贤舍人"。"宦者令"是战国官名，后宫太监之总管；"舍人"，即门客。蔺相如开始在赵国宦者令缪贤府上做门客，为之出谋划策，因才智超逸，颇得叹赏。那时候，作为地位与财富之"标配"，各国达官显宦纷纷蓄养门客，致使养客之风盛行，有名的"战国四公子"——魏国信陵君魏无忌、楚国春申君黄歇、齐国孟尝君田文、赵国平原君赵胜，都是门客众多的豪族大佬。缪贤虽然身为太监，却是赵国后宫太监的大管家，当然是赵王的心腹之臣，跟风蓄养门客，也是顺理成章的。这时候的赵王，正是赵惠文王赵何。这位赵何先生，乃赵武灵王的次子，赵武灵王当初以"胡服骑射"闻名青史，为赵国赢得国富兵强，晚年却因为接班人问题处置不当，落得万分悲惨，长子赵章、次子赵何为争夺王位，拼死搏杀，导致"沙丘宫之变"，赵章被戮，一代英主赵武灵王被活活饿毙沙丘宫。尽管诛杀兄长，虐毙老爹，赵惠文王的登基之路颇为血腥，但他依然不失为一个有为之君，在位期间任贤良，纳忠言，外折强秦，内纾民困，政治清明，富国强兵，太史公赞之曰："国赋大平，民富而府库实。"他先后任用的乐毅、廉颇、平原君、蔺相如、赵奢等，都是时代之俊杰；而对蔺相如的任用，更彰显着赵惠文王用人不拘一格之风范。

那一年，赵王得到了一方无价之宝——"和氏璧"，这是中国历史上著名的美玉，又称荆虹、荆璧、和璧、和璞，晶莹璀璨，冠绝天下。"和氏璧"的发掘者，是楚国人卞和。《韩非子·和氏》载：卞和在楚山上掘得璞玉，献给楚厉王，被指为"诳"，就是骗子，被剁掉了左脚；楚厉王死了，楚武王即位，卞和又一瘸一拐来献宝，依旧被骂为骗子，剁掉了右脚。卞和这个倒霉蛋儿，为了这块宝玉，先后被剁掉双脚，好不凄惨也！等到楚武王驾崩，楚文王即位，他再也不敢去献宝，"乃抱其璞而哭于楚山之下，三日三夜，泪尽而继之以血"。文王派人前来探问，说天下被砍掉手足的人多老鼻子啦，你干吗哭得这么悲伤？卞和回答："吾非悲刖也，悲夫宝玉而题之以石，贞士而名之以诳，此吾所以悲也。"他说，我哪里是哭自己的脚丫子被剁掉啊，我悲痛宝玉被当做顽石，忠贞君子被当作骗子，难道世上还有比这更可悲的事吗？——文王听罢，似有所悟，令匠人"理其璞"，清理打磨纹路，这方绝世之宝方才露出真容，遂命名"和氏璧"。岂料，当"和氏璧"来到赵王手中时，却为赵国惹来了一场天大的麻烦。

原来，秦王闻听赵王得到了绝世珍宝"和氏璧"，垂涎欲滴，日夜难眠，于是派人给赵王送信，说"愿以十五城请易璧"，愿意拿出十五座城市来换取这方宝璧。这时候的秦王，是秦昭襄王嬴稷，秦惠文王之子，秦武王异母弟，早年在燕国做人质，公元前307年，因秦武王与大力士孟说比赛举龙文赤鼎出现意外，被砸断胫骨而死，18岁的嬴稷被迎回继位，在位55年，是秦国在位时间最长的君主，他亲政后东征西讨，不断扩张，秦国日渐强盛。

对于秦王意欲独吞"和氏璧"的虎狼之心，赵王心知肚明，连夜与大将军廉颇、宦者令缪贤商议对策，决定派人前往秦国试探究竟，可是派谁去呢？一时间颇费踌躇。此去秦廷，犹如羊入虎口，凶多吉少啊！缪贤说："臣舍人蔺相如可使。"让一介门客担此重任，赵王心存怀疑："何以知之？"缪贤侃侃而谈，却是他当初的"叛国投敌"故事：缪贤曾随赵王到边境会晤燕王，燕王对他暗送秋波，拉着他的手，说愿结为好友，缪贤头脑发昏，打算"弃暗投明"，逃奔燕国，被相如坚决制止，相如告诫他："夫赵强而燕弱，而君幸于赵王，故燕王欲结于君。今君乃亡赵走燕，燕畏赵，其势必不敢留君，而束君归赵矣。"相如说，燕王对你频频"示好"，是因为赵国强大，你又是赵王心腹，一旦你投奔燕王，燕王因惧怕赵王，肯定会把你捆起来送给赵王发落，你岂不是自取灭亡吗？还不赶紧向大王请罪！——缪贤依计而行，果然一切平安。

正是缪贤"反躬自省"一席大实话，将蔺相如推上历史舞台，演绎了一出"完璧归赵"之绝世传奇。相如孤身一人"奉璧西入秦",面对倨傲的秦王,大义凛然,折冲樽俎,誓言与璧俱焚,"持其璧睨柱,欲以击柱",吓得秦王勃然变色,急忙"召有司案图,指从此以往十五都予赵。"相如叱责曰:"秦自缪公以来二十余君,未尝有坚明约束者也。"一句话,彻底揭穿了秦人一贯背信弃义仗势欺人的"老底儿",弄得秦王无言以对,只好与群臣"相视而嘻","毕礼而归之"。相如凯旋,声誉鹊起,"赵王以为贤大夫使不辱于诸侯,拜相如为上大夫",跻身国家重臣之列。

公元前279年,赵王与秦王相会于古郡渑池(今河南渑池县),蔺相如随侍赵王左右,当面斥责秦王,秦王随从"欲刃相如,相如张目叱之,左右皆靡",赵国又一次取得完胜,"秦王竟酒,终不能加胜于赵。赵亦盛设兵以待秦,秦不敢动"。这场剑拔弩张的"渑池之会",成为蔺相如智胜强秦的又一篇华彩乐章,受到赵人交口称赞,赵惠文王大加赞赏,"既罢归国,以相如功大,拜为上卿,位在廉颇之右。"

如果说,当蔺相如完美演绎"完璧归赵",势压强秦,被拜为"上大夫",一举超越昔日恩主缪贤之时,缪贤先生处之淡然,犹如秋水无波,其坦荡胸怀与甘当人梯的恢宏气度,堪称古今之楷模;那么,当蔺相如再次上演"渑池之会",再挫强秦,被拜为"上卿",跃登百官之首,位居廉颇之上时,老将军的态度,就可堪玩味了。他愤愤地说:"我为赵将,有攻城野战之大功,而蔺相如徒以口舌为劳,而位居我上,且相如素贱人,吾羞,不忍为之下。"他说,我廉大将军为国家攻城拔寨浴血奋战,竟然位居身世低贱、巧舌如簧的蔺相如之下,真是莫大的羞辱啊!他公然宣称:"我见相如,必辱之。"

蔺相如听到廉大将军的这番"挑衅",莞尔一笑,避之为妙,"相如每朝时,常称病,不欲与廉颇争列",有一天,相如外出,远远看到廉颇的车驾,连忙掉转车头回避,这就引起了相如麾下门客的强烈不满,纷纷指责他懦弱,有个门客找到他说:"臣所以去亲戚而事君者,徒羡君之高义也。今君与廉颇同列,廉君宣恶言而君畏匿之,恐惧殊甚,且庸人尚羞之,况于将相乎!"门客连连撇嘴,转身欲去,蔺相如一把拉住他,二人作了如下对话:

"公之视廉将军孰与秦王?"(您觉得廉将军比秦王厉害吗?)

"不若也。"(当然不如啦!)

此时此刻,相如长叹一声,说出了一番淤积心底的话:"夫以秦王之威,而相如廷叱之,辱其群臣,相如虽驽,独畏廉将军哉?顾吾念之,强秦之所以不敢加兵于赵者,徒以吾两人在也。今两虎共斗,其势不俱生。吾所以为此者,以先国家之急而后私仇也。"相如说,秦王威猛如虎,相如当庭怒斥之,怎么会害怕廉颇将军呢?可是我想,秦国之所以不敢侵犯赵国,就是因为我和廉将军在嘛!如果我俩相斗,必有一伤,置国家安危于何地呢?我必须将国家危难放在首位,把个人私怨抛在脑后啊!

廉颇老将军听说了这番话,羞恨交加,冷汗直冒,马上"肉袒负荆",到蔺相如府上谢罪:"鄙贱之人,不知将军宽之至此也!"蔺相如慌忙扶起匍匐在地的老将军,设席开宴,"卒相与欢,为刎颈之交"。从此,两人共同辅佐赵王,为国家的统一、富强做出了卓越贡献。

我读廉颇蔺相如"将相和"故事,不免心有所感焉。以廉颇之英勇善战,啸傲疆场,屡立功勋;以蔺相如之机谋善断,勇闯虎穴,屡挫强秦,两人势在伯仲之间,无需分出高与低。老将廉颇因为自恃功高,不肯屈居相如之下,采取了一种错误的态度与错误的做法,以个人地位来争荣辱,闹意气,虽然事出有因,毕竟胸襟狭隘了些;蔺相如在国家利益与个人恩怨交织的情况下,识大体,顾大局,"先国家之急而后私仇",表现出难能可贵的高风亮节,感动了廉颇将军,两人终于尽弃前嫌,走到了一起。设若没有两人的携手并肩,团结奋斗,就不可能有赵国的政局稳定,国家繁荣。国事与私事,整体与个人——如何处理这些关系,这段古老的"将相和",为我们提供了一个经典范例。

仔细想想,蔺相如那种"先国家之急而后私仇"的思想,既是为人之道,也是为官之道。为人要厚道,唯有厚道君子,德弥天地,才能友朋遍天下;为官要大度,所谓"宰相肚里能撑船",只有胸襟开阔,才能包容万物,有所作为。当今之世,无论做人也罢,做官也罢,那种唯利是图、自私自利、"先自家后大家",或者"只有自家没有大家",如此等等,令人嗤之以鼻,厌恶憎恨,那是绝对必然的。常常有些人,为了自家的一丁点儿小利,而置大局于不顾,绞尽脑汁,纠缠不休;还有一些人,为了小团体小圈子的利益,密谋策划,煽风点火,唯恐天下不乱,一有机会,就乘机制造事端,破坏安定团结;更有一些人,唯我独尊,闻过则怒,明明把事情搞砸了,却死不认账,东扯葫芦西扯瓢,找来一大堆理由,以论证自己的"一贯正确"。有鉴于此,笔者想说两句话,以为共勉——愿大家都做蔺相如,襟怀如月,高风亮节;先大家,后自家;先整体,后个人;即使不能做相如,也应学一下廉颇将军,襟怀坦荡,有错必改,光明磊落,为自己的人生,谱写一曲无悔之歌!

(2017年8月9日)

郭隗：王必欲致士，先从隗始

——大王您真想聚集天下英才吗？请从我老郭开始。

郭隗（约前351~前297），战国中期燕国人，燕国大臣，关于他的出生地，目前有三种说法，一是涞水县隗家庄村，二是定兴县河内村，三是满城县郭村。在群峰摩天、群雄逐鹿的战国时代，郭隗作为燕国一介大臣，尽管贤名远播，毕竟不是叱咤风云、改天换地的乱世枭雄。然而，是他的一篇"千金买骨"段子，令志在报仇雪恨的燕昭王醍醐灌顶，茅塞顿开；是他的一句"先从隗始"宣言，使燕昭王拜之为师，并铸造了一座神光霍霍的"黄金台"，招贤纳士，赢得四方英才纷纷来归，国家因此走向强盛，不但成功复仇，差点攻灭宿敌齐国，还留下了一段礼贤下士之千古佳话，他也因此成为了那个遥远时代里的弄潮儿。

燕国是周武王建立周朝后分封的一个姬姓诸侯国，为战国七雄之一，开国君主为西周初年名臣召公奭，定都蓟城（今北京市西南）。召公奭因为要留在都城镐京辅佐武王，未曾北上赴任，指派长子姬克主政燕国，从此世代相传，传至燕昭王时，已经是第39任君主，国政日趋衰败；而埋在燕昭王心中的刻骨仇恨，就是其老爹燕王哙死于非命。那是由一出啼笑皆非的"禅让"闹剧,所引发的一场血腥大动乱,史称"子之之乱",燕国几乎被齐国所灭,燕王哙也死于动乱之中。

关于燕昭王的身世,史书记载有两种说法:一说他是燕王哙次子姬职,曾经在韩国做人质,由于他的兄长、太子姬平死于"子之之乱",动乱平定后,由赵武灵王派重兵护送回国继位;一说他就是燕太子姬平,字职,逃过动乱危机之后继位。《史记·燕召公世家》:"燕子之亡二年,而燕人共立太子平,是为燕昭王。"

太史公文中提到的"子之",就是"子之之乱"的制造者,燕国丞相子之先生。他通过一连串惊天大忽悠,取代燕王哙执政,成为名副其实的"代燕王"。此前,他为相多年,因理政有方,办事果断,颇得燕王哙倚重,渐渐大权独揽,日夜梦想取代燕王。当年,著名纵横家苏秦来到燕国,极受燕王哙老爹燕易王宠信,那时候,秦国鹤立鸡群,意欲鲸吞天下,苏秦周游列国,鼓吹合纵六国以抗秦,并组建合纵联盟,任"从约长",兼佩六国相印,成为一时之枭雄。子之欲借苏秦之力上位,便与苏秦结成儿女亲家,并与其族弟苏代结交,岂料苏秦忘乎所以,与燕易王之母私通,害怕事泄被诛,逃往齐国。等到燕易王辞世、燕王哙继位时,苏秦已死于齐国动乱之中,"燕相子之与苏代婚,而欲得燕权,乃使苏代侍质子于齐。"(《史记·苏秦列传》)

到了这时候,子之为达到篡燕目的,又与苏秦族弟苏代结为儿女亲家,并派他前往齐国,以侍奉燕国质子为名,接近齐宣王田辟疆,以借其势,图谋大事。史载,齐宣王酷爱吹竽合奏,下令组成一支三百人的吹竽乐队。竽是一种古代簧管乐器,形似笙而器形较大,三十六管,战国至秦汉时期曾广泛流传。南郭先生本不会吹竽,也混进乐队,咿咿呀呀蒙混,直到齐宣王死了,其子齐愍王田地继位;齐愍王酷爱独奏,南郭先生眼见再难蒙混,赶紧一溜烟逃跑了。这就是成语"滥竽充数"之由来。苏代来到齐国,进献给齐宣王的"见面

礼"，就是由八位善于吹竽的绝色美女组成的"吹竽美女团"，当然由燕相子之负责"买单"。齐宣王一见，心花怒放，从此对苏代大为欣赏。此事虽于史无据，却顺乎世道人心。燕王哙三年（前318），齐宣王派苏代"回国复命"。这其实是子之策划的一场阴谋，"子之因遗苏代百金，而听所使"，欲以齐王之利剑，劈开燕王之腹心。

那时候，燕王哙正沉溺于色彩斑斓的"尧舜梦"中。他自幼敬仰尧舜，膜拜圣贤，其座右铭是《礼记·大学》之名言："尧舜率天下以仁，而民从之；桀纣率天下以暴，而民从之。"及至做了国王，他强烈渴望像古代圣君尧舜那样，"垂衣裳而天下治"（《易·系辞下》），博得千古留美名。丞相子之暗暗讪笑，千方百计要为国王"圆梦"。苏代自齐国而来，与燕王哙作了如下对话：

燕王问曰："齐王奚如？"（齐王如何？）
对曰："必不霸。"（肯定不能称霸。）
燕王追曰："何也？"（为什么？）
对曰："不信其臣。"（不信任他的大臣。）

燕王哙听了苏代的鬼话，立刻下定决心，自己一定要汲取齐王不信任大臣的教训，要更加信任丞相子之先生，把大权进一步交给他。幼稚的燕王哪里晓得，苏代此言，正是他与丞相子之经过反复推演的忽悠"套路"。

如此一来，子之权愈重，国王权愈轻。有个叫鹿毛寿的家伙，因受子之唆使，出来扮演"推手"，忽悠国王说："人之谓尧贤者，以其让天下许由，许由不受，有让天下之名而实不失天下。"许由，传说是尧舜时代之大贤，帝尧在位时，他率领许姓部落族人活跃在今河北行唐县许由村一带，帝尧见到他，眼前一亮，便想传位于他，许由认为这对他是一种羞辱，便跑到颍水河边冲洗自己的耳朵。这个"禅让"桥段，尽管十分美好，不过只是传说而已，当不得真也。可是，燕王哙却信以为真，万分神往，鹿毛寿乘机建议他，把国家让给丞相子之，"以国让相子之"，从而使自己"与尧同行也"。

鹿毛寿这番蛊惑人心彻头彻尾的谎言，居然使燕王哙大喜，他于是把国家的政权全部交给了丞相子之，使其地位之尊崇犹如国王；而燕王哙自己，却一心一意要做个贤君，"与尧同行"了。于是又有人对燕王哙讲起了一个大禹的故事，说大禹他老人家之所以名传天下，是因为将政权让给了属下伯益先生，而伯益先生所任用的人，又都是大禹之子启的人马，"大禹真是又得美名，而又使自己的儿子得了天下"云云。

对于这些连番鬼扯，燕王哙居然深信不疑，于是起而仿效大禹，又把全国高级官吏的任免权全部交给丞相子之，"子之南面行王事，而哙老不听政"，国王反而成了臣子一般，"国事皆决于子之"。

从这段史实不难看出，燕相子之是何等狡诈阴险的人物。他要夺权，"王天下"，但又不动声色，只是通过一连串套路构成陷阱，便一步步走向胜利，可谓步步惊心；而燕王哙违背历史规律，盲目追求尧舜禅让之美名，把国家政权拱手交给权臣，造成了巨大灾难，可谓自取灭亡。"三年，国大乱，百姓恫恐"，燕国上下一片混乱，齐宣王乘机派大将匡章率军进攻，燕国"士卒不战，城门不闭"，迅速土崩瓦解，燕王哙被杀，子之逃亡，被齐人擒获，乱刀剁为肉酱。《史记·苏秦列传》对此的记载是："齐伐燕，杀王哙、子之。燕立昭王，而苏代遂不敢入燕，终归齐，齐善待之。"

一场"禅让"闹剧，酿成一场大动乱，其制造者与被害者，燕王哙与丞相子之，都死于齐人之手。子之的帮凶苏代逃往齐国，再也不敢回来了。燕昭王于国家动乱之际登上王位，对杀害老爹的齐国人恨之入骨，时刻想着报仇雪恨，只是因为国家实力薄弱，空怀一腔雄心壮志，而日夜拊膺长叹。《战国策·燕策》载，有一天，燕昭王对郭隗说:"齐因孤国之乱,而袭破燕。孤极知燕小力少,不足以报。然得贤士与共国,以雪先王之耻,孤之愿也。敢问以国报仇者奈何?"他说,齐国乘乱灭亡燕国,杀害父王,灭国之恨,杀父之仇,常在心中,奈何燕国力量弱小,不能雪耻,如何求得天下贤明之士,壮大燕国,以雪先王之耻呢?

郭隗略作沉吟:"帝者与师处,王者与友处,霸者与臣处,亡国与役处。"他说,欲称帝者,与帝师在一起;欲称王者,与好友在一起;欲称霸者,与贤臣在一起;欲亡国者,与奴隶在一起。从一个人的交际圈儿,可以窥见其成败之机也。然而,如何寻找天下贤才呢?郭隗顺便讲了一个段子:说从前有个国王,不惜重金欲买一匹千里马,三年不能得,一个近侍说,我试试吧!岂料三个月后,近侍回来复命,说花了五百金,买来一匹千里马,可惜已经死了,只剩了一堆马骨!国王大怒:五百金弄回一堆马骨,你以为寡人是傻瓜吗?下令斩首!近侍淡然一笑:一堆马骨就要五百金,何况千里马呢?天下人因此都晓得国王爱马如命,千里马很快就到啦!——国王一听,言之有理,不但不杀,还加以奖赏,不久,好马纷纷绝尘而来,"千里之马至者三"。

燕昭王还在皱眉凝思,郭隗忽然朗声说道:"王必欲致士,先从隗始。况贤于隗者,岂远千里哉!"他说,大王您真的想聚集天下英才吗?请从我老郭开始。那些比老郭贤明百倍的大才,必会千里来归!——昭王忽觉眼前一亮,不但没有怪罪郭隗"自大""狂傲",反而下令为他铸造了一座富丽堂皇的宫殿,并举行隆重的仪式,拜他为师。此举震惊天下,流落列国的贤才士子们闻讯,欢欣鼓舞,竞相来归——"乐毅自魏往,邹衍自齐往,剧辛自赵往,士争趋燕。"一时间,小小的燕国"群贤毕至",大腕云集,渐渐恢复了生机与活力。乐毅乃魏将乐羊之后裔,闻名于世的杰出军事家;邹衍是齐国人,阴阳家代表人物、五行之说的创始人,号称左右风云,激荡潮流；剧辛本是燕国将领，一直客居赵国，蹉跎岁月，此时也顺应故国呼唤，翩然回归。这些时代之英华，纷纷云集燕国，燕都蓟城一时间成为"革命中心"，势如烈火，燃遍华夏，"二十年，燕国殷富，士卒乐轶轻战，于是遂以乐毅为上将军……以伐齐，齐兵败……"

对于燕昭王为郭隗铸造"黄金台"故事，还有一个演绎过程。《战国策·燕策》记载："于是昭王为隗筑宫而师之"；《史记·燕召公世家》记载大同小异："于是昭王为隗改筑宫而师事之"，两部古籍记载均为"筑宫"，筑造宫殿也。到了汉末孔融《论盛孝章书》，始有"筑台"之说："昭王筑台以尊郭隗，隗虽小才，而逢大遇，竟能发明主之至心。"如此看来，所谓"黄金台故事"，传说色彩颇浓也。后人把"黄金台"称为"招贤台"，寄托着无数志士仁人怀才不遇、壮志难酬之深重感慨。陈子昂《咏郭隗》云："逢时独为贵，历代岂无才。隗君亦何幸，遂起黄金台。"李白《燕昭延郭隗》云："燕昭延郭隗，遂筑黄金台。剧辛方赵至，邹衍复齐来。奈何青云士，弃我如尘埃。珠玉买歌笑，糟糠养贤才。方知黄鹄举，千里独徘徊。"

洞照燕国晚期之兴衰，燕王哙因为痴迷"为尧舜"而痛失天下，其情形固然幼稚可笑，但不必否定他"追求完美"之信念；然而，他忘记了历史发展的阶段性，不顾历史与现实，图虚名，求完美，这无疑是缘着月光爬上月球，顺着山影走上山巅，沿着少女的歌声走向少女的心灵——其能与不能，不是不言自明的吗？燕昭王汲取老爹的惨痛教训，筑黄金台以招贤纳士，在较短时期内富国强兵，收复失地，逆袭成功。然而，不容忽略的是，燕国之复兴，与郭隗先生的"大言不惭"是绝对分不开的。无论老郭的才智是否灿烂似锦，追云拿月，但他那一句"王必欲致士，先从隗始"，犹如石破天惊，惊醒了浑浑噩噩的燕昭王：对身边的人才，你都视而不见，都不肯加以尊重，何谈招揽天下英才呢？燕昭王不愧贤明之君，一听此言，"恍然大悟"，并且"立即照办"，

为之起高楼，筑高台，这才留下了一段佳话。

往事并不如烟。"尊重知识，尊重人才"，曾经是华夏最强音；没有人才，万事皆休。然而，人才究竟在哪里？却是个千古难题。如果某位先生像郭隗先生那样，一跃而起，高声自荐："领导陛下，您真的需要人才吗？请先从我开始吧！"如此一来，是不是会惊得众人大眼儿瞪小眼儿？是不是会招来一片讽刺挖苦指责之声？这个不自量力的家伙，此后会不会遭遇灭顶之灾？低下头来想一想，在许多正在到处招聘人才的地区和单位，正有许多默默奉献、因此就默默无闻的人才，正在极其艰难的环境里极其勤勉地工作着。难道，他们不正是我们的事业所急需的人才吗？

人才在哪里？——人才可能就在你身边！

（2017年8月25日）

李斯：故诟莫大于卑贱，
而悲莫甚于穷困

——卑贱是人生最锥心的耻辱，贫穷是人生最刺骨的悲哀。

李斯（约前284~前208），李氏，名斯，字通古，战国末期楚国上蔡（今河南上蔡县芦冈乡李斯楼村）人，秦代著名政治家、文学家、书法家，为相多年，政绩显耀，深得秦始皇恩宠。是他的一篇《谏逐客书》，总结了秦国不拘一格用客卿、变法图强成霸业的历史经验，提出了突破国别藩篱、大胆任用贤才的施政方针，为秦朝留下了"众客"，也就是"人才"，为秦统一天下储备了一批"干部"，为秦灭六国奠定了基础，"二十余年，竟并天下"；是他审时度势，反对泥古，摒弃分封制，实行郡县制，"分天下为三十六郡"，开两千余年中国政制之先河；是他锐意改革，力主车同轨、书同文、统一度量衡……这一切，使这位有名的"法家人物"，备受后人推崇。

然而，这样一位推动历史进程的人物，早年资料却很少，《史记·李斯列传》只说他是"楚上蔡人也"，其余语焉不详，大约生于平民之家，饱尝稼穑之苦，很早就进入了官场，"年少时，为郡小吏。"郡乃古代行政区域，始于战国时期，秦之前比县小，秦之后比县大。上蔡县位于河南省东南部，是古蔡国所在地。公元前1046年，周武王姬发建立西周，封其弟叔度于蔡，建立蔡国，史称"上蔡"。李斯早年进入官场，当了上蔡县芦冈乡一个毫不起眼的小公务员，其日常工作，就是给领导呕心沥血写讲稿，绞尽脑汁弄公文，在人们的不屑与白眼中苦熬岁月，其彷徨与郁闷，一如黄河之波涛，澎湃而汹涌。一向灵思飞旋的他，开始总结人生经验，他惊讶地发现，茅厕里尖嘴猴腮的鼠辈，居肮脏，食恶臭，不断被人声犬吠所惊吓；而粮仓中那些脑满肠肥的硕鼠，居华屋，食积粟，养尊处优，何其美哉。李斯比较两种鼠辈命运之异同，喟然长叹："人之贤不尚譬如鼠辈，在所自处耳！"他说，一个人有没有出息，不过就像一只老鼠，关键在于能不能给自己谋到一个优越位置而已。——他的这番"鼠论"，把人生的所谓理想信念道德统统抛之脑后，只留下了一条赤裸裸的宣言：人与老鼠并无区别，就看你身处什么地位了。此后，这番高论成了他的人生支点，实用与势利，成为他日后腾飞之"两翼"。

于是，为了做一只远离茅厕入居华屋的"老鼠"，李斯风尘仆仆前往山东兰陵县，投身大儒荀卿门下，刻苦操练"帝王之术"。荀卿是战国末期赵国人，在齐国有名的高等学府"稷下学宫"开席讲学，并出任兰陵县令。他是著名儒学大师，世称"荀子"，然而，他的儒学与传统意义上的孔孟之道，有着很大区别。譬如，孔孟主张"知天命"，他主张命运在我；孔孟说"人之初，性本善"，他说"人之初，性本恶"；孔孟倡导"法先王"，他主张"法后王"。如此等等，南辕北辙。他以这些颇为惊世骇俗的哲学思想为基础，创立了一套神乎其神的"帝王之术"，一时间风靡天下，不少年轻学子趋之若鹜。

荀子所谓"帝王之术"，其实就是从帝王视角出发，高屋建瓴，阐述如何治国平天下，堪称"帝王之师"。李斯与韩非，同时拜在荀卿门下。李斯所学，却是如何揣摩帝王心思，更好地为帝王效劳，以达到飞黄腾达之目的，"鸿鹄之飞"与"燕雀之志"融会贯通，构成了李斯先生学术思想之核心；而韩非所学，则超越其师，他总结了商鞅、申不害、慎到三位前贤的哲学思想，把商鞅之"法"、申不害之"术"、慎到之"势"融为一体，兼容了儒、墨、道诸家特点，形成了以法为核心的法、术、势相结合的政治思想体系，被称为战国时代法家思想的集大成者。

学成之后，李斯观览天下，寻找腾达之路，"度楚王不足事，而六国皆弱，无可为建功者，欲西入秦"。临别之际，他向老师荀卿辞行，发表了一统滔滔宏论，他说，如今诸侯纷争，冒险家纵横捭阖，"今秦王欲吞天下，称帝而治，此布衣驰鹜之时而游说者之秋也。处卑贱之位而计不为者，此禽鹿视肉，人面而能强行者耳。"李斯把那些不求进取者称为"禽鹿"，令荀卿大感惊异，于是继续倾听——"故诟莫大于卑贱，而悲莫甚于穷困。久处卑贱之位，困苦之地，非世而恶利，自托于无为，此非士之情也！"他说，卑贱是人生最锥心的耻辱，贫穷是人生最刺骨的悲哀。一个人身处卑贱地位、贫穷困境，反而大言不惭，讥讽富贵，睥睨禄利，以君子无为来标榜自己，招摇尘世，不过是懦弱无能而已，决非什么高士情怀！

李斯就带着这样一腔沸腾如潮的仕进之心，来到了秦国，经过百般钻营，进入吕不韦相府，做了一介门客，好容易逮着一个良机，他向秦王兜售其"帝王之术"，劝说他灭六国，成帝业，一下挠到了秦王的痒处，立刻提拔他为长史。此后，他坚决执行既定战略决策，利用谋士与刺客，用拉拢与杀戮相结合的手段，对各国诸侯进行分化瓦解，取得很大成功。眼看鱼跃龙门，前景辉煌，可是，因为一条阴差阳错的郑国渠，李斯竟被秦王下令驱逐了。

那时候，列国纷争，韩国临近秦国，实力最弱，沦为了强秦嘴边的一块"肥肉"，韩桓惠王不肯坐以待毙，祭出一条令人啼笑皆非的"疲秦之计"：派水利专家郑国作为间谍入秦，游说秦王在泾水与洛水之间兴建一条大型水渠，欲以发展水利为幌子，耗尽秦国实力。在施工过程中，计谋败露，秦王大怒，要杀郑国，郑国先生不卑不亢地说："俺老郑是韩国间谍不假，可一直在为你秦国谋福利，我不过为韩国延缓了几载寿命，却为秦国建立了万世之功，要杀要剐，大王您瞧着办吧！"秦王一听有理，下令继续施工，水到渠成，人称"郑国渠"。

然而，这一尴尬事件，却意外地诱发了秦王的疑心病，为彻底扫除间谍，他断然下令，尽逐客卿。李斯身为客卿，当然在驱逐之列。当他被士兵押解着，礼送出境，行至骊邑（今陕西临潼）时，心底的万丈波澜呼啸而起，奋笔疾书，写下了慷慨激昂的《谏逐客书》，雄辩地列举了客卿对秦国发展做出的历史贡献，深刻地阐述了客卿在秦统一大业中的重要作用，尖锐地指出了逐客之举的严重失误，他痛心疾首地说："夫物不产于秦，可宝者多；士不产于秦，而愿忠者众。今逐客以资敌国，损民以益仇，内自虚而外树怨于诸侯，求国无危，不可得也！"秦王读罢，惊出一身冷汗，派人追回李斯，不久任为廷尉。廷尉是秦朝官职，为九卿之一，执掌刑狱，是主管司法的最高官员。《史记·李斯列传》全文引述了李斯的《谏逐客书》，欣赏之情，溢于言表，最后的记载是："除逐客之令，复李斯官。"

公元前213年，秦王嬴政46岁大寿，咸阳宫里举行隆重的祝寿宴会，七十余名博士应邀到场，吟诗作赋，争相为皇帝祝寿。仆射周青臣马屁拍得连天响，说陛下圣明威德齐天万古传颂啊！博士淳于越拍案而起，直斥他面谀，"事不师古而能长久者，非所闻也。"丞相李斯霍然起身，亢声说道："五帝不相复，三代不相袭，各以治，非其相反，时变异也。"其实，淳于越与李斯之争，老淳哼的是儒家"厚古薄今"之曲，小李唱的是法家"酷法治国"之调。历来把两人之争笼统地归结为"儒法斗争"，显然是脱离当时特定语境的。

如果这场争论停留在思想舆论层面，可能会像几千年之后共和国历史上那场"关于真理标准的大讨论"一样，大家厘清思想，统一认识，将会大有益于天下也。然而，李斯却无限夸大，上纲上线，"今诸生不师今而学古,以非当世,祸乱黔首。"至此,李斯开始露出一副狰狞嘴脸,赤裸裸端出了他的焚书之策——"史官非《秦记》皆烧之,非博士官所职,天下敢有藏《诗》《书》、百家语者,悉诣守、尉杂烧之。有敢偶语《诗》《书》者弃世。以古非今者族。吏见知不举者与同罪。令下三十日不烧,黥为城旦。所不去者,医药卜筮种树之书。"

应当说,李斯用如此杀气腾腾的血腥手段,来处置不同意见与异端思想,开了一个极其危险的先例。"焚书""弃世""族诛""同罪""黥面",种种酷刑,触目惊心。他蛊惑秦王用毁灭中国传统文化的罪恶手段,来实现天下思想一统,造成了中华民族历史上的一场文化浩劫。这场焚书之祸,究竟多少人因为藏书受到严刑峻法的制裁,不得而知;究竟多少珍贵的珍贵典籍被焚毁,无法统计。以至于太史公为撰写史记搜集资料时,根本找不到六国史书,不禁连声哀叹:"惜哉!惜哉!独有《秦记》,又不载日月,其文略不具。"(《史记·六国年表序》)

如果说,"焚书坑儒"是李斯蛊惑秦王对中国文化犯下的滔天罪行,那么,他戕害昔日同窗韩非,则是其人性卑劣的突出表现。《史记·老子韩非列传》载,秦王读了《孤愤》《五蠹》诸篇,大为惊讶,喟然而叹:"嗟乎,寡人得见此人与之游,死不恨矣!"李斯说:"此韩非之所著书也。"秦王发兵急攻韩,务要得到韩非,韩王无奈,只得派韩非出使秦国,秦王与之作长夜之谈,"秦王悦之,未信用",李斯害怕韩非取代自己,便谗毁说:"韩非,韩之公子也。今欲并诸侯,非终为韩不为秦,此人情也。今王不用,久留而归之,此自遗患也;不如以过法诛之。"秦王于是下令,将韩非下狱,李斯害怕生变,即刻派人给韩非送去毒药,逼令自杀,"韩非欲自陈,不得见。"过了几天,秦王果然后悔了,"使人赦之",可是,韩非早被老同学李斯毒死了。

李斯处心积虑谋害老同学,当然是为了保住丞相高位与既得利益,《史记·李斯列传》载:"斯长男由为三川守,诸男皆尚秦公主,女悉嫁秦诸公子。"秦代的三川,指关陇地区泾河、渭河、洛河流域,是中国古代文明的发源地。李斯长子李由官居三川太守,扼守帝国要冲,诸子娶的都是皇室公主,诸女嫁的都是皇室公子,李氏家族可谓满门荣耀。一次,李斯宴请百官,说自己此刻想起了老师荀卿的教诲"物禁太盛,盛极则衰"等语,不禁恻然,"斯乃上蔡布衣,闾巷之黔首,上不知其驽才,遂擢至此。当今人臣之位无过臣上者,可谓富贵极矣。物极则衰,吾未知所税驾也!"他说,老李不过是一介上蔡布衣,普通百姓而已,承蒙皇上不嫌弃我愚钝平庸,居此高位,富贵已极,可是,我听说物极则衰、贵极则败,真不晓得将来老李的归宿究竟如何啊!

历史证明,李斯的担心,并非多余;只是,他做梦也没想到,自己的归宿,竟会那样苛酷而惨烈!公元前210年,随着始皇帝驾崩,"沙丘宫政变"爆发,赵高像鬼魅一样绑架了李斯与胡亥。李斯一听赵高的政变阴谋,先是厉声斥责,说你怎敢说出如此大逆不道的话来?赵高嗤之以鼻:"君听臣之计,即长有封侯,世世称孤",如果不从,"祸及子孙,足以为寒心。善者因祸为福,君何处焉?"李斯听罢,沉默不语。面对头颅落地的威胁与荣华富贵的诱惑,他的心旌开始摇摆,意志开始溃败,最后仰天垂泪曰:"嗟乎!独遭乱世,既以不能死,安托命哉!"唉唉!既然不能死,那就听天由命吧!危急时刻,李斯为了荣华富贵,与赵高胡亥同流合污了。一世英名,就此完结;煌煌大秦,二世而亡,悲哉!

青史呜咽。铁律无情。恍然回顾李斯先生的"鼠论",兀地令人百感奔临矣!他要做一只"居华屋,食积粟"的高级"硕鼠",岂耐最后沦为了政治绞肉机中的一只可怜仓鼠,在二世胡亥、丞相赵高面前摇尾乞怜。二世说:"夫人生居世间焉,譬犹骋六骥过决隙也。"

吾既已临天下矣，欲悉耳目之所好，穷心志之所乐，以安宗庙而乐万姓，长有天下，终吾年寿，其道可乎？"二世胡亥感觉了时光匆匆，必须及时行乐，"悉耳目之所好，穷心志之所乐"，赵高连连叫好，并教导他"严法而刻刑"，尽诛先帝旧臣，除掉兄弟姊妹，排除一切阻力，方可高枕无忧矣！于是"法令诛罚日益刻深，群臣人人自危"，李斯大感恐惧，为了确保功名利禄，"乃阿二世意，欲求容"，为讨好皇帝，他连夜上了一道《行督责书》，振振有词地鼓励二世实行严厉督责："若此则谓督责之诚，则臣无邪，臣无邪则天下安，天下安则主严尊，主严尊则督责必，督责必则所求得，所求得则国家富，国家富则君乐丰。"这篇上书，语气急促，行文峻迫，逻辑链条嘎嘎作声，他的内心犹如烈火灼烧，几乎浑身冒烟啦！他肉麻地欢呼："故督责之术设，则所欲无不得矣。"只要厉行"督责之术"，皇上的所有欲求，都可以得到极大满足啊！

至此，李斯丧失了最后的廉耻，像狗一样匍匐在二世脚下，可怜巴巴，摇尾乞怜，如此助纣为虐，依然没有摆脱二世皇帝与奸相赵高的苛虐残戮。公元前208年，丞相赵高奉二世皇帝之命，逮捕右丞相李斯、左丞相冯去疾、大将军冯劫，冯氏父子愤然自杀，李斯为了苟活，反复上书乞怜，"斯所以不死者，自负其辩，有功，实无反心，幸得上书自陈，秦二世之悟而赦之。"到了万劫不复的地步，他还在自负才辩，忠诚无二，幻想二世开恩特赦，堪称卑怯彻骨也！李斯得到的，只是赵高的酷刑，"赵高治斯，榜掠千余，不胜痛，自诬服"。"榜掠"，古代酷刑，捶击，虐打。毒刑之下，李斯被迫"认罪"，秦二世最后御笔朱批："其斯五刑，论腰斩咸阳市。"

所谓五刑，按秦律，凡是判处灭三族者，都要先在面上刺字，割去鼻子，砍去左右指，然后用竹鞭打死，再斩首，在刑场上用鼎煮其骨肉；如果诽谤罪、詈骂罪，还要先割去舌头。这些，统称五刑。不知李斯最后惨死，是否尝遍五刑？当他被提出死牢，押赴刑场之际，看到自己的小儿子也一同被押就刑，不禁老泪纵横，说："吾欲与若复牵黄犬俱出上蔡东门逐狡兔，其可得乎？"死到临头，他才想到要像草民百姓那样，与儿子一起牵着黄狗追逐野兔，岂不是太晚了吗？李斯被杀，还被夷灭三族，他的父母、妻妾、子女尽被屠戮。

客观地看，李斯堪称天才，文章写得极好，文采灿烂，如日月然；他独创的篆书，至今流韵千响；他之施政，也不乏远见卓识之举。但是，由于他以"鼠论"立世，以功利为先导，以现实利益为旨归，以富贵荣华为人生之本，失去了作为一个政治家的基本道德底线，甚至丧失了作为一个人的基本品格，嫉贤妒能，残忍苛毒，这才铸成了他的千古之殇，受到历史的严厉惩罚，若说他是"搬起石头砸了自己的脚"，不为冤枉也。历史的逻辑，就是这样铁一样无情而冷漠！太史公批评说：李斯作为国之重臣，"知《六艺》之归，持爵禄之重"，关键时刻却丧失原则，"阿顺苟合，严威酷刑，听高邪说，废适立庶"，导致沙丘惨变，秦廷跌落，"人皆以斯极忠而被五刑死，察其本，乃与俗议之异。不然，斯之功且与周、召列矣"。太史公说，有人认为李斯忠诚而被五刑处死，实在冤枉呢，其实并非如此。不然，以李斯之功，可以与周公、召公并列矣！

明代紫阳道人丁耀亢先生《天史》一书持论则更为严苛："李斯尝为仓吏，见仓鼠而乐之。吾观斯死生，亦一鼠而已。始而谋饱，终而啮人，秦之社遂以空。及东门黄犬，仍思顾兔，驰心犹未死也。矫诏杀人而致族灭，不亦宜乎！"

丁耀亢先生之论，似乎过于峻厉了。李斯虽发"鼠论"，起"鼠念"，行为时有苟且，最后与赵高二世同流合污，贻害天下；然而毕竟英才盖世，长期为相，多有贡献，不宜一笔抹杀。

（2017年8月16日）

霍光：天下匈匈不安，光当受难

——天下局势躁动不安，霍光不下地狱，谁下啊。

霍光（？~前68），字子孟，河东平阳（今山西临汾）人，西汉权臣、著名政治家，"麒麟阁十一功臣"之首，大司马霍去病异母弟，历经武帝、昭帝、宣帝三朝，官至大司马大将军。武帝临终，令霍光作为首席大臣，辅助昭帝刘弗陵；昭帝晏驾，无嗣，昌邑王刘贺入继，荒淫无道，霍光力主废黜，迎立宣帝刘询。霍光主政三朝，一言九鼎，一身系汉家安危，可谓权倾天下。前68年，霍光辞世，谥号"宣成"。两年之后，霍氏后人因谋反被族诛，留下一曲千古嗟叹。后人常将霍光与商初名臣伊尹相提并论，称为"伊霍"，以"行伊霍之事"代指权臣摄政，废立皇帝。

如此大名鼎鼎的权臣，霍光的身世，却堪称寒微，《汉书·霍光传》载，其父霍仲孺早年"以县吏给事平阳侯家，与侍者卫少儿私通而生去病"，老霍服役期满，"吏毕归家"，抬花轿，吹喇叭，滴滴答答娶老婆，生下霍光，与老相好卫少儿母子从此断绝一切联系。这样一个"始乱终弃"的渣男故事，世人当然嗤之以鼻，因为后来霍去病飞黄腾达，顾念旧情，却有了一条神光霍霍的尾巴。

故事反转之关键，是卫少儿的妹妹卫子夫意外得到汉武帝宠幸，立为皇后，并生下太子刘据，卫氏满门，从此金光照临。弟弟卫青演绎了一出"从奴隶到将军"之壮剧，官至大司马大将军，封长平侯；姐姐卫少儿之子霍去病，拽着老舅卫青的"虎尾"呼啸而起，官至大司马骠骑将军，封冠军侯。尽管崛起于"裙裾之间"，卫青、霍去病堪称大汉英雄，在辽阔边塞卷起大汉雄风，遮天蔽日，赢得世人景仰。元狩二年（前121），骠骑将军霍去病率军出击匈奴，途经河东地区，受到河东太守热烈欢迎，迎至平阳侯国传舍，并派人请来霍仲孺，父子俩初次见面，情形十分有趣，仲孺神情紧张，"趋入拜谒"，去病连忙跪拜陈情，说自己从前不晓得是大人您的血脉啊。因军务紧急，去病为老爹购买了大量田地、房屋和奴婢，出征而去。等到大军凯旋时，他再次拜访老父，并将十多岁的异母弟霍光带到京城长安，一路呵护，先任郎官，后升任曹官、侍中。前117年，23岁的霍去病英年早逝，武帝悲伤不已，感其忠诚，对霍光不免青眼有加，先任奉车都尉，再升光禄大夫，"出则奉车，入侍左右，出入禁闼二十余年，小心谨慎，未尝有过，甚见亲信"。

霍光陪侍在汉武帝身边，勤恳忠谨二十余年，循规蹈矩，小心翼翼，虽然不易，未免过于庸碌，颇受世人讥讪。到了征和二年（前91），事情再次出现反转。这一年，风波浩荡。太子刘据、皇后卫子夫死于"巫蛊之祸"，武帝幼子刘弗陵立为太子，其母钩弋夫人被赐死，在选择辅政大臣时，武帝的目光落在了霍光身上，"察群臣唯光任大重，可属社稷。"于是，令皇家画师绘制了一幅"周公负成王朝诸侯图"，赐予霍光。后元二年（前87），武帝临终，霍光泣问："谁当嗣者？"武帝喘息说："君未谕前画意邪？立少子，君行周公之事。"指定霍光为大司马大将军，与车骑将军金日䃅、左将军上官桀、御史大夫桑弘羊，一同辅佐8岁的汉昭帝。

霍光作为首辅大臣，天下瞩目，《汉书·霍光传》载："光为人沉静详审，长财七尺三寸，白皙，疏眉目，美须髯。每出入下殿门，止进有常处，郎仆射窃识视之，不失尺寸，其资性端正如此。"初辅幼主，高居云端，挥手指航向，跺脚万山动，难免高处不胜寒之惶恐矣。观其昭帝年间之作为，一曰忠，忠于先帝，忠于职守；二曰谨，处事谨慎，谋于大局。

霍光与同为辅政大臣的上官桀、金日䃅都是儿女亲家，其长女嫁给上官桀之子上官安，次女嫁给金日䃅次子金赏。上官安夫妇生一女，称上官氏。辅政之初，上官桀与霍光关系密切，霍光休假外出时，则由他代替处理军国大事，可谓相得益彰。上官桀想让年仅6岁的孙女做昭帝皇后，这小丫头也是霍光的外孙女呀，身为外祖父，霍光居然坚决反对，上官桀无奈，只好走鄂邑盖长公主"后门儿"，盖长公主是昭帝异母姐，对年幼的皇帝多有照拂，由她出面说项，果然马到成功，上官氏被纳入宫中，初封婕妤，月余，立为皇后，史称"孝昭上官皇后"。为回报盖长公主，上官桀提议将公主情夫丁外人封为列侯、光禄大夫，又被霍光驳回。双方因此反目，成为不共戴天之政敌。另一位辅政大臣桑弘羊是著名经济专家，因在武帝年间推行算缗告缗、盐铁官营、币制改革等经济政策，为国兴利，跃居辅政大臣，开始营私舞弊，"欲为子弟得官"，被霍光阻止，心怀怨恨。燕王刘旦乃昭帝异母兄，觊觎帝位，眼睁睁瞅着幼弟登基，"常怀怨望"。此后，上官父子联合燕王刘旦、盖长公主、桑弘羊等人，结成"倒霍同盟"，图谋里应外合，一举扳倒霍光，岂耐14岁的汉昭帝洞悉其奸，对他们拼凑的"倒霍奏章"置之不理，并安抚霍光，断然下令："大将军忠臣，先帝所属以辅朕身，敢有毁者坐之。"

看到昭帝态度如此鲜明果决，几个人恨得咬牙，决定发动政变，诛杀霍光，废黜昭帝，迎立燕王为帝，岂料计划泄漏，尽被屠戮，上官桀、桑弘羊被族灭，盖长公主、燕王旦"被自杀"。此后，霍光独掌朝政，威震海内，他采取多项政策，宽松天下，与民休息，鼓励农

桑，轻徭薄赋，使国力渐渐得到恢复，"讫十三年，百姓充实，四夷宾服"。这一时期，与后来的宣帝朝一起，史称"昭宣中兴"，是西汉"文景之治"后出现的又一盛世。作为"文景之治"的继承者，"昭宣中兴"的开拓者，霍光的历史影响，可谓深远矣！

如果说，辅佐明君，开拓盛业，是贤臣良相的应有之义；那么，扭转乾坤，废立皇帝，则是一件惊天之举了。誉之者说是"行伊霍之事"，功莫大焉；毁之者说是"无人臣之礼"，大逆不道。所谓"伊霍之事"，其实是后世史家总结的两次重大废立事件，其一，是"伊尹放逐太甲"，说商王太甲即位后昏庸堕落，老臣伊尹将他放逐到商汤陵墓所在地的桐宫，三年后改邪归正，才还政于他。其二，则是霍光废黜昌邑王刘贺、迎立汉宣帝刘询。

那时候，霍光站在乱流汹涌的历史拐点，在昭帝辞世无嗣的穷窘时刻，迎立昌邑王刘贺，二十七天后废黜，再立武帝曾孙刘病已，亦即汉宣帝刘询。这一废立事件，历来争议极大，毁誉参半。对霍光而言，个人之毁誉，与国家之兴衰相比，渺小到可以忽略不计也。

《资治通鉴·汉纪十六》载，昌邑王刘贺"在国素狂纵，动作无节。武帝之丧，贺游猎不止。"刘贺带着二百多随从入京，可谓一路嬉游，"王至济阳，求长鸣鸡，道买积竹杖。过弘农，使大奴善以衣车载女子。至湖，使者以让相安乐。""昌邑王既立，淫戏无度。"继位之后，天天与狐朋狗友饮酒作乐，胡作非为，昌邑国郎中令龚遂忧心如焚："王立为天子，日益骄溢，谏之不复听，今哀痛未尽，日与近臣饮酒作乐，斗虎豹，召皮轩车九旒，驱驰东西，所为悖道。"在霍光领衔、众臣署名的上皇太后书中，列举了刘贺的种种劣行："受玺以来二十七日，使者旁午，持节诏诸官署征发，凡千一百二十七事。"短短二十七天，就干了1217件荒唐事，每天大约45件。有人说，这个数字，是霍光为栽赃刘贺所罗列。客观地说，这么多坏事，显然有夸张之嫌，诸如"常私买鸡豚以食""就次发玺不封"等鸡毛蒜皮之事，也霍然在案，姑且一哂。

无论如何，刘贺行为荒唐，难承大统，却是可以肯定的。霍光的废立之举，当然有其私利考量，譬如，刘贺大量安插昌邑官吏，恐怕日后会肆虐朝堂，侵凌霍光权力，甚至会危及权臣性命，招致强力剪除。这种因素，似乎难以避免；但更重要的，却是为了国家的长治久安。霍光所迎立的新帝，是以贤明著称后世的汉宣帝刘询。应当说，霍光的选择，无疑是正确的。废帝决心已下，他黯然说道："天下匈匈不安，光当受难。"唉唉。国难当头，我不下地狱，哪个下地狱啊？刘贺被废，颓然感叹："愚憨不任汉事。"霍光亲自将他送回封地，洒泪辞别："臣宁负王，不敢负社稷。愿王自爱，臣长不复见左右。"回京之后，霍光为稳定局势，实施了一场大清洗，"悉诛杀二百余人，出死，号呼市中曰：'当断不断，反受其乱。'"

汉宣帝刘询，原名刘病已，其身世殊堪哀怜。巫蛊之祸爆发，太子刘据自杀，其三子遇害，全家惨死，唯独襁褓中的刘病已侥幸逃脱，被收系在长安狱中，受到廷尉右监丙吉百般呵护，《汉书·魏相丙吉传》载，后元二年（前87）初春，武帝患病，"望气者言长安狱中有天子气"，于是派人杀气腾腾赶来，要把狱中囚犯斩尽杀绝，"亡轻重一切皆杀之"。不满3岁的刘病已危在旦夕，丙吉下令紧闭监狱大门，正告来者："皇曾孙在。他人无辜死者犹不可，况亲曾孙乎！"然后上奏，武帝恍然大悟："天使之也。"刘病已这才名正言顺进入皇族系列，长大后娶底层小吏许广汉之女许平君为妻，生子刘奭。霍光将宣帝扶上帝位，第一件事就是"归政"，将国柄交还皇帝，被宣帝拒绝，"上谦让不受，诸事皆先关白光，然后奏御天子。光每朝见，上虚己敛容，礼下之已甚。"宣帝不肯接受霍光"归政"，依旧令朝臣"诸事皆先关白光"。"关白"，陈述、禀告、汇报之意，朝臣凡事先向霍光禀报，再上奏皇上，无论如何，有点诡异呢。

霍光秉政前后二十余年，政局平稳，国泰民安，"昭宣中兴"

浮出青史，恍若青山。地节二年（前68）春，霍光病重，宣帝亲临探望，"为之涕泣"。霍光临终上书，请求分自己封邑三千户给其侄孙霍山，以继承其兄长霍去病之嗣。霍光死后，哀荣备至，汉宣帝与上官太后一同出席葬礼，誉之为"当世萧何"，以皇帝礼仪归葬茂陵，玉衣、梓宫、便房、黄肠题凑等葬具皆备，谥号"宣成"。煊赫如此，霍光遗孀霍显还嫌不够气派，兀自将霍光生前圈定的陵墓规格扩大，引起世人侧目。

这位为霍光送行的"上官太后"，就是上官桀的孙女、霍光的外孙女，"孝昭上官皇太后"，时年只有21岁。上官家族被族灭，独留她高居太后之位，枯守深宫，将息度日，好在有外祖父一家呵护，还算平安。霍光死去，盖棺却未论定。纵览其一生行迹，霍光"受襁褓之托，任汉室之寄"，灭邪佞，诛乱臣，辅佐昭帝，废黜昌邑，迎立宣帝，堪称功勋卓著。然而，功业纵然宏伟，祸根却深植宦海。其一，秉政日久，私欲膨胀，满门公卿，贵震天下，其子霍禹继嗣博路侯，官居右将军、大司马，其弟霍云封冠阳侯，侄孙霍山为奉车都尉，霍氏诸昆弟子侄，亲党连体，盘踞朝廷，形成朝野瞩目的"霍党"。其二，霍光之妻霍显，胆大妄为，为非作歹，至于戕害皇后，埋下杀身祸根。

宣帝即位后，平民之妻许平君初封婕妤，主掌后宫，霍显心怀嫉恨，上窜下跳，欲让女儿霍成君入宫为后，众臣喏喏附和，《汉书·外戚传》载，"公卿议更立皇后，皆心仪霍将军女，亦未有言。上乃诏求微时故剑，大臣知指，白立许婕妤为皇后。"公卿议立皇后，霍光之女霍成君是热门人选，宣帝却下诏"求微时故剑"，其心之所向，不言自明，大臣们顺水推舟，推举宣帝的糟糠之妻许平君为后。霍显美梦成空，气恨难平，于是偷偷买通女御医淳于衍，令她乘皇后妊娠之机，将其毒杀了。哀痛不已的宣帝严令追查，淳于衍随后被捕，霍显惊恐万状，只得把真相告诉霍光，"光惊鄂，默然不应。其后奏上，署衍勿论。"霍光错愕良久，最后硬着头皮出面，奏请皇帝对淳于衍免予问罪，庇护犯下滔天大罪的老婆渡过难关。此后，霍成君如愿成为皇后，宣帝的心病也由此种下了。

等到大张旗鼓送别霍光之后，汉宣帝这才开始亲政。他等的实在太久了。这些年来，霍光的霍霍权威，像一张无形铁幕，罩在他的头顶，使他犹如"芒刺在背"，很不自在。从元平元年（前74）继位，到地节二年（前68）亲政，六年之久的傀儡生涯，消磨尽了他对霍光的感恩之情，无奈与仇恨，时常浮上心头；结发妻子之惨死，地球人都晓得是霍显所为，而他身为九五之尊的皇帝，却必须装聋作哑，暗自饮泣。所有这一切，铸成了霍氏一门此后的灭顶之灾。亲政不久，宣帝就开始一步步惩治霍氏宗族，大司马霍禹及其兄弟亲党，一个个被调任外官，远离朝堂，失去权柄，霍氏集团在皇权打压下，日渐萎缩，霍显、霍禹、霍山、霍云等霍氏显耀，痛感危机逼近，身陷绝境，惶惶不可终日，互相抱怨，"数相对啼泣"，地节四年（前66）七月，霍氏集团垂死挣扎，密谋发动叛乱，"于是始有邪谋矣"。岂料事泄，宣帝一声令下，天上霹雳雷鸣，霍禹被腰斩，霍云、霍山自杀，"显及诸女昆弟皆弃世"，皇后霍成君被废处昭台宫，十二年后自杀，数千人家因此被牵连族灭。然后，就没有然后了！

霍氏之覆灭，与其说是霍氏兄弟自取灭亡，毋宁说是宣帝高擎至高无上之皇权，步步紧逼，"引蛇出洞"，直把霍氏子孙逼进了咕嘟嘟冒泡的死亡深渊里。班固叹曰：霍光"阴妻邪谋，立女为后，湛溺淫溢之欲，以增颠覆之祸，死财三年，宗族诛夷，哀哉！"

当然，对于霍光的拥立之功，宣帝一直未曾忘怀。甘露三年（前51），匈奴归降，汉宣帝忆起往日辅佐之功臣，令人描绘十一名功臣图像于未央宫之麒麟阁，以示永志不忘，霍光位列第一，为示尊崇，不书姓名，尊称为"大司马、大将军、博陆侯，姓霍氏"。

（2017年8月28日）

窦融：智者不危众以举事，
仁者不违义以要功

——智者不会因为追求个人成功，而危害众人利益；仁者不会违背仁义与道德，来猎取功名利禄。

窦融（前16~62），字周公，扶风平陵（今陕西咸阳）人，崛起于新莽末年，叱咤于东汉初年，堪称乱世枭雄。西汉末年，王莽摄政，史称"居摄"，窦融投奔王莽，出任强弩将军王俊麾下司马，参与镇压各地义军，因功封"建武男"；新莽末年，窦融作为太师王匡的助军，参与镇压绿林赤眉军，因作战英勇，拜波水将军；地皇三年（22），窦融随大司空王邑率领四十二万新军，与刘秀指挥的两万义军大战于昆阳（今河南叶县），史称"昆阳之战"，新军遭遇惨败，刘秀大获全胜。这场战役，是中国历史上以少胜多的经典战例之一，王莽由此跌落，刘秀一战成名。王莽覆灭，更始崛起，窦融转投刘玄，官居巨鹿太守；刘玄败亡，他出镇河西五郡，割据称雄；刘秀称帝，他决策归汉，演绎一出"窦融归汉"故事，升任凉州牧，封安丰侯。永平三年（60），汉明帝刘庄下令绘功臣图像于南宫云台，窦融名列"云台三十二将"之一，两年后辞世。

窦融之远祖，可谓荣耀，《后汉书·窦融列传》载："七世祖广国,孝文皇后之弟,封章武侯。融高祖父,宣帝时以二千石自常山徙焉。"孝文窦皇后芳名窦猗房,清河郡观津县(今河北武邑县)人氏,乃汉文帝皇后,汉景帝生母,汉武帝祖母,堪称"有汉一后";窦广国字少君,是孝文窦皇后之弟,与其兄长君一起,被称为"退让君子,不敢以富贵骄人"(《汉书·外戚传》)。有远祖如此,足可以自豪矣!至于窦融的身世,《后汉书》本传记述比较微妙,说他早年丧父,"融早孤",一个妹子是大司空王邑的小妾,家住长安,"出入贵戚,连结闾里豪杰,以任侠为名",他"事母兄,养弱弟,内修行义"。老母亲带着四兄妹,三男一女,他有兄、弟、妹,应排行第二,可谓"千年老二"耶。

遥想西汉末年,权臣王莽扼住汉家喉咙,取而代之,建立新朝,厉行各式"花样改革",成为中国历史上最具特色的"改革大师",被胡适先生誉为封建时代的"社会主义皇帝";然而,其改革结局却是空前惨烈,弄得天下分崩离析,怒潮沸腾。窦融作为乱世洪流中的一块"顽石",虽然自身熠熠闪光,却难以逃脱乱流之"挟裹",在波谷浪峰间,载浮载沉。他圆睁睿目,寻找机遇,乘势而起,踏着王莽之巨足,拽着刘玄之虎尾,乘着刘秀之龙辇,一步步攀升至云端——在每一个历史蝶变的重大时刻,他都站在了时代之潮头,其审时度势的历史眼光,可谓深远矣!

如果说,窦融当初投奔王莽,后来投奔刘玄,皆为时势所逼,是所谓"必然选择",那么,他弃巨鹿太守之任,毅然西进,则是纵观天下,把握时局,做出的第一次"战略转移"。汉代的巨鹿郡,治所在廮陶(今邢台平乡),地域辽阔肥沃,堪称中原之腹心,巨鹿太守乃朝廷重臣。那时候,"更始新立,东方尚扰,不欲出关",更始政权无暇西顾,窦融环顾海内,心旌西指,遥见那里紫气升腾,霸业可图。因为,窦氏一门,盘踞河西多年,其高祖父曾为张掖太守,从祖父曾为护羌校尉,从弟曾为武威太守。他与兄弟计议:"天下安危未可知，河西殷富，带河为固，张掖属国精兵万骑，一旦缓急，杜绝河津，足以自守，此遗种处也。"他说，这里是咱窦家传宗接代之福地啊！于是，拜请更始帝的老丈人、权臣赵萌为之出面转圜，"辞让巨鹿，图出河西"，得到更始帝恩准，于是，窦融带着兵马，直奔河西而去，"抚结豪杰，怀缉羌虏，甚得其欢心，河西翕然归之"。

《后汉书》本传载，窦融在河西，神交山水，情牵壑谷，结交酒泉太守梁统、金城太守库钧、张掖都尉史苞、酒泉都尉竺曾、敦煌都尉辛肜五位大佬，经常饮酒高会，谈论时局，窦融提出，河西处在羌胡包围中，不同心戮力万难自守，"当推一人为大将军，共全五郡，观时变动"。五位大佬经过一番商议，宣布组成"五郡联盟"，共推窦融为盟主，"行河西五郡大将军事"。武威太守马期、张掖太守任仲，一贯"孤立无党"，听闻此讯，讪然一笑，挂冠而去，于是，五人重新划定地盘，明确职守，"融居属国，领都尉职如故，置从事监察五郡"，俨然五郡之统帅也。寥落河西，从此成了"窦氏王国"。对窦融治理河西之功绩，范晔的记载是："河西民俗质朴，而融等政亦宽和，上下相亲，晏然富殖。修兵马，习战射，明烽燧之警，强胡犯塞，融辄自将与诸郡相救，皆如符要。"五郡兵马在窦融指挥下，互为掎角，互相支援，击溃羌人捣乱，击退匈奴侵扰，盗贼敛迹，民心大悦，"安定、北地、上郡流民避凶饥者，归之不绝"。

建武元年（25）十月，刘秀称帝，建立东汉，定都洛阳，是为汉光武帝。窦融辗转听到这一消息，顿感天地恍惚，瑞光照临。自汉末陆沉，王莽溃败，更始挠挠，天下崩乱久矣，如此江山啼血，九州寒澈，绝非万民之福也。乱世闻龙吟，治世需领袖。对当年的"昆阳之敌"刘秀跃登帝位，窦融不但没有嫉恨，还满怀喜悦，"而心欲东向"，只是河西路途遥远，难以自通，于是派长史刘均前往洛阳，向光武帝"奉书献马"，以表忠忱。凑巧的是，刘均在半路上邂逅了刘秀派来招抚河西的使者，两人一起赶回洛阳，"帝见均欢甚，礼飨毕，乃遣令还"，并赐书说："天下未并，吾与尔绝域，非相吞之国。"赐予黄金二百斤，敕封窦融为凉州牧。窦融读罢天子诏书，接过凉州牧权杖，一时间热泪盈眶，上书以表感戴之心："至臣之身，复备列位，假历将帅，守持一隅。以委质则易为辞，以纳忠则易为力。书不足以深达至诚，故遣刘均口陈肝胆。"

至此，窦融实现第二次"战略转移"，在历史漩涡里华丽转身，由一名独守一隅的"河西大佬"，一变而为皇帝御封的西部地区最高领袖。那时候，东汉虽然建立，国家尚未统一，还有两大割据势力搅扰天下，一是公孙述称帝于蜀郡，国号"成家"；二是"西州大将军"隗嚣，盘踞陇右地区，包括今甘肃天水、平凉、定西、兰州，以及河西四郡武威、张掖、酒泉、敦煌，再加西域都护府（今新疆大部）。公孙述，字子阳，扶风茂陵（今陕西兴平）人，早年盘踞西域，野心勃勃，喜好符命图谶，曾引用《录运法》中"废昌帝，立公孙"、《括地象》中"帝轩辕受命，公孙氏握"等古籍之说，来为自己造势，与刘秀同时登基称帝，分庭抗礼。隗嚣，字季孟，天水成纪（今甘肃秦安）人，出身陇右大族，"素有名，好经书"，豪侠仗义，甚得民心，他表面上采用建武年号，"外顺人望，内怀异心"，暗派辩士游说窦融，说"今豪杰竞逐，雌雄未决"，主张各自割据一方。有此两大心腹之患，刘秀对窦融慨然归顺汉廷之狂喜，可想而知也！

窦融既已归汉，晋位凉州牧，对隗嚣的割据之议，当然嗤之以鼻，并投书批评他出尔反尔，不识时务："融闻智者不危众以举事，仁者不违义以要功。今以小敌大，于众何如？弃子徼功，于义何如？……迄今伤痍之体未愈，哭泣之声尚闻。幸赖天运少还，而将军复重于难，是使积痾不得遂瘳，幼孤将复流离，其为悲痛，尤足愍伤，言之可为酸鼻！庸人且犹不忍，况仁者乎？"

这封悲天悯人的书信，虽然不能改变隗嚣的枭雄之心，却深深地感动了刘秀，赞赏之余，他派人赐给窦融几部太史公的书，《五宗》《外戚世家》《魏其侯列传》，并下诏攀亲："每追念外属，孝景皇帝出自窦氏，定王，景帝之子，朕之所祖。"他说，你窦家是窦太后之弟广国之后裔，我刘氏是窦太后之子景帝之后裔，我俩血脉相连，如今共扶汉室，"此皇太后神灵，上天祐汉也"。光武如此俯身认亲，当然是为了依仗窦融，统一大西南，降服隗嚣、公孙述两大"叛贼"。

建武八年（32）夏，汉军滚滚西进，窦融里应外合，一举击溃隗嚣，河西地区望风归顺。隗嚣世海浮沉，几经反转，先归顺更始，再臣服光武，又反转称臣公孙述，可谓生命不息，折腾不止，最后病卧西城（今甘肃天水西南），忿恨饥馁而死。唉，青史如烟，所谓"历史选择"，不是哪个都能玩得转呀！刘秀论功行赏，封窦融为安丰侯，其弟窦友为显亲侯。虽然河西远离京师洛阳，兄弟并受侯爵，威震西方，窦融沐天风，神犹寒，恍惚感觉皇帝之天威难测，犹如一双巨眼，凛然盯视着自己的一举一动，日夜惶恐不安，多次上书请辞，刘秀诏曰："吾与将军如左右手耳，数执谦退，何不晓人意？勉循士民，无擅离部曲。"一句"何不晓人意"，亲昵一如兄弟，再一句"无擅离部曲"，彰显皇帝威严，一刚一柔，窦融除了俯首听命，还能做甚？

四年之后，汉将吴汉率军攻陷蜀都成都，诛杀公孙述全族，并纵兵大掠，焚毁宫室，光武帝闻讯大怒，谴责吴汉过于残暴。怒火稍息，刘秀倏然意识到，是收拢马缰的时候了，于是命令河西五郡太守入京奏事，窦融哪敢怠慢，即刻束装就道，车驾浩浩荡荡，迤逦前往京城，一千多辆豪华车辆，行驶于漫漫旅途，尘烟腾空，遮天蔽日，随行的骏马、憨牛、肥羊，漫山遍野，鸣声上下。窦融到了洛阳，倾心跪拜皇上，沐浴浩荡皇恩，内心却战栗不止，冷汗为之涌出，此行之吉凶，实在难测呀！光武帝还算实在，大加封赏，"赏赐恩宠，倾动京师"，窦融升任大司空，位列三公，跻身朝廷重臣，引得万众瞩目。然而，窦融深知并非皇帝嫡系，生怕一片树叶无端落下，击碎自己的脑壳，"每召会进见，容貌辞气卑恭已甚，帝以此愈亲厚之"。这样如临深渊如履薄冰的日子，弄得他心惊肉跳，于是屡次上书辞官，并说："臣融年五十三，有子年十五，质性顽钝。臣融朝夕教导以经艺，不得令观天文，见谶记。诚欲令恭肃畏事，恂恂循道，不愿其有才能。"对于窦融的屡屡请辞，光武帝也是烦了，下诏切责："日者知公欲让职还土，顾命公暑热且自便。今相见，宜论它事，勿得复言。"皇帝如此发话，窦融才不敢每每念退了。

建武二十三年（47），光烈皇后阴丽华之弟阴兴辞世，光武令窦融接替他行卫尉事，又兼领将作大匠。卫尉乃九卿之一，统率卫士，守卫宫禁；将作大匠乃皇宫近侍，掌管宫室修建等事。窦融身兼二职，掌控朝廷内外诸项事务，其弟窦友官居城门校尉，主掌京城城门守卫，兄弟俩掌握了皇宫与京城禁兵，一时间炙手可热。虽然窦融面对霍霍权柄，深感惶遽，"复乞骸骨"，请求告老还乡，光武帝却不置可否，不断赏赐金钱玉帛，主掌皇帝膳食的太官，也时常送来美食佳肴。其弟窦友死后，光武帝怜悯他年老体弱，经常派随从前来慰问，并深入卧室，嘘寒问暖。尽管窦融处事谨慎，反复乞退，但其家族势力，却勃然而兴，冲天而起，满门豪奢，贵震天下，窦融之子窦穆，娶了内黄公主，接替叔父窦友出任城门校尉；窦穆之子窦勋，娶东海恭王之女沘阳公主；窦友之子窦固，娶光武之女涅阳公主。窦氏一门，势焰熏天，"一公、两侯、三公主、四二千石，相与并时。自祖及孙，官府邸第相望京邑，奴婢以千数，于亲戚、功臣中莫与为比"。

时光易逝，生命无常。建武中元二年（57）二月，光武帝驾崩，享年62岁，其子刘庄继位，是为汉明帝。随着改朝换代，窦氏的一世繁华，也宣告结束了。明帝刘庄乃皇后阴丽华之子，"生而丰下，十岁能通《春秋》，光武奇之"。他在位期间，倡儒学，明刑政，专皇权，严令后妃外戚不得封侯干政，对前朝功臣贵戚，更是严加防范。窦氏豪族天下闻名，当然是严控之首选，"帝由是数下诏切责融，戒以窦婴、田蚡祸败之事"。

窦婴是汉文帝窦皇后的侄子，田蚡是汉景帝王皇后的弟弟，二人身为外戚，仗势弄权，下场凄惨，窦婴被斩首示众，田蚡惊惧而死。对皇帝如此明确的警告，窦融日夜惶恐，再次"乞骸骨"，明帝顺水推舟，命他在家中养病，不再与政。转眼就到了永平五年（62），窦融之子窦穆忘了老爹当年的谆谆教诲，结交轻薄之徒，胡作非为，至于伪造太后诏书，令六安侯刘盱休妻，将其女塞给刘盱为妻，演绎一出"鸠占鹊巢"闹剧，被刘盱前妻告上朝廷，明帝大怒，命将窦穆撤职查办，并下令窦氏族人凡在京为官者，一律携带家眷离开京城，遣返老家扶风平陵，只留窦融一人独居京城旧邸。

皇帝一声令下，窦穆等人仓皇出京，走到函谷关时，又接到诏书，令全部返回，就近监视居住。就在这个举族悒惶的苍茫时刻，窦融撒手西归，享年78岁，谥曰"戴侯"。此后，窦穆屡出怨言，又被举家遣回原籍，后被拘捕，与其子窦宣一起，瘐死老家平陵狱中，悲乎！

对于建国勋臣窦融，明帝其实并未曾忘怀，永平三年（60），他下令在南宫云台为28名中兴功臣绘制图像，犹嫌不足，令再加上戴侯窦融、节侯王常、刚侯李通、褒德侯卓茂，称"云台三十二将"。至此，窦融历经一世辗转腾挪，终于定格于南宫云台之上，受到后人膜拜。

十年之后，明帝敕封窦穆之孙、窦融曾孙窦嘉为安丰侯，食邑二千户，继奉窦融之嗣。《后汉书·窦融列传》赞曰："窦融始以豪侠为名，拔起风尘之中，以投天隙。遂蝉蜕王侯之尊，终膺卿相之位，此则徼功趣势之士也。及其爵位崇满，至乃放远权宠，恂恂似若不能已者，又何智也！尝独详味此子之风度，虽经国之术无足多谈，而进退之礼良可言矣。"

范晔先生这段论赞，有赞，有弹，亦有品，可谓五味杂陈。他叹赏窦融崛起于战乱之中，赢得王侯之尊与卿相之位，位极人臣，却又万分恭顺小心，处世如履薄冰，何其智也！他说，老范曾深入品味窦先生之行为风度，虽然他的经国之术微不足道，但其进退之礼、缓急之节，却拿捏得十分微妙，令人回味悠长。

然而，历史的吊诡之处，却在窦氏家族恹恹欲灭之际，霍然显现出来。建初二年（77）八月，窦融曾孙女、窦穆之子窦勋的女儿窦氏，以绝世美貌进入东汉宫廷，成为汉章帝刘炟的皇后，史称"章德窦皇后"，这位红颜皇后"宠幸殊特，专固后宫"，成为了叱咤东汉中后期的窦太后，她临朝称制，权倾天下，其兄弟窦宪、窦景、窦瑰，纷纷一跃而起，雄踞朝堂，车骑将军窦宪率大军出击匈奴，大获全胜，一直追到三千里之外的燕然山（今蒙古国杭爱山），刻石勒铭，史学家班固写下了著名的《封燕然山铭》，盛赞窦宪"光祖宗之玄灵，振大汉之天声"……只是，后来之后来，汉和帝刘肇与大宦官郑众密谋，设计铲除外戚，曾经不可一世的窦氏兄弟，落得个粉身碎骨的悲惨下场，至此，窦氏绝矣。哀哉！

（2017年9月1日）

王猛：善作者不必善成，善始者不必善终

——古今干大事的人，干事情未必尽善尽美；具有开创精神的人，其结果未必功德圆满。

王猛（325～375），字景略，东晋北海郡剧县（今山东寿光）人，后迁徙到冀州魏郡（今河南安阳以北、河北邯郸以南），十六国时期著名政治家、军事家，前秦丞相、大将军，一生奇崛耸云，如孤鹤飞天，扪虱倾谈惊四座，运筹帷幄比卧龙，辅佐前秦皇帝苻坚，扫平群雄，统一北方，世称"功盖诸葛第一人"，谥曰"武侯"。

《晋书·王猛传》载，虽然号称"功盖诸葛"，王猛却出身寒苦，家贫如洗，"少贫贱，以鬻畚为业"。至于其父母兄弟姊妹，本传语焉不详，其职业却很具体：鬻畚。鬻，卖，出售；畚，畚箕，即簸箕，草编盛器，乡间常见的生活及生产用品。所谓"鬻畚"，就是到四邻八乡走街串巷，赶集上庙，贩卖推销簸箕，其奔波与劳碌，可想而知。

有一天，王猛来到洛阳街头摆摊卖簸箕，只见人来人往，却很少有人光顾他的货摊，正兀自郁闷，觑见一人快步走来，说要高价买货，可惜忘了带钱，"我家距此不远，可以跟我回去取么？"王猛略

感惊异，随之而去，恍惚之间，逶迤入山，穿越一条狭长山谷，进入一个怪石嶙峋五颜六色的山洞，霍然看见，一位白发皓然的长者，端坐于青石之上，头顶吉光闪耀，侍者环立两厢，他纳头便拜，老者连忙下来将他扶起："王公何缘拜也！"吩咐付钱十倍，礼送而去。王猛走出山洞，步出峡谷，回头一望，但见白云缥缈，峰岭摩天，高鸟飞翔，哦！此乃中岳嵩山也。《诗经·嵩高》："嵩高维岳，骏极于天。维岳降神，生甫及申。"他正喏喏吟哦，却见乌云四合，电闪雷鸣，未及下山，已是暴雨倾盆，危崖崩摧，一如他身处的这个风雷激荡的苍茫时代——五胡十六国。

五胡十六国，简称"十六国"，是中国历史上极其动乱的一个时期，自公元304年蜀地政权成汉、中原政权前赵建立，至公元439年北魏太武帝拓跋焘剿灭北凉为止。那时候，江南、荆湘地区由东晋控制，北方、西南地区先后建立了二十多个国家，其中成汉、前赵、后赵、前凉、北凉、西凉、后凉、南凉、前燕、后燕、南燕、北燕、夏、前秦、西秦、后秦十六个国家实力最强，且国祚较长，北魏史学家崔鸿《十六国春秋》概括为："五凉、四燕、三秦、二赵、一成、一夏"。

寄身于如此动荡混乱的时代，王猛的青葱岁月，耳畔杀声一片，眼前血溅碧空，如何诛灭奸佞，建功立业，拯救百姓于水火之中，成为了他心头嗤嗤燃烧的烈火，身世虽然贫寒，见识却不同俗流，《晋书》本传云："猛瑰姿俊伟，博学好兵书，谨重严毅，气度雄远，细事不干其虑，自不参其神契，略不与交通，是以浮华之士咸轻而笑之。猛悠然自得，不以屑怀。"

王猛如此高蹈云端，雄姿英发，而他身处的前秦，却一直动乱不已。作为"十六国"之一，前秦由氐族人苻洪于350年建立，定都长安，共历六主，享国44年。

氐族是我国历史上一个古老的少数民族。《诗经·商颂·殷武》云："昔有成汤，自彼氐羌，莫敢不来享，莫敢不来王。"《汉书·地理志》颜师古注云："氐，夷种名也，氐之所居，故曰氐道。"所谓"氐道"，是西汉设置的氐族聚居区，相当于郡县，其治所在今甘肃礼县西北。《后汉书·百官志》云："凡县主蛮夷曰道。"西汉在氐族聚居区设置了十三县，即十三氐道：武都道、氐道、故道、平乐道、沮道、嘉陵道、循成道、下辨道、甸氐道、阴平道、刚氐道、湔氐道、略阳道等。从先秦至南北朝，氐族分布在四川、甘肃、青海等省交界处，即川西北地区、川东北地区以及甘肃陇南地区。

西晋末年，益州蜀郡的巴氐族首领李特打响了五胡乱华第一枪，其子李雄于306年在成都称帝，国号"大成"，史称"成汉"。蛰伏在甘肃西北部的氐人随后崛起，建立前秦，武力统一北方。前秦奠基者苻洪，好施舍，多机变，勇猛威武，善于骑射，于350年建立前秦政权，最后却被自己的部将麻秋毒死了；其子苻健继位，自称"天王"，年号"皇始"，他善权谋，有勇力，"健便弓马，善于事人"（《魏书》），却立了个大恶人苻生做太子，造成了巨大灾难。

《晋书·苻生传》载，苻生是个"独眼龙"，"幼而无赖"，一次，祖父苻洪戏谑说："吾闻瞎儿一泪，信乎？"苻生大怒，"引佩刀自刺出血，曰：'此亦一泪也。'洪大惊，鞭之。"这样一个混世魔王继位后，"荒耽淫虐，杀戮无道，常弯弓露刃以见朝臣，锤钳锯凿备置左右"，看哪个不顺眼，格杀勿论。苻生大宴群臣，令尚书令辛牢主持，被指劝酒不力，一箭射杀，众人吓得魂飞魄散，纷纷猛灌，昏倒一片，他才转怒为喜。苻生出巡，看见兄妹并行，逼令二人当街交媾，"不从，生怒杀之"。对于歌颂者，他说："汝媚我也"，杀之；对于进谏者，他说："汝谤我也"，斩之。他因为瞎了一只眼，忌讳达到了病态的程度，但凡"不足、不具、少、无、缺、伤、残、毁、偏、只"等字眼，一律不许说，稍有触犯，必遭严惩，因此犯忌而死者不可胜纪，"至于截胫、刳胎、拉胁、锯颈者动有千数"。苛虐如此，朝臣日夜惊恐，生怕一言不合，脑袋搬家，"群臣得保一日，如度十年"。那一年，虎狼出没，"惟害人而不食六畜"，一年间吞噬七百多人，大臣请求驱逐之，岂料苻生公然宣称："天岂不子爱群生，而年年降罚，正以百姓触犯不已，将助朕专杀而施行教故耳。但勿犯罪，何为怨天而尤人哉！"他说，猛兽吃人，是替老子惩罚那些不听话的逆贼呢，尔等怨天尤人胡扯，岂不是活腻歪了？

苻生这一席"兽语"，直吓得群臣战栗不已，而苍天惩罚的斧钺，已经轰然降临他的头顶。那位替天行道、诛杀恶魔的人，正是前秦宣昭帝苻坚；辅佐苻坚高歌猛进者，就是号称"前秦诸葛亮"的王猛。

那时候，王猛正在探索自己的人生之路。青春如火复如虹，毕毕剥剥燃烧，照亮漫漫长夜，他却难以找到一条通向未来的光明大道。兵荒马乱中，他观察战争制胜之道；凄风苦雨中，他埋首苦读醒世经典。俗世尘烟弥漫，书中金玉良言。在浊流中奋进，在黑夜里前行，需要历经身心的万般砥砺。

这一天，他来到后赵国都邺城（今河北临漳县），只见大街上那些达官显宦，一个个耀武扬威，招摇过市，根本不把他放在眼里。那时后赵高祖石勒早已病亡，太尉石虎废杀继任新君石弘，兀自登基，自称"太祖"，以残暴著称，石虎死后，国家陷入动荡，石世、石遵、石鉴等石氏后人，互相攻杀，轮流"坐庄"。后赵侍中徐统先生向有"知人之鉴"，偶尔邂逅王猛，"见而奇之"，召请他为功曹，王猛莞尔一笑，深鞠一躬，致谢徐先生，然后翩然而去，隐归西岳华山朝阳峰之下，看云卷云舒，听松声雨声，"怀佐世之志，希龙颜之主，敛翼待时，候风云而后动"（《晋书》本传）。

永和十年（354），东晋大将桓温北伐，驻军灞上（今西安市东，即白鹿原），引得关中父老争相围观。史载，桓温"爽有风概，姿貌甚伟，面有七星"。东晋末年，他一如巨鲸腾海，拨风弄浪，几欲取代司马氏登基称帝。这样一个乱世枭雄，率军渡江犯境，弄得前秦

朝廷一片惊恐，明帝苻健调兵遣将，准备迎战，可是桓温却待在灞上，按兵不动，其举止颇令人生疑。王猛赶往灞上桓温大营，"被褐而诣之"，穿了一身陈旧的粗布衣来见他，桓温淡淡一笑，请他"赐教"，王猛当庭而坐，"扪虱而谈，旁若无人"，他一边翻着衣襟捉虱子，一边慷慨陈词，直把桓温听得暗暗称奇，疑惑地说，老夫奉天子之命率师讨逆，关中豪杰却无人前来效劳，究竟咋回事呢？王猛说："公不远数千里，深入寇境，长安咫尺而不渡灞水，百姓未见公心故也，所以不至。"他说，您不远千里深入敌境，却不肯攻取近在咫尺的长安城，百姓不明白您居心何在，当然不肯来啦！这几句"诛心之论"，直令桓温哑口无言。他之北伐，意在捞名，不为灭寇，"留敌自重"而已矣。如此权术心机，被这个"粗人"一眼洞穿，其尴尬与难堪，自不待言。他请王猛一起南归，被婉拒。如此挟敌以自重的大军阀，难免祸国殃民，岂能与之为伍？于是，王猛复归华山，静待花开。

公元357年，前秦皇帝苻生经过一连串诛戮，滴血屠刀指向了清河王苻法、东海王苻坚兄弟，苻坚向尚书吕婆楼请教除魔之计。吕婆楼说，老吕不足以办成这件大事，我给殿下推荐一个世间少有的大才吧！于是力荐王猛。苻坚当机立断，指派他前往华山，恳请王猛下山辅佐。这时候，王猛正在华山隐居读书，对苻坚的大名，早有耳闻，知道他自幼倾慕汉化，拜汉人为师，潜心研读经史典籍，且文武双全，夙怀大志。王猛与苻坚一见面，电光石火一刹那，便如千年故交，上天入地谈之遍，句句携着风雨雷电。"语及兴废大事，异符同契，若玄德之遇孔明也。"王猛"前秦诸葛"之雅号，由此而来。

这年的一个夜晚，苻生骤闻风声呼啸，疑神疑鬼，随口对一位侍女说："阿法兄弟亦不可信，明当除之。"阿法，清河王苻法也。刚巧苻法当晚做梦，一位女神告诉他将有灾祸。苻坚闻讯，当机立断，带领麾下发动政变，擒获昏睡中的苻生，废为越王，随即杀之。

政变大功告成，众人弹冠相庆，苻法、苻坚兄弟开始互相谦让，苻坚请老兄登基，苻法推贤弟上位，苻法自认为是庶出，不是皇室正宗，一再推脱，群臣跪请苻坚即位，20岁的苻坚这才登基称帝，号称"大秦天王"，改元"永兴"，以王猛为中书侍郎，执掌军国大权。

苻坚登基，神影晃动，玄机初露，《十六国春秋别传·前秦录》载："母苟氏祈子于西门豹祠，归而夜梦神交，遂孕，十二月而生坚，有神光之异，自天烛庭，背有赤文隐起。"这段记载，可谓炫异：其一，其母梦与神交而孕之，神人之子也；其二，他在母腹中孕育十二个月之久，可谓"饱经风霜"也。至于室有"神光"，身有"赤文"，不过是史家的老调重弹而已。

可悲的是，苻坚即位不久，苻法的末日很快降临了。苻法与苻坚，原为同父异母兄弟，感情深厚，苻坚即位后，苻法被封为东海公、侍中、丞相、都督中外诸军事，苻坚之母苟太后见苻法为政贤明，深得众心，"惧终为变"，下令赐死，苻坚悲痛欲绝，却并未拒绝母亲的残忍决定，与兄长东堂诀别时，他捶胸顿足，啼泣不止，"恸哭呕血"，唉！

自古皇权如利剑，斩绝亲情如割草。苻坚悼念其兄的眼泪还在流淌，王猛已经乘车前往始平县（今咸阳市西北）履任去了。这里是京师之西北门户，地处要冲，治安却极度混乱，恶霸横行，盗贼出没，百姓叫苦连天，苻坚请王猛出任始平县令，予以治理。王猛下车伊始，"明法峻刑，澄查善恶，禁勒强豪"，下令鞭杀了一个恶霸，一时间全县震恐，其爪牙进京告黑状，王猛随之被抓进大牢，苻坚亲自审问，批评他为政"何其酷也"？王猛凛然回答：治理安宁之国，当以礼；整治混乱之邦，必以法。我的职责，就是为明君剪除恶暴凶猾之徒，这才杀了一个，还有数以万计哪，"若以臣不能穷残尽暴，肃清轨法者，敢不甘心鼎镬，以谢辜负。酷政之刑，臣实未敢受之"。他说，陛下若责怪我没有杀尽暴徒，肃清草贼，我甘愿受罚，虽受鼎镬蒸煮，绝无一句怨言；但陛下以酷政责我，至死也不敢接受啊！苻坚听罢，恍然大悟，即刻下令赦之，并晓谕群臣："王景略可真是管仲、子产之辈也！"

管仲与子产，均为春秋时期贤臣，大名垂宇宙，苻坚以两位先贤称誉王猛，其钦慕之情，溢于言表，于是下令连番擢升，尚书左丞、咸阳内史、京兆尹，不久，又升任吏部尚书、太子詹事、尚书左仆射、辅国将军、司隶校尉、加骑都尉、居中宿卫，"时猛年三十六，岁中五迁，权倾内外"。36岁的王猛，一年之内五次升迁，跃居高位，成为前秦朝廷一手遮天的巨擘。他的极速上升，引起氐族旧臣的恐惧与仇恨，"宗室旧臣皆害其宠"，千方百计仇视之，攻讦之，扼杀之。姑臧侯樊世是前秦开国功臣，官居"特进"，位同三公，负气倨傲，当众羞辱王猛说："吾辈与先帝共兴事业，而不预时权；君无汗马之劳，何敢专管大任？是为我耕稼而君食之乎！"他说，我辈跟随先帝出生入死，如今人微言轻，你没汗马功劳，就敢执政大权，好比我们辛辛苦苦耕种庄稼，你老王白拣粮食，于心何安也？王猛傲然怒怼："方当使君为宰夫，安直耕稼而已。"他说，不但你种粮食我来收，还要你当伙夫做饭给我吃呢，这都是命运的安排嘛！

王猛这回话，够损够气人，樊世被噎得暴跳如雷，抡胳膊，撸袖子，要揍王猛："当悬汝头于长安城门！"老子要拧断你的脖子，把你的头挂在长安城门上！众人拉开，也就散场了。其实，朝廷宿将，心怀不平，一时冲动骂几句狠话，不过逞口舌之快，出口恶气罢了。事后，王猛将此事"言之于坚"，苻坚大怒："必须杀此老氐，然后百僚可整。"两人一唱一和，寻了个借口，把樊世杀掉了。

樊世之诛，为了震慑百官，也许是必须的；然而，王猛仗势欺人，逞口舌之利，激怒老侯，以杀人立威，无论如何有些弄权意味。对此，尚书仇腾、丞相长史席宝当然不服，进言诋毁，且出言不逊，激怒苻坚，下令将二人赶出朝堂，贬官下任，"黜腾为甘松护军，宝白衣领长史",仇腾被贬为甘松(今四川松潘县东)护军,席宝被贬为"白衣领长史"。"白衣",即草民百姓,清人顾炎武说:"白衣者,庶人之服。""白衣领职",是魏晋南北朝时期流行的一种比撤职轻一等的惩罚模式,即取消官员身份,保留原职,以观后效。这种惩罚模式,类似古代的"髡刑",强行剃发示众。作为惩罚,这不过是挠痒痒也;但受罚者遭受的尴尬与穷窘,羞辱与嘲弄,却令人无地自容,恨不得寻条地缝钻进去呢!有人说,"白衣领职"作为一项制度,开创了中国政治制度史上政府管理官员的一种新模式,是封建国家监察机制逐步发展的结果。是否如此,尚待方家论定。

尽管如此强力镇压,依然有人哓哓不平,骂声不绝。"诸氏纷纭,竞陈猛短,坚恚怒,慢骂,或有鞭挞于殿庭者。"一时之间,诋毁谩骂王猛的人,络绎不绝,苻坚也毫不容情,叱责,鞭挞,噼里啪啦之声连天响起。安丘公权翼先生实在看不下去了,进谏说:"陛下宏达大度,善驭英豪,神武卓荦,录功舍过,有汉祖之风。然慢易之言,所宜除之。"他说,陛下您一向宏达大度,神武卓绝,善于驾驭各路豪杰,颇有汉高祖之风,处置不同意见,应采取适当方式嘛!苻坚闻言,恍然一笑:"朕之过也。"自此,"公卿以下无不惮猛焉"(《晋书·苻坚传》)。

应当说,王猛在亟需支持的当政初期,苻坚给了他最强有力的支持,甚至不惜借故诛杀老臣,"上下咸服,莫有敢言"。俗语云:士为知己者死。王猛此后为了前秦大业,呕心沥血,肝脑涂地,实在是必然的啊!此后,王猛又升任尚书令、太子太傅、加散骑常侍、录尚书事,位居三公之上,他辞让不受,苻坚竟不许:"朕方混一四海,非卿无可委者;卿之不得辞宰相,犹朕不得辞天下也。"他说,王爱卿啊,你不能辞宰相,就像我不能辞皇帝啊!如此斩钉截铁,直令人无语也。

此后,王猛铁肩担山河,重拳治天下,"宰政公平,流放尸素,拔幽滞，显贤才，外修兵革，内崇儒学，劝课农桑，教以廉耻，无罪而不刑，无才而不任，庶绩咸熙，百揆时叙。于是兵强国富，垂及生平，猛之力也。"（《晋书·王猛传》）

概述王猛为政之道，其一曰：削权贵，抑豪强，严惩不法之徒。甘露元年（359），王猛以宰相兼任京兆尹（长安市长），苻坚生母苟太后的弟弟苟强德，"昏酒豪横"，欺男霸女，"为百姓之患"，可是，因为他是帝舅，谁也不敢"太岁头上动土"，王猛下令收捕，并立即处死，太后闻讯，急令苻坚搭救，等营救使者飞马赶到时，苟强德早已三魂悠悠，陈尸街市了。太后气噎，苻坚跺脚，却也无可奈何。王猛随即下令，彻查横行不法、乱国害民的公卿大夫，"数旬之间，贵戚豪强诛死者二十有余人，于是百僚震肃，豪右屏气，路不拾遗，风化大行"。苻坚叹曰："吾今始知天下之有法也，天子之为尊也！"与此同时，王猛向各地派出巡查官员，严查地方官员的违法犯罪行为，一旦查实，严惩不贷。

其二曰：兴教育，任贤才，举国蔚然成风。作为执政者，"有罪必罚"，才能立威；"有才必举"，方能兴业。三国时魏国文学家李康《运命论》曰："木秀于林，风必摧之；堆出于岸，流必湍之；行高于人，众必非之。"王猛对此，深谙于心。他明察秋毫，力排众议，用人不疑，力推苻融、任群、朱彤等人上位，使他们各得其职；力荐房默、房旷、崔逞、韩胤、田勰等关东名士入仕，成为一方干吏。为从制度上解决人才难题，他创立举贤赏罚制度与官吏考核标准，令地方官员分科目荐举人才，凡所荐名实相符者，一律封赏，弄虚作假者，严厉问责；凡年禄百石以上的官员，必须"学通一经，才成一艺"，否则统统撤职。此令一下，荐贤之风大盛，学习气氛更浓，"才尽其用、官称其职"新局面日益形成。在他主导下，前秦恢复了太学和各级地方学校，广修学宫，并强制公卿以下子孙入学，皇帝苻坚每月亲临太学，考察优劣，督察教育，汉族传统文化之花，渐渐绽开。苻坚得意地对博士王实说:"朕一月三临太学,黜陟幽明,躬亲奖励,罔敢倦怠,庶几周孔微言不由朕而坠,汉之二武可追乎?"所谓"周孔微言",指周公、孔子的教导;"汉之二武",指汉武帝刘彻、汉光武帝刘秀。苻坚啧瑟说,朕一月之内三次到太学光临指导,奖勤罚懒,不敢懈怠,是为了不使周公孔夫子的谆谆教诲从我这一代失传啊!王实把他大大夸奖了一番,说他"化盛隆周,垂馨千祀,汉之二武焉足论哉!"虽然散发着几丝马屁味道,也算所言不虚也。

其三曰:兴水利,课农桑,全力发展生产。为解决天旱少雨难题,国家征调数万人,凿山筑堤,疏通沟渠,灌溉两岸,"百姓赖其利";通过召还流民、徙民入关等途径,增加劳动力;通过开源节流,降低官员俸禄,杜绝官府靡费,以减轻百姓负担。政府还派员巡察地方,推广先进技术,奖励种田"劳模"。几年下来,五谷丰登,帛粟满仓,综合国力渐渐提升。《晋书·苻坚传》载,当时国家富庶,乡野风景宜人,"自长安至于诸州,皆夹路树槐柳,二十里一亭,四十里一驿,旅行者取给于途,工商贾贩于道"。

其四曰:宾四夷,和天下,促进民族融合。前秦是氐族之国,氐族又是少数民族中较小的一支,王猛审时度势,废除胡汉分治之法,确立"黎元应抚,夷狄应和"之基本国策,倡导诸族杂居,互相融合。王猛作为汉人,与苻坚名为君臣,形同兄弟,肝胆相照,为氐汉团结树立了榜样。有人提议,将西北氐族各部尽迁入京,将关中各族大户驱逐到边僻之地,王猛将此人处死,以杜绝此等分裂论调。甘露二年(360)四月,云中护军贾雍公然违背命令,派遣麾下司马徐赟率领骑兵袭击驻扎在塞外的匈奴左贤王刘卫辰部,虽然获得胜利,依然受到惩罚,不久罢官。导向明确,朔风劲吹,匈奴、鲜卑、乌桓、羌、羯诸族,纷纷来归。

《十六国春秋·前秦传》载:"是时,四夷宾服,凑聚关中。四

方种人皆奇貌异色,晋人为之题目,谓胡人为'侧鼻',东夷为'阔额',北夷为'匡脚',南蛮为'臛蹄'。方以类名也。"这段记载,很有意思,东晋人隔江瞭望中原大地,却觑见了一片四方来朝的繁荣景象,于是根据形貌不同,给来客起绰号:胡人鼻子有点歪,曰"侧鼻";东夷人脑门大,曰"阔额";北夷人脚有毛病,曰"匡脚";南蛮人脚丫子比较胖,曰"臛蹄"……

其五曰:强军力,谋战局,奠定统一大业。建元六年(370)六月,王猛率军征伐前燕,决战前夜,他慷慨陈词,激励将士,群情激昂,"大呼竞进",奋勇杀敌,锐不可当,一举攻陷前燕首都邺城,活捉前燕末帝慕容㬂,前燕宣告灭亡。苻坚为之庆功,并加官晋爵,封为"清河郡侯","赐以美妾五人,上女妓十二人,中妓三十八人,马百匹,车十乘",他固辞不受,镇守邺城,选贤举能,安定人心,发展生产,燕国旧地百姓,犹如大旱逢甘霖,纷纷雀跃欢呼。

王猛治国,使前秦日益强盛,与群雄角逐,且愈战愈强,十年之间便统一了北方。对于他的宏富韬略,苻坚诚心拜服:"朕奇卿于暂见,拟卿为卧龙,卿亦异朕于一言,回《考槃》之雅志,岂不精契神交,千载之会!"奇遇卧龙,歌咏《考槃》,神交千古,岂不快哉!

《诗经·国风·考槃》是一首隐士之歌,"考槃在涧,硕人之宽。独寐寤言,永矢弗谖。"隐士山涧结庐,自得其乐,其精神与天地契合,苻坚以此感叹自己与王猛俯仰天地,心神交契,共襄大业,这是两个人的幸运,更是国家的幸运。一天,君臣二人作了如下对话:

苻坚:"卿夙夜匪懈,忧勤万机,若文王得太公,吾将悠游以卒岁。"

(我得到爱卿,就像周文王得到姜太公,可以高枕无忧啦!)

王猛:"不图陛下知臣之过,臣何足拟古人!"

（感谢陛下忽略臣的种种过失，臣哪敢与古代先贤并肩呢！）

苻坚："以吾观之，太公岂能过也！"

（依我看来，你可比太公强多了！）

苻坚并教导太子苻宏："汝事王公，如事我也。"

（你伺候王公，要像伺候父皇一样啊！）

经年累月为国操劳，王猛积劳成疾，建元十一年（375）六月，他病倒了，缠绵病榻，病情日趋严重。苻坚亲自为之祈祷，并派侍臣遍祷名山大川，下令大赦天下，以为之祈福。王猛上书曰："不图陛下以臣之命而亏天地之德，开辟以来，未之有也。臣闻报德莫如进言，谨以垂没之命，窃献遗款。伏惟陛下，威烈震乎八荒，声教光乎六合，九州百郡，十居其七，平燕定蜀，犹如拾芥。夫善作者不必善成，善始者不必善终，是以古先哲王，知功业之不易，战战兢兢，如临深谷，伏惟陛下，追踪前圣，天下幸甚。"（《资治通鉴·晋纪·孝武帝纪》）他说，古今干大事的人，干事情未必尽善尽美；具有开创精神的人，其结果未必功德圆满。历代圣贤明君，都晓得创业之艰难，成功之不易，总是小心谨慎，战战兢兢，如临深渊，如履薄冰，陛下牢记这一点，追踪先贤之足迹，汲取经验与教训，则是国家之福啊！

苻坚读着这些语重心长的话语，涕泗横流，他来到王猛病榻前，问以后事，王猛气喘吁吁，叮嘱说："晋虽僻陋吴越，乃正朔相承，亲仁善邻，国之宝也。臣没之后，愿不以晋为图。"他叮嘱苻坚，东晋虽然孤悬江南，但那是晋国正宗根脉，与他们搞好关系，亲仁善邻，至关重要，千万不要与晋为敌，举兵南下啊！言讫而终，享年51岁。苻坚嚎啕大哭，对太子苻宏泣曰："天不欲使吾平一六合邪？"

王猛辞世，苍山垂泣。苻坚下令，依照东汉大将军霍光故事，隆

重送别亲爱的敬爱的王丞相,并发誓继承他的意志,"将革命事业进行到底"……

然而,时光流逝,江山异色。八年之后,到了建元十九年(383),苻坚忘记了王猛的再三叮嘱,不顾群臣的强烈反对,悍然调集九十余万大军,挥师南下,进攻东晋,与谢安、谢玄率领的北府兵在淝水(今安徽瓦埠湖一段)展开决战,史称"淝水之战",苻坚遭遇惨败,当初归顺前秦的一些鲜卑、羌族上层分子,如慕容垂、慕容冲、姚苌之流,乘机作乱,前秦由此跌落,分崩离析。建元二十一年(385),慕容冲率兵进逼长安,苻坚顺应谶书《古符传贾录》中所云"帝出五将久长得"之意旨,率领数百骑奔往长安西北的五将山,被追踪而至的姚苌缢杀于新平郡(今彬县水口镇)静光寺一棵老槐树上,年仅48岁;又过了九年,前秦宣告灭亡。

明代学人张大龄《晋五胡指掌》指出:"景略之才,不下管葛,而坚举国听之,间者必死,虽名君臣,实肝胆肺腑,故景略得以尽其材。而坚亦勤政爱民,仁恕恭俭。景略死而坚渐骄,伐晋之举,急于混一,说者咸谓鲜卑西羌未之早除。不知景略若在,苌等几上之肉,何能为哉!故景略之存亡,则苻氏之兴衰也。"

大龄先生之说,可谓切中肯綮。其一,景略才华堪比管仲诸葛,苻坚胸襟牵连五湖四海,两人肝胆相照,才有了前秦之兴盛。其二,景略辞世,苻坚茫然,急于统一天下,盲目出兵南侵,导致溃败,最后惨遭姚苌之辈屠戮——"故景略之存亡,则苻氏之兴衰也。"信然!

(2017年9月4日)

魏徵：源不深而岂望流之远，根不固而何求木之长

——渊源不深，岂能指望水流长远；根基不固，因何祈求树木参天。

魏徵（580～643），字玄成，唐朝政治家、文学家、史学家，以性格刚直、敢于犯颜直谏著称，与唐太宗李世民一起，演绎了一出"臣谏君从、共襄盛业"之历史正剧，造就初唐"贞观之治"旖旎传奇，官至谏议大夫、光禄大夫，封郑国公，堪称"一代名相"。他史识卓越，洞幽烛微，著有《隋书》序论，及《梁书》《陈书》《齐书》总论，评骘前朝故事，以为后世镜鉴。他心系天下，谋深虑远，《谏太宗十思疏》提出"怨不在大，可畏惟人；载舟覆舟，所宜深慎"之论，"言穷切至"，声震古今；《十渐不克终疏》提出"祸福无门，唯人所召；人无衅焉，妖不妄作"之说，大声喤喤，警钟长鸣。贞观十七年（643），魏徵不幸病逝，太宗痛哭流涕，谥曰"文贞"，同年进入皇宫三清殿旁之凌烟阁，跻身"凌烟阁二十四功臣"，与赵国公长孙无忌、河间王李孝恭、莱国公杜如晦等并列。

如此高名盖世的一代名相，其籍贯却至今存疑。《旧唐书·魏徵传》的记载是："魏徵，字玄成，钜鹿曲城人也。"《新唐书》本传

与此相近，说他是"魏州曲城人"。史载，巨鹿郡（钜鹿郡）乃秦代设置，治所在平乡（今河北邢台平乡西南），汉代至北周一直沿用；魏州乃魏郡，西汉至唐初设置，其辖境亦属今冀南一带，后改相州。由于后世朝代更迭，行政区划不断变迁，魏徵籍贯也随之变幻，目前至少有三说：一是巨鹿县，一是晋州市，一是馆陶县。各地都有相关历史资料，各执一词，争论不休，莫衷一是。尽管各地为争夺"魏徵故里"这块"金字招牌"，投入了很大精力，似乎均缺少"一锤定音"的过硬历史依据，迄今难以论定，只能存疑罢了。

魏徵的早年岁月，似乎星光黯淡，《旧唐书·魏徵传》载，其父名长贤，乃北齐屯留令，屯留县属于潞州府（今山西长治）所辖县，魏长贤作为北齐政权的屯留令，不过一介"七品芝麻官"，当然没有"封妻荫子"的资本，"徵少孤贫，落拓有大志，不事生业，出家为道士。好读书，多所通涉，见天下渐乱，尤属意纵横之说"。魏徵早年夙怀大志，好读书却不谋生计，致使孤贫落拓，那时候正值隋末，天下大乱，他曾出家为道，暂避尘世风雨，习练纵横家之术，期望日后以此扭转乾坤，直至后来遭遇李密。

李密乃隋末枭雄之一，《旧唐书·李密传》载，有一次，他"骑牛拜师"，"将《汉书》一帙挂于角上，一手捉牛鞅，一手翻卷书读之"。这样一个特立独行的乱世豪雄，先是追随起兵反隋的贵族首领杨玄感，后来落草瓦岗寨（今河南滑县南），谋杀瓦岗首领翟让，率领瓦岗军屡败隋军，威震天下。大业十三年（617），武阳郡丞元宝藏举兵投奔李密，请来魏徵做书记官，负责起草奏疏，李密读罢，连声叫好，听说是魏徵手笔，即刻召来，魏徵进献十条计策，李密"虽奇之而不能用"。主帅如此"叶公好龙"，魏徵喟然一声叹息。第二年，隋末军阀王世充在洛口（今济南北部）与瓦岗军展开激战，魏徵游说李密帐下长史郑颋，建议"深沟高垒"开展持久战，"敌人粮尽，可不战而退"，岂料老郑讥讽他"老生常谈"，魏徵碰了一鼻子灰，愤然曰："此乃奇谋深策，何谓常谈？"拂袖而去。

武德二年（619），王世充率军强渡洛河，与瓦岗军大战于洛阳北部的邙山脚下，李密遭遇惨败，拔剑欲自刎谢罪，"众皆泣，不能仰视"，李密涕泗横流，率众西奔长安，归降唐高祖李渊，瓦岗骁将秦叔宝、徐世勣、罗士信、程咬金等一干兄弟，也随之降唐。李渊心花怒放，拜李密为光禄卿，封邢国公，还将表妹独孤氏嫁他为妻。李密不甘居人下，后来叛唐被杀，终年37岁。《旧唐书》批评说，李密"始则称首举兵，终乃甘心为降虏，其为计也，不亦危乎！又不能委质为臣，竭诚为上，竟为叛者，终为狂夫。"史家之批评，措辞相当严厉，说他首起义兵，兵败投降，不过是权宜之计，竟再叛去，最终沦为一枚反复无常的"狂夫"！

李密的降唐叛唐之举，是耶非耶，且留待青史评说；而魏徵作为李密麾下，也随之来到唐廷，就此开辟了自己的人生之路。作为无名之辈，魏徵初入唐廷时，并不被重用，抑郁之余，只好毛遂自荐，"自请安辑山东"，这才得到了第一个官职：秘书丞，负责文秘等事务。

当时，李密部将李勣还占据着山东大片领地，东至大海，南抵长江，西接汝州，北连魏郡。魏徵来到黎阳（今河南浚县），致书李勣，劝其归降唐廷，他说："若策名得地，则九族荫其余辉；委质非人，则一身不能自保。殷鉴不远，公所闻见。"他告诫李勣，人生之路，重在选择，若是跟对了导师，不但蓬荜生辉，还会封妻荫子；若跟错了领导，则自身难保。此事干系重大，不可不察呀！李勣读罢，恍然大悟，"遂定计遣使归国"。这位李勣先生，原名徐世勣，曹州离狐（今山东菏泽）人，归唐之后，朝廷倚为干城，赐姓李氏，成为初唐名将，封英国公，名列"凌烟阁二十四功臣"，与卫国公李靖并称。李密之危崖跌落，与李勣之漠野崛起，诠释了人生诡异难测之兴败况味。

这年九月，夏王窦建德攻陷黎阳，俘虏魏徵。窦建德据称乃东汉大司空窦融17世孙，尚豪侠，重然诺，隋末乘乱起兵，"抚驭士卒，招集贤良",先后击败魏刀儿、宇文化及、孟海公等强寇,建立夏国,称雄河北。窦建德一见魏徵,两眼放光,如获至宝,封为"起居舍人",负责记录皇帝日常行动与国家大事,魏徵摇身一变,成为夏王随从。可惜好景不长,武德四年(621)五月,秦王李世民击败窦建德,并将其生擒,押回长安斩首,享年49岁。魏徵洒泪祭悼窦公,尔后再次入唐,太子李建成早闻其名,将他请到东宫,拜为太子洗马。魏徵再次摇身一变,成为大唐太子李建成的左膀右臂。

转眼到了武德九年(626)六月初四,唐廷兄弟阋墙,"玄武门之变"爆发,李世民杀兄诛弟,逼凌父皇,抢班夺权成功,晋身太子之位,《资治通鉴·唐纪七》载:"世民召徵谓曰:'汝何为离间我兄弟!'众为之危惧,徵举止自若,对曰:'先太子早从徵言,必无今日之祸。'世民素重其才,改容礼之,引为詹事主簿。"魏徵泰然自若,亢声怒怼,说太子若早听我的话,哪有今日之祸!言下之意,最后遭到失败的,肯定就是你秦王!——李世民不以为忤,且暗自叹赏,以礼相待,不久,拜为谏议大夫。魏徵第三次摇身一变,成为世民的股肱之臣。尘世风雨骤,世海几变幻;荣枯由天定,长河望月圆!

玄武门硝烟散尽,太子建成、齐王元吉被诛,李渊退出历史舞台:"自今军国庶事,无大小悉委太子处决,然后闻奏。"世民名为太子,实为执政,"命纵禁苑鹰犬,罢四方贡献,听百官各陈治道,政令简肃,中外大悦"。那时候,国家历经遽变,人心纷乱,"太子建成、齐王元吉之党散亡在民间,虽更赦令,犹不自安,徼幸者争告捕以邀赏"。那些太子齐王之"余孽",一个个惶惶不可终日,有的官吏还以此邀功,各地捕拿"乱党"事件频发,屡禁不绝,朝野忧惧。这一年,魏徵奉命宣慰山东,以稳定局势,安定民心,"听以便宜从事",遇事可以自行决断。他一到磁州,就见官兵押解着已故太子建成的亲身护卫、千牛备身李志安,齐王元吉的护军李思行,正要送往京师。他说:"吾不可以顾身嫌,不为国虑。且既蒙国士之遇,敢不以国士报之乎！"我不能只顾虑自己，而不为国家考虑。既然蒙受了国士待遇，就必须要以国士的忠诚相报！他不顾自己"太子余党"之嫌疑，断然下令放人，"太子闻之，甚喜"。

三个月后，即武德九年（626）九月，李渊宣布禅位，李世民继位称帝，是为唐太宗，史入"贞观"，奏响黄钟大吕之长歌，开辟隋末离乱之盛世。魏徵出任尚书左丞、秘书监，封钜鹿县男，开始参与朝政。《旧唐书》曰："徵雅有经国之才，性又抗直，无所屈挠。太宗与之言，未尝不欣然纳受。"《资治通鉴》曰："上厉精求治，数引魏徵入卧内，访以得失；徵知无不言，上皆欣然嘉纳。"一次，尚书右仆射封德彝提出，要征招十八岁以下男子入伍，太宗点头应允，魏徵却坚决反对，争之再三再四，太宗大怒，招来叱责，魏徵指出，朝廷擅改征兵年龄，是失信于民，违背了"以诚信御天下"之宗旨，"今即位未几，失信者数矣！"此言一出，太宗有些发懵："朕何为失信？"魏徵毫不客气地数落了一串"天子失信"故事，太宗面露窘迫之色，说："昔者朕以卿固执，疑卿不达政事，今卿论国家大体，诚尽其精要，夫号令不信，则民不知所从，天下何由而治乎！朕过深矣！"太宗从前认为魏徵固执，不谙国事，听了他的一番"忤逆之论"，才明白自己过错深重矣！

魏徵与太宗之间的"君臣之议"，往往是魏徵固谏，太宗从之，且不断反躬自省。有人奏告魏徵"私其亲戚"，营私舞弊。太宗命中书令温彦博审查，老温煞有介事折腾一番，然后上奏说："徵不存行迹，远避嫌疑，心虽无私，亦有可责。""行迹"，比喻行为与踪迹。温彦博生性聪颖，能言善辩，颇具相才，"彦博自掌知机务，即杜绝宾客，国之利害，知无不言，太宗以是嘉之"（《旧唐书·温彦博》）。然而，老温此次对魏徵的审查结论，却有点荒腔走板，说魏徵对于亲戚之事没有一丝痕迹，显然是故意避嫌，此心虽无私，其行却可责。这显然属于莫须有嘛！太宗览奏，让老温传话给魏徵："宜存行迹。"

第二天上朝，魏徵上奏说："臣闻君臣同体，宜相与尽诚；若上下具存行迹，则国之兴丧尚未可知，臣不敢奉诏。"他说，君臣本同体，上下俱以诚，若整天芝麻绿豆都要存"行迹"，哪还有心思干事啊？当场拒绝奉诏。太宗满面羞惭："吾已悔之。"我早就后悔得肠子都青啦！魏徵再拜说，愿陛下使臣做"良臣"，不做"忠臣"。太宗追问良臣与忠臣之区别，他说："君臣协心，俱享尊荣"，此为良臣；"面折廷争，身诛国亡"，此为忠臣。太宗闻言欣悦，"赐绢五百匹"。

那年太宗驾幸位于陕西宝鸡市麟游县的九成宫，遣宫人还京，夜宿沣川县（今陕西扶风县）官舍，右仆射李靖、侍中王珪忽然半夜驾到，官舍老板哪敢怠慢，赶紧将宫人移住别处，恭请李靖王珪两位大人就寝。太宗闻讯，勃然大怒："威福之柄，岂由靖等？何为礼靖而轻我宫人！"悍然下令抓人治罪。魏徵进谏说："若以此罪责县吏，恐不益德音，徒骇天下耳目。"如果以这样的罪名捕人，会坏了陛下名声，无端让天下人感到惊骇呀。太宗醒过味儿来，说："公言是也。"一场冤狱，就此消弭于无形。

有一天，太宗问魏徵："人主何为而明，何为而暗？"对曰："兼听则明，偏信则暗。人君兼听广纳，则贵臣不得壅蔽，而下情得以上通也。"太宗点头称善，俄而大发感慨："朕观隋炀帝集，文辞奥博，亦知是尧舜而非桀纣，然行事何其反也！"其实，太宗无意间指出了历代统治者的通病，说尧舜之言，做桀纣之事，一群高级骗子而已。魏徵说："人君虽圣哲，犹当虚己以受人，故智者献其谋，勇者竭其力，炀帝恃其俊才，骄矜自用，故口诵尧舜之言而身为桀纣之行，曾不自知以覆亡也。"魏徵一语道破了隋炀帝灭亡之真谛："口诵尧舜之言，身为桀纣之行。"太宗说："前事不远，吾属之师也！"隋朝二世而亡，令后世颇感惊悚，其胜败之理，不可不察。所谓前事不忘，后事之师，此之谓也。

继而谈及用人，太宗感叹说："为官择人，不可造次。用一君子,则君子皆至;用一小人,则小人竞进矣。"魏徵说用人应因时因势而异,"天下未定,则专取其才,不考其行;丧乱既平,则非才行兼备不可用也。"魏徵的"人才观",其实是为战争与和平开了两张截然不同的"药方":战争时期,一切为了胜利,"专取其才",不必过多考虑其德行;和平时期,治理天下,建设国家,就需要德才兼备的复合型人才啦。此乃人才之大局观也!

魏徵与太宗,君臣相属,经常如此对话,情谊渐渐深厚,太宗身为皇帝,对魏徵竟生出了敬畏之心。那次两人一起闲聊,魏徵说,听说陛下打算幸临南山,为何迟迟不动啊?太宗笑言:确有此事,畏惧你老魏嗔怪,取消了。那天太宗得到一只美丽的雀鹞,喜不自禁,正拿着把玩,忽然魏徵来了,连忙藏进怀里,魏徵啰嗦没完,好容易等他走了,拿出来一看,可怜的雀鹞竟然闷死怀中了。太宗闲居,有美人在侧侍候,魏征见了,说这个美女姿色艳丽,来历可疑,不宜在陛下身旁呀。太宗一笑,"出之,还其亲戚"。

贞观六年(632),文武官员奏请封禅泰山,以宣示浩荡文治武功,太宗春心大动,欲从之,"魏徵独以为不可"。太宗懊恼,君臣有了如下对话:

"公不欲朕封禅者,以功未高邪?"
"高矣!"
"德未厚邪?"
"厚矣!"
"中国未安邪?"
"安矣!"
"四夷未服邪?"
"服矣!"
"年谷未丰邪?"

"丰矣！"

"符瑞未至邪？"

"至矣！"

"然则何为不可封禅？"

"陛下虽有此六者，然承隋末大乱之后，户口未复，仓廪尚虚，而车驾东巡，千乘万骑，其供顿劳费，未易任也。且陛下封禅，则万国咸集，远夷君长，皆当扈从……崇虚名而受实害，陛下将焉用之！"

魏徵这一席铿锵之言，不矫饰，不婉转，直截了当，直指要害，将泰山封禅之盛举定性为"崇虚名而受实害"，太宗竟无言以对。封禅之举告吹，皇帝失去夸耀千古治功的机会，不免心有戚戚焉，有朝臣乘机推荐魏徵去考察干部，是否有"调虎离山"之意，不得而知；岂料太宗断然拒绝："徵箴规朕失，不可一日离左右。"呵呵！这可有点"嗜毒上瘾"的味道啦！

据《贞观政要·卷二·直谏（附）》记载，贞观五年（632），"治书侍御史权万纪、侍御史李仁发，俱以告讦谮毁，数蒙引见"，引起朝臣惶恐。魏徵告诫皇帝："权万纪、李仁发并是小人，不识大体，以谮毁为是，告讦为直，凡所弹射，皆非有罪。陛下掩其所短，收其一切，乃骋其奸计，附下罔上，多行无礼，以取强直之名……陛下纵未能举善以崇德，岂可进奸而自损乎？"——这番"诛心之论"，如刀似剑，直戳太宗心窝，"掩其所短""骋其奸计""进奸自损"，对皇帝如此犀利狠辣，吓得群臣震栗，唯恐太宗发怒，"太宗欣然纳之，赐徵绢五百匹"。太宗欣然采纳，并赏赐老魏。后来，权万纪、李仁发两人先后因故获罪，受到贬黜，众人欣悦，"朝廷咸相庆贺焉"。

些许年间，魏徵直言进谏，犹如一只"高级乌鸦"，盘绕朝堂，喋喋不休，耳提面命，皇帝踧踖，朝臣侧目，悻悻然冷眼旁观。太宗长女长乐公主李丽质,下嫁齐国公长孙无忌之子长孙冲,丽质公主乃长孙皇后所生,太宗深爱之,诏令有司嫁妆务必富丽,至于多过永嘉长公主。永嘉长公主乃高祖之女,太宗老妹,嫁妆少于侄女,甚不合礼仪。魏徵进谏说,汉明帝当年欲封皇子,尝自言自语:"我子岂得与先帝子比。"明帝言犹在耳,今当汲取。

太宗虽然听从了魏徵之言,心底却很郁闷,回到后宫,满怀歉意转告皇后,长孙皇后说:"妾亟闻陛下称重魏徵,不知其故,今观其引礼仪以抑人主之情,乃知真社稷之臣也!妾与陛下结发为夫妇,曲承恩礼,每言必先候颜色,不敢轻犯威严;况以人臣之疏远,乃能抗言如是,陛下不可不从。"长孙皇后此言,可谓深谙人性。她说,妾与陛下是结发夫妻,深受恩宠,每有进言都要看您脸色,生怕惹您发怒,魏徵作为朝廷大臣,面对至高无上的皇帝陛下,能够当庭极谏,亢言直陈,那该需要多大的勇气,陛下不能不听取啊!——皇后言罢,派人赏赐魏徵钱四百缗、绢四百匹,并传话说:"闻公正直,乃令见之,故以相赏。公宜常秉此心,勿转移也。"

尘心一如逝水,总有波澜涌起。一次退朝后,太宗暴怒不已,咬牙说:"会须杀此田舍翁!"朕一定要找借口杀了这个乡巴佬!皇后惊问,咋了?太宗恨恨地说:"魏徵每廷辱我。"皇后闻言退出,穿上朝服凤冠,肃然立于庭中,向太宗拱手道贺:"妾闻主明臣直,今魏徵直,由陛下之明故也。妾敢不贺!"太宗闻言,笑逐颜开。

《后唐书》载,这年初秋的一个夜晚,太宗在丹霄殿大宴群臣,魏徵与谏议大夫王珪同席,两人同属谏净之臣,平日里难免口舌之争,共对众臣,自然由阴转晴,谈及谏臣"当面直谏"与"退后有言",不免哗然,太宗大笑说:"人言魏徵举止疏慢,我但觉妩媚,适为此耳。"人们都说魏徵亢直傲慢,我怎么觉得他很妩媚呢?"妩媚"二字出口,众皆嗨然,魏徵悚然而起,拜谢皇帝:"陛下导之始言,臣所以敢谏,若陛下不受臣谏,岂敢数犯龙鳞?"正所谓:君明

臣谏，君昏臣哑；君明则晴空碧丽，百鸟翔舞，四方谐乐；君昏则乌云横空，万马齐喑，道路以目。证之前世与前史，信矣！

按照史书描绘，魏徵"状貌不逾中人"，相貌平常，不苟言笑，蹙眉凝神，"而素有胆智，每犯颜进谏，虽逢主赫斯怒，神色不移"。如此气壮如牛，如磐，如山，究竟为啥呢？因为，他识大体，顾大局，情系家国，心底无私，"以情处断，无不悦服"。有一阵子，太宗也是烦了，"嫌上封者众，不近事实"，涉嫌诽谤，欲以惩治，魏徵进言说："古者立诽谤之木，欲闻己过。今之封事，谤木之流也。陛下思闻得失，祗可恣其陈道。若所言衷，则有益于陛下；若不衷，无损于国家。"实际上，魏徵在此提出了君王听取进言的"两条标准"：一，有益于陛下；二，无损于国家。把人们的言论动辄诬为"诽谤"，惩治打压，怎么能听到金玉良言呢？

贞观十一年（637），魏徵上《谏太宗十思疏》，以"十思""九德"之义，劝谏太宗居安思危："臣闻求木之长者，必固其根本；欲流之远者，必浚其泉源；思国之安者，必积其德义。源不深而岂望流之远，根不固而何求木之长？德不厚而思国之治，虽在下愚，知其不可，而况于明哲乎！"他说："怨不在大，可畏惟人。载舟覆舟，所宜深慎。奔车朽索，其可忽乎？"

"载舟覆舟"之说，出于《荀子·哀公》，孔子对鲁哀公说："君者，舟也；庶人者，水也。水则载舟，水则覆舟，君以此思危，则危将焉而不至矣？"魏徵在此借用这个比喻，提出了一个千古命题：既然百姓如水，君王如舟，既可载舟，亦可覆舟，而载舟覆舟的决定因素，就取决于君王之德政究竟如何。他告诫太宗皇帝，若能勤思慎守，选贤任能，"则智者尽其谋，勇者竭其力，仁者播其惠，信者效其忠"。盛世可期，繁华碧丽，君王自可"鸣琴垂拱，不言而化"。其言谆谆，如金石震荡，千载之下，犹闻鼙箅之鸣矣！

然而，治世日久，太宗难免陶醉嘚瑟，心神懈怠，各种"君王病"渐渐泛滥起来。贞观十三年（639）五月，魏徵再上《十渐不克终疏》，列举了太宗傲慢自大、追求奢靡、嗜好珍玩、劳役百姓、游猎频繁、昵小人、疏贤臣等十项"罪状"，告诫说："有善始者实繁，能克终者盖寡"，身为天下之主，"傲不可长，欲不可纵，乐不可极，志不可满"。因为，"祸福无门，唯人所召。人无衅焉，妖不妄作。"正所谓："天作孽，尤可恕；人作孽，不可活。"如此叱责皇上，似乎意犹未尽，"伏愿陛下采臣狂瞽之言，参以刍荛之议，冀千虑一得，衮职有补，则死日生年，甘从斧钺"。所谓"狂瞽之言"，愚妄无知之言论；"刍荛之议"，初生牛犊之妄议。魏徵用这两个谦词，以示对皇上的诚敬之心。太宗读罢，"手诏嘉美，优纳之"。

人世难逢开口笑，幸遇千古君与臣。贞观十七年（643），魏徵病危，太宗亲往探视，"抚之流涕"，并当场为幼女衡山公主与其子魏叔玉指婚。魏徵病逝，太宗大恸，"命百官九品以上皆赴丧，给羽葆鼓吹，陪葬昭陵"。魏徵老妻裴氏说，夫君平生俭素，不宜如此招摇，"悉辞不受，以布车载柩而葬"。一代名相，就此永别尘寰。太宗临朝伤感，顾谓众臣曰："夫以铜为镜，可以正衣冠；以史为镜，可以知兴替；以人为镜，可以明得失。朕常保此三镜，以防己过。今魏徵殂逝，遂亡一镜矣！"

令人痛惜的是，太宗这一席千古名言还在嗡嗡震荡，脸色就开始由黄转绿。先是吏部尚书、光禄大夫侯君集以谋反罪被诛，此后，中书侍郎、太子左庶子杜正伦因陷于太子废立事件被罢免流放——这两人均为魏徵所举荐，说他们有宰相之才，此时难免招致非议；跟着又传出魏徵私下曾向史官褚遂良出示谏辞，有沽名钓誉之嫌。太宗迁怒，下令取消衡山公主与魏徵之子的婚约，并令人砸毁魏徵的墓碑，"顾其家渐衰矣"，其后人也开始受到冷落。一段君臣佳话，如此凄然收场，令人无语凝噎……

然而，这并非两人的最后结局。到了贞观十九年（645），太宗率大军亲征高丽，虽然最后艰难取胜，但其间遭遇的挫折，也是一言难尽，战争危急时刻，他恍然回想起从前魏徵的凛凛谏诤，心头涌起一股难以遏止的悔恨，喟然一声长叹："魏徵若在，不使我有是行也。"他说，魏徵如果还在，一定不会同意我的这次军事行动。说罢，太宗令身边侍臣即刻出发，带上猪羊等祭品，快马加鞭，前往魏徵墓地，隆重祭祀，复立墓碑，"召其妻子诣行在，劳赐之"（《资治通鉴·唐纪十四》）。

正如太宗皇帝难以忘怀的那样，观照魏徵一生之言行，犹如日与月，高悬晴空，熠熠生辉。《后唐书》赞曰："臣尝阅《魏公故事》，与文皇讨论政术，往复应对，凡数十万言。其匡过弼违，能近取譬，博约连类，皆前代诤臣之不至者。其实根于道义，发为律度，身正而心劲，上不负时主，下不阿权幸，中不侈亲族，外不为朋党，不以逢时改节，不以图位卖忠。所载章疏四篇，可为万代王者法。"并据此断言："前代诤臣，一人而已。"这段赞词，可堪玩味。其一，魏徵匡正时弊，不是放高射炮，而是针对现实问题，剖析本朝事例，"能近取譬，博约连类"，且深入分析，指明利弊；其二，魏徵心正而言直，不媚主，不阿贵，不徇私，不为朋党，不随风俯仰，不图位卖忠——有此"六不"，则堪称古今宰臣之典范矣。

对于魏徵身后之备受折辱，《新唐书》著者颇多感慨："始，徵之谏，累数十余万言，至君子小人，未尝不反复为帝言之，以佞邪之乱忠也。久犹不免。故曰：'皓皓者易污，峣峣者难全'，自古所叹云。"——魏徵上书十余万言，指斥时弊，匡正时风，肯定得罪了某些小人，这些家伙反复谗毁他，那是绝对必然的，久而久之，皇上被蛊惑，也是难以避免呀。唉！心地洁白无瑕者，容易被污；性情刚直无忌者，古来难全。人生啊，能不慎乎！

（2017年9月14日）

冯道：蹈危者虑深而获全，
　　　居安者患生于所忽

——身处险境者谋虑深远而平安随，身居安逸者疏忽懈怠而祸患生。

冯道（882~954），字可道，号长乐老，瀛州景城（今河北沧州西北）人，五代宰相。他早年入仕，混迹江湖，出任燕王刘守光麾下参军，此后，历仕后唐、后晋、后汉、后周四朝，先后侍奉后唐庄宗李存勖、明宗李嗣源、闵帝李从厚、末帝李从珂，后晋高祖石敬瑭、出帝石重贵，后汉高祖刘知远、隐帝刘承祐，后周太祖郭威、世宗柴荣十位皇帝，还向辽太宗耶律德光称臣，于军阀混战中跌宕起伏，于血海横流中波澜不惊，似愚似忠，亦愚亦忠，悠游天下，左右逢源，始终稳居将相之高位，成为古今官场之奇迹，宦海之经典，堪称"乱世不倒翁"也！

在中国历史上，五代与十国并称，是一个以无耻、残暴、野蛮著称的黑暗时代。五代又称"第五季"，即春夏秋冬四季之外最糟糕的一个季节，始于唐朝灭亡的907年，止于北宋建立的960年，短短54年间，中原大地相继出现了后梁、后唐、后晋、后汉、后周五个朝代，史称"五代"。与此同时，南方出现了吴、南唐、吴越、楚、南汉、前蜀、后蜀、荆南、闽九个割据政权，加上建立在北方河东地区的北汉，史称

"十国"。此外，在遥远的边陲地区还有一些少数民族政权并存，诸如契丹、吐蕃、渤海、党项、南诏、于阗、东丹、高昌、大理等。黯然回首，五代呈现出两大特点：其一，整个社会没有正义、没有公理、没有文化，"枪杆子里边出政权"之哲学大行其道，军阀招募士卒炮灰，伺机篡位；士卒不断哗变，拥立统帅，甚至拥立皇帝。其二，天下纲常凌乱，秩序崩摧，兵祸连结，旱荒接踵，人吃人的丑恶现象层出不穷。在这样一个血腥混乱、杀人如割草的时代里，冯道先生能够游刃有余，独树大纛，前后通吃，且无缝隙"焊接"，兀地令人膜拜也。

这样一个善于浑水摸鱼的官场"老油条"，究竟是如何炼成的呢？《旧五代史》对其先祖记述只有一句话："其先为农为儒，不恒其业"，无论种地还是读书，均不能持久，三天打鱼两天晒网；好在他本人还不错，"道少纯厚，好学善属文，不耻恶衣食，负米奉亲之外，惟以披诵吟讽为事，虽大雪拥户，凝尘满席，湛如也"。宋代文豪欧阳修撰著《新五代史》，以"春秋笔法"，寄抑扬之意，对老冯祖上只字未提，只说："道为人，能自刻苦为简约。"从两部史书不难看出，冯道生于耕读之家，早年生计艰难，侍奉双亲之余，以读书为乐，即使大雪飘飞、尘垢弥漫，也诵读不已，浑忘世事。如此好学上进，刻苦自励，自然笔下生花，文采斐然，为他后来以文字做敲门砖，"遍干君王"，奠定了坚实基础。

冯道的名与字，显然来自于老子《道德经》："道可道，非常道。名可名，非常名。无名天地之始；有名万物之母。"这么玄乎且富于哲理的名字，究竟是父母所命，还是自己所取，无从考证，但其中流溢的玄思，却荡漾至今。所谓"道"，自然也，浑厚也，厚道也，世间万物运行之轨道也。浑厚而感知天地之运行，此谓知天命也；厚道而感觉人性之醇良，此谓交友之至理也。历来不浑厚者，不知天命运行之规律；不厚道者，不知友情贵重之无价。

在冯道身上，浑厚与厚道之风，可谓猎猎吹拂。遍览《新五代史》

与《旧五代史》，老冯早年的厚道故事历历在目：其一，他早年入晋军，临前线，居茅棚，不设床席，卧于茅草上，自得其乐，"所得俸禄，与仆厮同器饮食，意恬如也"（《新五代史》）。其二，"道在常山，见有中国士女为契丹所俘者，出囊装以赎之，皆寄于高尼精舍，后相次访其家以归之"（《旧五代史》）；"诸将有掠得人之美女者以遗道，道不能却，置之别室，访其主而还之"（《新五代史》）。其三，老爹去世，他回乡守丧，因天旱少雨，乡亲们食不果腹，"所得俸余悉赈于乡里，道之所居惟蓬茨而已，凡牧宰馈遗，斗粟匹帛无所受焉"（《旧五代史》）；"居父丧于景城，遇岁饥，悉出所有以赒乡里，而退耕于野，躬自负薪。有荒其田不耕者与力不能耕者，道夜往，潜为之耕。其人后来愧谢，道殊不以为德"（《新五代史》）……

在前线，混迹士卒间，与士兵同居、同食、同乐；遇美女，目不斜视，心无杂念，想方设法送其还家；在故乡，出资赈灾，替人耕地，出自天然，且不以为德，没觉得自己有啥了不起，如此浑然无迹之厚道，岂常人所能为？岂常人所肯为？厚道如此，天其佑之，其好运如江水长流，就丝毫也不奇怪了。

静观冯道先生一生之行迹，犹如一面史海多棱镜，五光十色，姿彩迥异，其谦退，其世故，其黯弱，其圆滑，皆时代与人性之映像矣。其一，谙识时机，顺风转舵，一介谦退君子，兀立时代潮头；其二，谨慎职守，时露峥嵘，一名懦弱宰臣，不时拨转潮流；其三，官高位重，心存仁厚，一个痴顽老儿，尽力呵护苍生；其四，悠游世海，混迹狼群，一根官场"老油条"，炼成政坛老妖精。

其实，冯道的官场之旅，始自监狱。唐朝末年，军阀混战，朱温高举屠刀，虐杀唐末宗室，各路大小军阀，纷纷举兵造反，争夺天下。冯道于此时进入仕途，成为幽州节度使刘守光的参军，岂料到来不久，就因言获罪，被关进大狱。刘守光是卢龙节度使刘仁恭之子，因与庶母罗氏通奸被老爹痛殴，自此断绝父子关系。他于911年建立燕国，号称"大燕"，定都幽州（今北京）。913年十一月，晋王李存勖攻陷幽州，守光被杀，燕国灭亡，因其统治期间残暴不仁，世称"桀燕"。冯道进入守光营中时，守光正欲出兵攻伐定州，向僚属征询意见，"道常以利害箴之，守光怒，置于狱中，寻为人所救免"。这场牢狱之灾，冯道因祸得福，此后前往太原，投奔晋王李存勖。那时，太监张承业身为唐廷河东监军，却深得晋王器重，为之执掌后方军政。承业叹赏冯道的斑斓文采，"甚见待遇"，其同僚周元豹善相面，谗毁说："冯生无前程，公不可过用。"另一同事卢质却说：我见过晚唐司空杜黄裳先生的写真图，"道之状貌酷类焉，将来必副大用，元豹之言不足信也。"冯道就在毁誉声中，出任太原掌书记，成为晋王的机要秘书。他听闻了周元豹与卢质之言，喟然一叹：唉，毁谤与颂扬，不过一眼之高低，一言之冷暖，何必斤斤计较呢！

923年，李存勖在邺城称帝，建立后唐，是为后唐庄宗。张承业追念故国，极力反对，忧愤致死，庄宗叹息之余，追赠他为左武卫上将军，赐谥"贞宪"。此后，冯道进入官场"快车道"，被授为省郎、翰林学士，成为皇帝侍从官，并获赐紫衣。后来，后唐绞杀后梁，迁都洛阳，冯道再次跃升为中书舍人、户部侍郎，俨然朝廷大员矣。张承业之毙命与冯道之崛起，看似时也命也，其实是时代交替之必然。时代之巨轮，喀喀转动，吞噬顽固，抬升新兴，人生成败之理，不过如斯也。

若说冯道是墙头草，逆来顺受，也就错了。那一年，后唐与后梁军队交战，两军夹河对垒，中门使郭崇韬皱着眉头说：军中这么多人吃闲饭，怎么得了，必须裁减！庄宗闻言大怒：难道我连让效命者吃顿饭的自由都没有吗？说罢撂挑子不干了，要打道回京，令冯道起草文书，宣示三军，老冯磨磨唧唧，不肯下笔，他说：崇韬所言，并不过分，何必大动肝火？"幸熟而思之，则天下幸甚也。"庄宗一听，低头不语，此事不了了之，"人始重其胆量"。他的"公然抗旨"，绝非金刚怒目，而是磨唧拖沓，软磨硬泡。其实，混迹官场，磨叽拖沓，也是一门大学问呢。一拖而心火灭，再拖而秋水凉，三拖呢，则君王开始反思啦！

926年，冯道守父丧期满，被拜为翰林学士，赶往洛阳赴任。这时候，后唐遭遇邺城兵乱，庄宗派成德节度使兼中书令李嗣源前往镇压，老李乃已故晋王李克用养子，庄宗李存勖庶兄，以骁勇闻名，他率军进入邺城，被叛军拥立为帝，并挥师反攻京师洛阳，导致天下大乱，庄宗中流矢而死，李嗣源随后继位，是为后唐明宗。明宗进入洛阳，便问近臣安重诲：先帝时期的冯道郎中在哪里？"此人朕素谙委，甚好宰相。"随即任命他为端明殿学士、中书侍郎、刑部尚书，一跃而为新朝重臣。而此时，冯道正在奔往洛阳途中，行至汴州（今河南开封），邂逅忠武节度使孔循，孔先生劝他"少留以待"，他说："吾奉诏赴阙，岂可自留！"

冯道之为政，选贤任能，鄙弃浮竞之徒。"凡孤寒士子，抱才业、素知识者皆予引用；唐末衣冠，履行浮躁者必抑而镇之。"那些寒门才子，纷纷获得任用；那些豪门子弟被切断升迁之路，哓哓不休。工部侍郎任赞讽刺说，冯相太幼稚啦！瞧他走路，身后或许会掉出一本《兔园策》呢！所谓《兔园策》，是乡下耕读先生教村野小子诵读的"识字读本"，任赞借此嘲笑老冯幼稚浅陋。他把任赞叫来，说："《兔园策》皆名儒所集，道能讽之，中朝士子只看文场秀句，便为举业，皆窃取公卿，何浅狭之甚耶！"任赞大愧，额头冒出细细的汗珠来。

史载，后唐明宗李嗣源乃一介武夫，粗陋少文，却为人沉厚，行事恭谨，在位七年，惩贪腐，举廉吏，罢宫人，除伶宦，堪称贤明之君，他说冯道"性纯俭"，做事踏实靠谱。冯道上书说："臣为河东掌书记时，奉使中山，过井陉之险，惧马蹶失，不敢怠于衔辔；及至平地，谓无足虑，遽跌而伤。凡蹈危者虑深而获全，居安者患生于所忽，此人情之常也。"他说自己从前骑马过井陉，惊险处涉险过关，平坦处意外跌落，他以此告诫明宗，身处险境者谋虑深远而平安相随，身居安逸者疏忽懈怠而祸患萌生，身为最高领袖，务必要居安思危，虑深谋远。

一天，明宗问冯道，百姓日子过得咋样啊？老冯摇头叹息说："谷贵饿农，谷贱伤农。"无论啥时候，倒霉的总是老百姓。他顺口诵读聂夷中《伤田家诗》："二月卖新丝，五月粜新谷。医得眼前疮，剜却心头肉。我愿君王心，化作光明烛。不照绮罗筵，只照逃亡屋。"明宗说："此诗甚好。"令随从抄录下来，闲暇经常背诵。一个朝臣在河边捡到一只玉杯，上书"传国宝万岁杯"，显然属于拍马之辈的臆造之物，明宗却视若珍宝，拿给冯道欣赏，老冯委婉地说："此前世有形之宝尔，王者固有无形之宝也。"明宗问何为无形之宝呢？他说："仁义者，帝王之宝也。"明宗不明其意，令随从讲解，"嘉纳之"。

933年底，后唐发生内乱，明宗病卧在床，受惊崩逝，享年67岁，其三子李从厚于枢前继位，是为后唐闵帝。然而，明宗此前留下的两大祸患，铸成了后来的大动乱。一个是他的养子、潞王李从珂，"以骁果著称，明宗甚爱之"；一个是他的女婿、河东节度使石敬瑭，明宗"深心器之，因妻以爱女"（《旧五代史》）。李从珂与石敬瑭，与明宗李嗣源虽无血缘关系，却是其倾心信任之至亲，岂料都成了后唐的掘墓人。闵帝李从厚继位一年后，李从珂自凤翔起兵，只用五个月便攻陷洛阳，鸩杀闵帝，登基称帝，是为后唐末帝。仅仅过了两年，到了936年，石敬瑭勾结契丹人起兵作乱，他以儿国自称，跪事契丹太宗耶律德光，并割让燕云十六州，借助契丹武力攻陷洛阳，末帝李从珂自焚，石敬瑭建立后晋，定都汴梁，是为后晋高祖。

冯道身处这一连串大动乱中，眼前尸横遍野，耳畔哭声连天，城头变幻大王旗，心中流淌老臣泪，既不知道明天哪个登基，更不晓得后天该为哪个效命，只如一叶江上小舟，随狂风暴雨而飘荡，随时局翻覆而转舵。明宗李嗣源年间，他如鱼得水，呼风唤雨；明宗死了，他拜相闵帝李从厚；潞王李从珂反叛，闵帝高喊御驾亲征，实为仓皇出逃，冯道率领百官送走闵帝，预祝其得胜凯旋，潞王军队已经兵临京城，老冯又连忙率领这群人，转身迎接潞王入京，并令中书舍人卢导起草劝进文书，面对质疑，他说："事当务实。"告诫大家危急关头，要识时务，向前看，结善果。不久潞王登基，冯道继任宰相。石敬瑭灭后唐称帝，建立后晋，拜冯道为宰相，位居司空，封鲁国公，他上表求退，敬瑭连看都不看，便派养子石重贵前往探视，传话说："卿来日不出，朕当亲行请卿。"石敬瑭病危，命幼子石重睿叩拜冯道，以为托孤，石敬瑭死了，他违逆其遗志，扶立其养子石重贵登基，是为后晋出帝，冯道加官太尉，封燕国公。

出帝石重贵尽管有些骨气，不肯向契丹称臣，却昏聩无能，沉溺声色，既无御敌之策略，也无御敌之将帅，耶律德光率大军攻入开封，擒下出帝，封为"负义侯"，掳往北方。冯道眼见后晋朝廷土崩瓦解，硬着头皮来到契丹大营，朝见耶律德光，耶酋骂他历事诸朝，逢迎诸帝，乃不忠不义不孝之徒，他不慌不忙，装傻弄痴，从容应对。

耶："何以来朝？"
道："无城无兵，安敢不来。"
耶："尔是何等老子？"
道："无才无德痴顽老子。"

"无才无德痴顽老子"一句话，逗得耶律德光破怒为笑，授其太傅之职，并问他："天下百姓如何救得？"他回答说："此时佛出救不得，惟皇帝救得。"耶律闻言，若有所思，止息屠杀之念，"人皆以为契丹不夷灭中国之人者，赖道一言之善也。"——老冯一句马屁，噼啪山响，打消了耶律德光屠杀之念，救了全城百姓，可谓功德无量啊！

此后，随着岁月流逝，风起浪涌，后汉、后周先后浮出江湖，

冯道又历仕两朝，《新五代史》载："汉高祖立，乃归汉，以太师奉朝请。周灭汉，道又事周，周太祖拜道太师，兼中书令。道少能矫行以取称于世，及为大臣，尤务持重以镇物，事四姓十君，益以旧德自处。然当世之士无贤愚皆仰道为元老，而喜为之称誉。"随风俯仰，随潮而动，高则高，低则低，东则东，西则西——如此之老冯，圆如皮球，滑如泥鳅，身处乱世而兀立不倒，端的令人膜拜也！

后周世宗柴荣即位不久，北汉君主刘崇勾结契丹人，发兵四万进攻后周，柴荣决定御驾亲征，遭到宰相冯道坚决反对。这时候，老冯年逾七旬，未免迂腐唠叨，柴荣说要学唐太宗，他说陛下学得了太宗么？柴荣说后周打北汉，如同大山压累卵，他说只怕陛下做不成大山吧？柴荣勃然大怒，罢其相职，令其当了个负责修建先帝陵墓的山陵使，径自出征去了。

后周显德元年（954）四月，冯道病逝，享年73岁，周世宗为之辍朝三日，追封瀛王，谥号文懿。

对于冯道"事四姓十君"之行迹，历来诟病不绝，《旧五代史》论曰："道之履行，郁有古人之风；道之宇亮，深得大臣之礼。然而事四朝，相六帝，可得为忠乎！夫一女二夫，人之不幸，况于再三者哉！"其说辞，深挚而委婉。《新五代史》著者欧阳修在《冯道传序》中以"烈妇断臂"故事，指斥老冯不忠不臣，毫无操守，他说："予读冯道《长乐老叙》，见其自述以为荣，其可谓无廉耻者矣。""无廉耻者"四字，可谓严谴也。司马光《资治通鉴·后周纪二》批判说：冯道之为相，"若逆旅之视过客，朝为仇敌，暮为君臣，易面变辞，曾无愧怍，大节如此，虽有小善，庸足称乎！"司马先生高擎"道德旌旗"，要求忠君如一，至死方休，而冯道顺水行舟，侍奉诸君，实乃"奸臣之尤"……

然而，尽管众说纷纭，老冯却悠然自得，他在《长乐老自叙》中历数自己侍奉过的帝王，与曾经担任过的各种高级职位，并不厌其烦，

——列出，"上显祖宗，下光亲戚"。他说："静思本末，庆及存亡，盖自国恩，尽从家法，承训诲之旨，关教化之源，在孝于家，在忠于国，口无不道之言，门无不义之货。所愿者下不欺于地，中不欺于人，上不欺于天。"总结自己的一生，冯道先生感慨尤深，他说自己："为子、为弟、为人臣、为师长、为夫、为父、有子、有孙，奉身即有余矣。"面对浩瀚宇宙，俯仰自适，"时开一卷，时饮一杯，食味别声、被色，老安于当代耶！老而自乐，何乐如之！"其《偶作》诗云：

莫为危时便怆神，前程往往有期因。
须知海岳归明主，未必乾坤陷吉人。
道德几时曾去世，舟车何处不通津。
但教方寸无诸恶，狼虎丛中也立身。

明代著名思想家李贽先生，冷观五代之遽变与冯道之作为，拔乎于忠奸之上，以百姓福祉为本，以"安养斯民"为评骘之参照，其史识与见识，可谓不同流俗。他说："冯道自谓长乐老子，盖真长乐老子也。孟子曰：'社稷为重，君为轻。'信斯言也，道知之矣。夫社者所以安民也，稷者所以养民也，民得安养而后君臣之责始塞。君不能安养斯民，而后臣独为之安养斯民，而后冯道之责始尽。今观五季相禅，潜移嘿夺，纵有兵革，不闻争城。五十年间，虽历经四姓，事一十二君并耶律契丹等，而百姓卒免锋镝之苦者，道务安养之力也。"

实际上，李贽先生为所谓"良臣良相"制定了一条最高标准："安养斯民"，就是为老百姓谋利益。他说，冯道先生"虽历经四姓，事一十二君并耶律契丹等"，却使百姓免除了"锋镝之苦"，尽了"安养之力"，其功德可谓大矣！——信哉斯言！

（2017年9月8日）

后　记

最后校阅了一遍书稿，不由轻轻叹了一口气，吁——这项小小的工程，今天终于算是竣工了。作为作者，已经基本完成了自己的任务，至于以后的事情，就交给读者吧！

此刻，心底兀然涌上来许多往事，譬如，最初的踌躇，写作的艰辛，以及朋友们的指点与鼓励等等，不必一一细述了。

感谢河北大学出版社邓一鸣师弟，是他最初的创意，催生了这本书。

感谢花山文艺出版社社长张采鑫先生。他在百忙中审阅全书，并一一提出具体修改意见，是他的鼎力支持，使这本书得以付梓面世。

感谢责任编辑李鸥先生。他在繁忙的编务之余，悉心指正、校阅，消灭了不少差错，使本书得以完善提高。

感谢不断支持、鼓励我的各位朋友。你们的笑脸，你们的热情，总在我感到乏力、感到疲惫时，赐予我蓬勃的朝气与坚持下去的力量。

最后要感谢的，就是读者诸君了。感谢你们在这个浮躁的时代里，还有兴趣阅读这本散发着古旧气息的书，还在关注那些来自古人的殷切叮咛。谢谢了！

由于才疏学浅，知识与水平所限，本书肯定还存在着许多错漏之处，敬请亲爱的读者不吝赐教。

韩联社

2019年5月23日